APPENDICE

1

Quelques soins d'urgence — Quelques conseils.

POUR GUÉRIR :

Abcès alvéolaire. — Faire des lavages antiseptiques de la bouche. Badigeonner au début la gencive à la teinture d'iode deux fois par jour. Activer la collection du pus par des bains de bouche chauds de décoction de racine de guimauve et de tête de pavots — qui en même temps calmeront la douleur. Faire soigner au plus tôt la dent malade.

Angines. — Isoler l'enfant. Gargarismes antiseptiques en attendant le médecin. Toucher les amygdales au citron — avec un tampon de coton changé chaque fois et *flambé*. Enveloppement de la gorge avec de l'ouate. Recommander le repos au lit dans une chambre bien aérée.

Aphtes. — Antisepsie alcaline de la bouche ; lavage à l'eau de Vichy. Toucher les aphtes avec un pinceau imbibé du collutoire suivant :

Glycérine pure.......... 30 grammes.
Bicarbonate de soude..... 2 grammes.

(Deux cuillerées à soupe de glycérine auxquelles on ajoute une pincée forte de bicarbonate de soude).

Brûlures de la bouche. — Ne pas toucher à la muqueuse soulevée ; lavage à l'eau bouillie ; réfrigération à l'eau froide ou avec un petit morceau de glace.

Carie dentaire. — Voir la 17me leçon.

Fétidité de la bouche. — Gargarisme boriqué. Soigner les dents cariées. Faire purger l'enfant pour combattre l'origine gastrique. Se méfier des mauvaises habitudes.

Gingivite. — Ablation du tartre. Soin de la bouche et des dents ; application de teinture d'iode sur les gencives.

Muguet. — Lavages, gargarismes, attouchements au moyen d'un pinceau d'ouate, avec de l'eau de Vichy — ou une solution de bicarbonate de soude à 5 %.

Odontalgie. — Voir la 17me leçon.

Stomatites. — a) Combattre la septicité de la bouche : lavages à l'eau de Vichy.

b) Combattre la cause : faire soigner les dents ; relever l'état général avec des fortifiants, surtout le grand air et l'alimentation saine et abondante.

c) Atténuer la douleur : badigeonnages avec un peu de miel additionné de bicarbonate de soude.

Ulcérations de la muqueuse. — Antisepsie alcaline de la bouche ; toucher les ulcérations à la teinture d'iode.

II

Pharmacie de l'Ecole

Prix de revient	
0.15	Acide borique : 500 grammes (une cuillérée à soupe pour un litre d'eau bouillie.
0.15	Bicarbonate de soude : 500 grammes (une cuillerée à café pour un grand verre d'eau bouillie : gargarisme, lavage).
0.50	Laudamun de Sydenham : 10 grammes (4 gouttes sur un petit tampon de ouate pour introduire dans la dent).
0.50	Teinture d'iode : 20 grammes (badigeonnages).
0.40	Glycérine pure : 100 grammes (pour collutoire).
1.00	Mixture dentaire en deux flacons.
0.75	Coton hydrophile : 4 paquets de 25 gr.
....	Savon de Marseille : quantité suffisante.
1.25	Une pince à pansement.
4.70	

III

Prescriptions

Abcès Alvéolaires. — Complication de la carie du 4° degré ; elle est heureusement rare chez l'enfant. On doit l'éviter d'abord. Quand il est établi, on se contentera de badigeonnages au niveau de la dent malade à la teinture d'iode pure ou dans un collutoire comme le suivant :

Teinture d'iode.................	4 grammes
Teinture d'aconit................	» »
Chloroforme.....................	1 gramme
Teinture de benjoin..............	» »

(G. Viau)

POTION ANALGÉSIQUE

On calmera les douleurs avec la potion suivante :

Sirop de Groseille...............	60 à 80 gr.
Hydrate de chloral..............	3 grammes

Qui procurera un sommeil calmant.

Ne jamais dépasser 3 grammes pour les enfants.

(Bouchut)

Enfin à un degré avancé et quand le pus est collecté, on fera une incision, on nettoiera l'abcès dans la cavité duquel on fera des lavages antiseptiques avec la solution suivante :

Permanganate de potasse..........	0 gr. 10
Eau distillée.	100 gr.

ou bien :

Eau boriquée....................	100 gr.

En irrigation au moyen d'une petite poire en caoutchouc.

GARGARISMES CONTRE LA FLUXION

Au début de l'état inflammatoire, il convient de se gargariser la bouche avec :

Chlorate de potasse..................	5 grammes
Sirop de mûres..................	50 —
Eau distillée..................	100 —

Lorsqu'il y a œdème de la face, tenir fréquemment dans la bouche la solution suivante :

Iodure de potassium..............	3 grammes
Chloroforme....	2 —
Eau de laurier-cerise............ .	20 —
Eau stérilisée....................	250 —

Employée tiède.

(Viau).

GARGARISME CALMANT

Tête de pavot concassée	N° 1
Graine de lin.....................	5 grammes

Faites bouillir dans :

Eau...................... ...	100 grammes

Passez et employez tiède.

(Bouchut)

Adénite sous-maxillaires. — Inflammation des ganglions lymphatiques sous-maxillaires.

On l'observe très souvent chez les enfants à la suite d'un abcès dentaire.

Traitement :

1° Détruire la cause en extrayant la dent malade ;

2° A l'extérieur, badigeonner la région malade avec :

Teinture d'iode	4 grammes
Glycérine..........................	20 —

matin et soir, ou bien frictionner la partie malade avec :

Onguent Napolitain...............	10 grammes
Extrait de belladone.............	2 —

Tous les soirs.

En employer gros comme un pois chaque fois.

Anémie gingivale. — Caractérisée par la paleur de la gencive. Affection bénigne par elle-même mais qui doit donner l'éveil au médecin car elle cache souvent un état pathologique.

Au point de vue local elle favorise la carie et prédispose à une mauvaise dentition.

Traitement local.

GARGARISMES ASTRINGENTS

Teinture de lavande...............	60 grammes
Eau de roses.....	120 —

Une cuillerée à café pour un verre d'eau comme dentifrice.

Teinture de ratanhia..............	10 grammes
Teinture de quinquina............	10 —
Alcool de menthe.................	100 —

Même usage que précédemment (Elixir dentifrice).

(VIAU).

Angines. — Isoler l'enfant. Gargarismes antiseptiseptiques en attendant le médecin. Toucher les amygdales au citron avec un tampon de coton changé chaque fois et brulé. Enveloppement de la gorge avec de l'ouate. Recommander le repos au lit dans une chambre bien aérée.

Aphtes. — Traitement prophylactique. Faire bouillir le lait, éviter les contagions.

I. Borax	5 grammes
Tannin	1 —
Teinture d'opium,	0 gr. 60
Glycéryne	60 grammes

(VIAU)

Badigeonner les aphtes quatre fois par jour.

II. Borax	30 grammes
Thymol	0 gr. 50
Eau	1000 grammes

pour gargarismes.

Atrophie des Alvéoles ou arthrite avéolo-dentaires. — Rares ; badigeonner la gencive avec de la teinture d'iode.

Badigeonnages. — En général mal pratiqués :

Il ne faut jamais retremper le pinceau dans un flacon après l'avoir passé dans la bouche.

Ne jamais user d'un pinceau ayant déjà servi. Surtout pour la teinture d'iode.

1° Le pinceau en contient beaucoup trop et occasionne des brulûres inutiles ;

2° La teinture d'iode qui reste adhérente s'est transformée au contact de l'air, en acide iodhydrique ;

2° On ne peut aseptiser convenablement un pinceau, il faudrait le jeter chaque fois, Mieux vaut ne pas en user.

Prendre tout simplement un bout de bois comme un cure-dents et le garnir à l'une des extrémités d'une boulette de coton hydrophile.

Brûlures de la muqueuse buccale. — Assez fréquentes chez l'enfant.

POMMADE WENDT

Lanoline	} àâ	17 grammes
Eau distillée		
Blanc de baleine		4 —
Chlorhydrate de cocaïne		2 —

(M)

En appliquer sur les endroits brûlés.

LINIMENT OLEO-CALCAIRE

Huile d'olive	6 parties
Eau de chaux	—
Salol	1 partie
Laudanum de Sydenham	—

(M)

Même usage que précédemment.

Carie dentaire. — Nous avons indiqué son traitement dans le cours de notre travail et surtout la nécessité de ce traitement qui doit être précoce et complet pour les dents temporaires.

Il ne peut être appliqué que par le dentiste et il nécessite une suite d'opérations très spéciales sur lesquelles nous ne pouvons insister ici. La thérapeutique d'urgence ne s'adresse qu'à la douleur.

Dans le cas ou l'on se trouverait dans l'impossibilité de voir un dentiste, voici quelques indications pour faire un bon pansement :

(Dent sensible au chaud et au froid).

1° Nettoyer la cavité à l'eau tiède à l'aide d'une boulette de ouate. Sécher après avoir rincé.

2° Introduire dans la cavité un petit tampon d'ouate, imbibé du mélange suivant :

Camphre	5	grammes
Chlorate de potasse	5	—
Cocaïne	1	—
Alcool	9	—

ou bien :

Essence de girofle	5	grammes
Chlorhydrate de cocaïne	1	—

3° Recouvrir ce pansement d'un coton imbibé de collodion normal. Le changer tous les jours jusqu'à ce que l'on puisse aller chez le dentiste ;

4° Faire sur la joue des compresses d'eau fraiche pour la décongestionner.

Dent sensible au chaud seulement. — Dans ce cas, le nerf est détruit. La douleur est causée par l'inflammation du périoste. La dent malade parait plus longue que les autres.

1° Nettoyer la cavité ;

2° Opérer des mouvements de succion pour attirer les gaz contenus dans la dent : Ces gaz en comprimant le périoste causent la douleur.

3° Passer sur la gencive un tampon d'ouate imbibé de :

Teinture d'aconit	aa 5	grammes
— d'iode		
Chloroforme	2	—
Teinture de benjoin épaisse	1	—

(M)

Si la douleur persiste, ou si la dent a été plombée et qu'on ne puisse la déboucher, appliquer une petite sangsue sur la gencive.

Ne mettre aucun cataplasme, quelle que soit sa réputation. Décongestionner la joue par des compresses d'eau fraîche. Prendre des bains de pied de moutarde.

La douleur calmée, renouveller souvent dans la dent, un tampon imbibé d'eau oxygénée.

Contusion de la muqueuse buccale. — Appliquer de l'eau froide, puis de la glace sur la partie contusionnée et badigeonner avec :

Acide tannique..................	1 gr. 50
Teinture de myrrhe.............	30 grammes
Teinture d'arnica................	7 —

(Stocken)

Dentition (accidents de) :

I Sirop de belladone.............	10 grammes
Chlorhydrate de cocaïne.........	0 gr. 50

Appliquer sur la gencive avec une boulette de ouate.

(Comby)

Ne pas dépasser deux à trois badigeonnages par jour.

A l'intérieur :

II Chlorate de potasse...........	0 gr. 30
Sirop de gomme arabique.....	30 grammes
Eau distillée	120 —

(F. S. A.)

Une cuillerée à café toutes les quatre heures.

Frictionner les gencives avec le Sirop Delabarre et le Sirop de dentition d'Yvon.

Badigeonnages de teinture d'iode fraîche.

Déviations dentaires. — Exceptionnelles ; tenter un redressement plutôt qu'une extraction, sauf lorsque la déviation entraine des troubles fonctionnels considérables.

Fétidité de la bouche. — Supprimer la cause ; carie dentaire, stomatites, troubles gastro-intestinaux. Antisepsie de la cavité buccale.

Infusion de sauge................	250	grammes
Glycérine pure..................	30	—
Teinture de myrrhe..............	12	—
— de lavande.............	12	—
Liqueur de Labarraque*..........	20	—

(M)

Pour lavage de la bouche.

Fractures de dents. — Accidentelles. Conserver le fragment en place si possible. Limer les angles et les bords tranchants. Si la pulpe est intéressée, soigner la dent comme s'il s'agissait d'une carie.

Toucher la gencive à la teinture d'iode pour éviter des complications articulaires.

Antiseptie de la bouche.

Gangrène de la bouche. — Grave. En attendant le médecin ou le dentiste, faire le traitement suivant. Localement.

Phénol cristallisé...............	5	grammes
Alcool absolu...................	5	—

Toucher les parties gangrénées matin et soir.

(G. Viau)

ou bien :

Ⅱ Bichlorure de mercure.......... 1 gramme
Alcool........................ 8 —

même usage :

Gargarismes au chlorate de potasse
Relever les forces, soutenir l'état général.

Gingivites. — Inflammation des gencives. Traitement :

GARGARISMES

Chlorate de potasse..............	10 grammes
Eau de roses....................	250 —

(M)

Trois fois par jour.

COLLUTOIRES

Chlorate de potasse.............	4 grammes
Glycérine neutre................	30 —
Menthol.......	50 —

M (VIAU)

Badigeonner les gencives quatre fois par jour.

Hémorrhagies. — Nettoyer la bouche avec un gros tampon d'ouate imbibée d'eau oxygénée boriquée.

Appliquer sur la partie qui saigne un tampon de coton imbibé d'alcool, le presser fortement. Si l'hémorragie continue, faire des injections avec de l'eau très froide d'abord, très chaude ensuite. En cas de nouvel insuccès, mettre de l'antipyrine en poudre (le contenu d'un cachet de 0 gr. 50 par exemple) sur un tampon de ouate et l'appliquer.

Défendre tout mouvement de succion au patient.

Ne jamais employer le perchlorure de fer, le vinaigre de cuisine, encore moins les toiles d'araignées ! Nous avons malheureusement constaté souvent cette mauvaise pratique.

Luxations du maxillaire inférieur. — Rares chez l'enfant :

Pour remettre le maxillaire en place :

Faire asseoir devant soi le sujet, le plus bas possible sur un tabouret, garnir ses pouces de bandelettes de toile, les introduire dans la bouche et les placer sur les arcades dentaires inférieures, de chaque côté de la mâchoire.

Saisir fortement la mâchoire en serrant les autres doigts sous le menton.

Exercer une pression verticale de haut en bas et en arrière, comme si l'on voulait porter le maxillaire sur les épaules du patient.

Faire une pression continuelle et persistante.

Dès que la luxation est réduite, on entend un petit claquement ; il faut alors glisser vivement les pouces vers les joues pour ne pas être fortement mordu.

Muguet. — Ne doit pas se présenter chez des enfants sains et hygiéniquement soignés.

I Nettoyer la bouche avant et après chaque tétée avec :

Borax	1 gramme
Eau distillée	100 grammes

II Toucher les points blancs avec :

Nitrate d'argent....................	0 gr. 10
Eau distillée....................	50 grammes

(Scpuchnemam)

III Glycérine.......................	10 grammes
Borate de soude..................	5 —

M.

Pour badigeonnage de la muqueuse buccale.

Névralgies faciales. — Traiter les dents malades. Faire des frictions sur les régions douloureuses avec :

Teinture d'aconit................	40 grammes
Teinture de coca.	20 —
Chloroforme......................	10 —

POTION

Paraldéhyde................	15 grammes
Sirop de sucre.......	300 —

(P. Poissot)

Une cuillerée à bouche dans un demi verre d'eau.

Stomatite aiguëe ou érythémateuse. — Atténuer ou supprimer la douleur.

I. Chlorate de potasse..	5 grammes
Eau de roses........	300 —
Essence de menthe............ .	77 gouttes

pour lavage de la bouche.

II. Borate de soude............. ..	10 grammes
Glycérine	15 —

Badigeonner plusieurs fois dans la journée la muqueuse buccale.

(Bouchut)

III. Glycérine........................ 20 grammes
Sulfate d'aluminium........... 2 —
Eau........................... 15 —

même usage.

Ulcérations. — De la langue ou de la muqueuse buccale, produite le plus souvent par une dent ébréchée ou un chicot pointu. Limer la dent ou supprimer le chicot.

Badigeonner l'ulcération avec de l'eau oxygénée quatre à cinq fois par jour.

TABLE DES MATIÈRES

PLAN DE L'OUVRAGE

PAGES

NICE
Imprimerie Spéciale du " PETIT NIÇOIS "
17, Avenue de la Gare, 17

LE LAVIS EN EXTRÊME ORIENT

L'ART DE L'ORIENT

LE LAVIS
EN
EXTRÊME ORIENT

PAR

E. GROSSE

TRADUCTION DE CHARLOTTE MARCHAND

161 PLANCHES HORS TEXTE

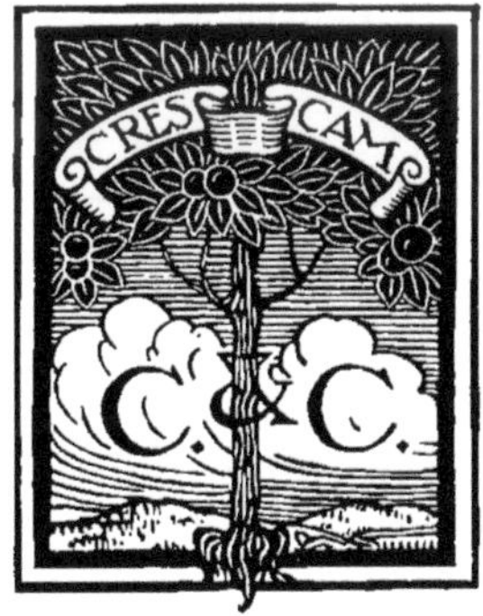

LES ÉDITIONS G. CRÈS & CIE
21 RUE HAUTEFEUILLE
PARIS

L'ART DE L'ORIENT

LA SCULPTURE ÉGYPTIENNE

PAR H. FECHHEIMER
AVEC 168 REPRODUCTIONS

LA SCULPTURE HINDOUE

PAR W. COHN
AVEC 170 REPRODUCTIONS

LE LAVIS EN EXTRÊME ORIENT

PAR E. GROSSE
AVEC 161 REPRODUCTIONS

L'ART DE LA PERSE ANCIENNE

PAR F. SARRE
AVEC 150 REPRODUCTIONS

L'ART DE L'EXTRÊME ORIENT

PAR O. KUMMEL
AVEC 168 REPRODUCTIONS

LA MINIATURE EN ORIENT

PAR E. KUHNEL
AVEC 154 REPRODUCTIONS

ÉDITION FRANÇAISE D'UNE COLLECTION
PUBLIÉE PAR BRUNO CASSIRER
SOUS LA DIRECTION DE WILLIAM COHN

I

Il n'est pas arbitraire de séparer le lavis de l'ensemble de la peinture d'Extrême Orient. La peinture à l'encre de Chine est en effet un art tout à fait spécial, non seulement parce qu'elle renonce à la couleur, principal élément d'expression de la peinture en général, mais surtout parce qu'elle utilise un matériel réduit dans un sens très particulier. Pour maint Chinois ou Japonais le lavis représente la plus haute manifestation de l'art d'Extrême Orient; il n'en est pas toutefois l'expression la plus compréhensible. Même dans sa patrie, le lavis n'a jamais été populaire; surtout à l'époque de sa floraison, il a été un art ésotérique, cultivé et apprécié dans un milieu relativement restreint; et par la suite ce milieu s'est plutôt rétréci. Le confucianisme, prosaïque, réaliste et utilitaire qui a dominé la vie intellectuelle en Chine sous les empereurs mandchous et a régné sur l'esprit japonais sous les chogouns Tokougawa, n'a pas été favorable au mysticisme, atmosphère vitale de l'ancienne peinture à l'encre, et, depuis que l'apport de la science et de l'industrie européennes a imprimé à la vie extrême orientale une autre direction et un autre mouvement, peu de personnes ont le temps ou le goût de se plonger dans la calme profondeur de cet art. Si actuellement encore beaucoup d'Extrême-Orientaux proclament le lavis la partie la plus noble de leur peinture, aucun de ceux qui connaissent l'Asie orientale moderne, ne se laissera abuser; ce jugement résulte plutôt du respect dû à une ancienne tradition que d'un amour vivace pour le lavis.

On ne peut guère s'attendre à ce que cet art qui ne cherche rien moins qu'une popularité bruyante, puisse trouver à l'étranger plus d'amis que dans sa propre patrie. En Europe d'ailleurs, presque toutes les conditions voulues font défaut. Si la beauté de toute œuvre d'art d'Extrême Orient est amoindrie dans un intérieur européen, aucune ne perd davantage dans un milieu étranger que le lavis. Destiné à la solitude et au demi-jour du tokonoma, il n'est pas plus à sa place dans la clarté et l'encombrement de nos pièces qu'un homme posé et distingué dans un cabaret bruyant. Il est vrai qu'avec un peu de bonne volonté il serait possible de réaliser un cadre plus approprié, surtout dans les musées, mais il serait plus difficile de créer la disposition d'esprit convenant à la juste appréciation des lavis de l'Extrême Orient. L'Européen ne possède pas cette éducation de l'œil, nécessaire à la compréhension et même au sentiment du charme singulier de telles œuvres, et il ne possède que rarement cet état d'esprit qui est la clef indispensable pour ouvrir le trésor de leurs formes. Ces formes sont généralement pour lui presque aussi énigmatiques que celles de l'écriture chinoise, mais, tandis qu'on peut apprendre la signification des signes de cette écriture, la transposer dans une autre langue, on ne peut, au dire des initiés, expliquer le sens de ces créations de la mystique d'Extrême Orient, et moins encore l'exprimer par des paroles. Aussi le lavis reste-t-il complètement étranger à la plupart, qui ne se doutent même pas que le sens de ces œuvres leur échappe. Il est à craindre en effet que l'enthousiasme qui commence à se manifester en Europe pour l'art ancien du lavis d'Extrême Orient, ne soit souvent le résultat d'un malentendu. Il est vrai que de tels malentendus ne sont en eux-mêmes pas nuisibles; plus d'une fois au cours de l'histoire de l'art ils ont prouvé leur utilité. Celui qui prétend considérer les lavis pour ce qu'ils paraissent à son esprit non prévenu, par exemple comme "des esquisses impressionnistes vivement enlevées", en a certainement le droit. Seulement l'impression qu'il en reçoit sera probablement très éloignée de celle voulue par l'artiste et ressentie par les initiés. Pour jouir vraiment de cette forme d'art on ne doit pas craindre un effort supplémentaire. Il faut d'abord apprendre à voir avec les yeux d'un homme d'Extrême Orient, à voir, dans le sens exact du mot. L'œil inexercé de l'Européen est incapable de saisir même les données immédiates de ces tableaux: leurs formes sensibles. Voir ne veut pas dire percevoir sans distinction tout ce qui est visible; c'est choisir et graduer. Pour voir une œuvre d'art telle que l'artiste a voulu qu'on la voie, il faut connaître la valeur qu'il a attachée aux différents moyens d'expression artistique. Dans le lavis d'Extrême Orient la ligne a, par exemple, une importance tout autre et beaucoup plus considérable que dans n'importe quelle œuvre de la graphique européenne; c'est elle qui doit retenir toute l'attention. Un Européen qui regarderait un lavis comme il regarde une œuvre européenne, ressemblerait à un homme qui lirait à haute voix une poésie écrite en une langue qu'il ignore et qu'il prononce avec l'intonation et l'accentuation de sa propre langue; l'harmonie ainsi obtenue n'aurait qu'une ressemblance très vague avec celle voulue par le poète. La perception seule ne suffit pas pour épuiser le sens d'une œuvre d'art. Ce que nous percevons n'est, pour ainsi dire, que la notation de la mélodie; c'est par nous-mêmes qu'elle doit devenir de la musique. Tel est surtout le cas du lavis d'Extrême Orient qui, moins prolixe que l'art européen, ébauche plutôt qu'il n'exprime, exige de celui qui regarde au moins autant qu'il lui donne. L'œuvre que nous présente l'artiste ne produira toute l'impression voulue que si la perception en est complétée par des conceptions qui correspondent aux siennes. L'ignorance de la culture et de l'esprit qui ont produit les lavis d'Extrême Orient fera commettre à tout moment de singulières erreurs. Le dragon, par exemple, si souvent représenté, est naturellement un monstre dangereux et sinistre pour l'Européen qui ne le connaît que par les légendes de son pays. Pour l'homme d'Extrême Orient le dragon représente "le génie de la force et de la bonté, l'esprit du changement, l'esprit de la vie même". (Okakoura, The Awakening of Japan, p. 77.) Associé au tigre, il représente dans les lavis d'autrefois "les forces dominatrices qui anéantissent nos distinctions et nos limitations terrestres, relient le ciel à la terre, ces forces qui permettaient aux mystiques en état d'extase de se croire capables d'arracher au ciel ses étoiles et d'élever les montagnes jusqu'au ciel." (Anesaki, Buddhist Art in its Relation to Buddhist Ideals, p. 58.) Tous ceux qui connaissent un peu le lavis d'Extrême Orient, se rappellent certainement le couple singulier de ces deux garçons loqueteux, aux cheveux en désordre et aux visages grimaçants, l'un tenant un rouleau de papier qu'il montre du doigt, l'autre portant un balai. L'Européen ne voit en eux que des mendiants stupides. Ce sont Han-shan et Shi-tê (en japonais Kanzan et Fittokou), non point des fous, mais des hommes qui possèdent cette sagesse en comparaison de laquelle toute intelligence humaine n'est que sottise. Le rouleau de Han-shan est le livre de la nature, qui renferme plus de connaissance que toutes les œuvres écrites ou imprimées; le balai de Shi-tê nettoye l'âme de la poussière des soucis et des peines. Han-shan est la personnification du principe théorique, Shi-tê celle du principe pratique de la mystique d'Extrême Orient. Dans les paysages, sujet favori de la peinture à l'encre de Chine, figure presque toujours une cascade. Peu de gens probablement se doutent que cette cascade n'est pas seulement un motif pictural, mais aussi un symbole philosophique, elle est "l'emblême du mouvement continuel, l'emblême du monde où les éléments changent sans cesse, tandis que la forme reste inchangée." (Anesaki, p. 52.) Cependant, les sinologues qui connaissent la signification symbolique de chaque motif, ne sentent pas forcément le souffle qui émane de l'esprit de telles images. La véritable clef de ces œuvres repose à une profondeur que n'atteint aucune érudition, elle réside dans l'état d'âme et dans la conception mystique de ceux qui les ont créées. L'ancien lavis est en effet l'expression artistique de la mystique d'Extrême Orient, en particulier du Zénisme, mélange d'éléments taoïstes et bouddhistes. On ne peut vraiment comprendre cet art qu'à condition d'être remonté jusqu'à cette source et d'y avoir bu. Aucun écrit n'indique le chemin du puits sacré. Les hommes zèn eux-mêmes ont jugé que les paroles étaient tout à fait insuffisantes pour manifester la "vérité", et pour cela même ils ont essayé de l'exprimer par des images. On a dit avec raison que ces images expliquent mieux la doctrine zèn que cette doctrine n'explique les images. Il est donc plus raisonnable de se taire et de laisser ces images parler seules. Effectivement on ne saura que par elles le plus profond et le meilleur de ce qu'elles ont à dire. Toutes les explications ne peuvent qu'indiquer la direction d'un but que chacun n'atteindra que par ses propres forces. Et, comme dit une sentence zèn "celui qui veut voir la beauté de la lune ne doit pas attacher son regard au doigt qui la montre".

II

Dans la peinture d'Extrême Orient, comme dans tout art, on peut distinguer un courant objectif et un courant subjectif. Le but principal de l'école objective est la représentation d'objets réels, celui de l'école subjective, l'expression de sentiments et de pensées. Toutes deux ont employé l'encre de Chine, mais à un degré différent et d'une manière différente. Tandis que pour la première le lavis n'a été qu'un procédé technique accessoire, auquel elle a été conduite tardivement par des circonstances extérieures, il a été dès les débuts de l'école subjective sa manière propre et particulière. Le lavis est en Extrême Orient si intimement lié à l'art subjectif qu'on peut presque dire qu'ils sont identiques.

La peinture objective est certainement la plus ancienne. C'est elle qui a créé les caractères principaux du style graphique d'Extrême Orient, repris plus tard par l'art subjectif. Celui-ci ne commence à apparaître comme forme indépendante que sous la dynastie T'ang, bien qu'il ait pu toutefois être cultivé plus tôt. Nous ignorons qui a trouvé la technique de la peinture à l'encre, mais il est certain qu'elle a été développée par des membres de la secte zèn. L'art du lavis, qu'on trouve en Chine jusque sous la dynastie Ming et au Japon jusqu'à l'époque Ashikaga, est en tout cas pénétré de l'esprit du zénisme. Toute son originalité, aussi bien dans le choix et la représentation des motifs que dans la technique, découle de cette source.

Le zénisme, introduit en Chine par l'Hindou Bodhidharma, nous apparaît sous sa forme ultérieure, la seule que nous connaissions, comme une idée bouddhique greffée sur un tronc taoïste. La parenté spirituelle des deux doctrines a favorisé leur fusion. Les conceptions et les idéaux du taoïsme ressemblent à ceux du bouddhisme à tel point qu'en Chine a pu naître cette croyance que le bouddhisme n'est autre chose que la doctrine de Lao-tseu transplantée aux Indes. De même que les disciples de Lao-tseu dédaignent la science livresque et le cérémonial, tous deux si importants aux yeux des disciples de Confucius, de même le zéniste se détourne de la scholastique théologique et du rituel des autres sectes bouddhiques, il enseigne que tout cela est futile et sans rapport avec le bonheur suprême. Ce n'est pas dans les livres qu'on peut acquérir la connaissance libératrice, ni par certains actes commandés. Chacun doit la chercher pour soi-même, et ne la trouvera qu'en soi-même. C'est dans la méditation la plus profonde, dans le Zèn-na (en sanscrit Dhyâna) que se produira l'illumination suprême. Pour préparer l'âme à la vérité, il faut la purifier aussi bien de toutes les impressions des sens que de tous les sentiments et de toutes les pensées terrestres, du raisonnement et du savoir, du désir et de la crainte. "Atteignez au plus haut degré du vide, dit Lao-tseu, conservez l'imperturbabilité du silence et du calme." Quand l'esprit rayonne dans la pure clarté de sa propre lumière, alors seulement se révèle son essence la plus secrète. C'est ce que les taoïstes appellent Tao, les zénistes Bodhi, c'est ce qui "est" opposé à ce qui "paraît", l'éternel opposé au temporel, le principe originel et fondamental de notre être et du monde. "Le cœur est bouddha. Celui qui regarde à l'extérieur est un homme ordinaire, celui qui regarde à l'intérieur est bouddha. En vérité l'homme est bouddha." "Pour devenir bouddha, l'esprit doit se libérer de toutes les passions, de l'amour et de la haine, du désir, de la joie et de la crainte. Celui qui veut ou fait le bien ou le mal abandonne son cœur et se perd dans le monde visible et palpable (c'est-à-dire perd sa liberté intérieure et devient esclave de la matière). Il se prend dans la chaîne des réincarnations, il se voue à l'inquiétude et aux tourments. La bonne voie est dans l'esprit, est l'esprit même. La source de la connaissance est le pur esprit qui s'éclaire lui-même. La voie que tous les Bouddha ont enseignée, est celle-ci et pas une autre. Arrivez à un état où l'esprit ne fasse rien, ne remarque rien, n'aspire à rien, ne retienne rien, cet état est le Bodhi. Alors il importera peu qu'on vive encore dans le monde ou qu'on soit déjà entré dans le nirvâna, alors la nature humaine, l'esprit, Bouddha et sa doctrine ne formeront plus qu'un." (Edkins, Chinese Buddhism, p. 163, d'après le Twan-Tsi-sin-yao, livre zèn de la période T'ang.). "Qu'est-ce que Bouddha? Un esprit pur et calme. Qu'est-ce que la loi? Un esprit clair et illuminé. Qu'est-ce que le Tao? La disparition des obstacles et la véritable illumination." (Edkins, p. 164, d'après Lin-Tsi, patriarche de la secte Zèn.) Toutes ces sentences ne sont pas d'une clarté immédiate, mais cela est inévitable. On ne peut, en effet, ni saisir ni décrire l'essence de la connaissance suprême, il faut la sentir, la vivre soi-même. Aucune parole ne peut même exprimer l'état dans lequel elle se révèle: le Zèn. Tout au plus peut-on dire qu'il ne s'agit pas ici de réflexions philosophiques, ni même de réflexions tout court, mais plutôt d'une vision intérieure, d'une certitude immédiate et intuitive qui remplit l'âme. Dans cette illumination mystique l'essence de l'être se dévoile en même temps que l'essence du monde, car toutes deux ne sont qu'une seule et même essence. Tous les phénomènes sont également importants ou également négligeables; en tant que formes ils sont tous périssables et inexistants; l'essence qui se cache ou se manifeste dans leur diversité, est toujours la même: bouddha. "En vérité, il n'existe pas de différence de forme ni de couleur, pas d'opposition entre l'objet et le sujet, il n'y a qu'une seule et même éternité." (Anesaki, p. 50, d'après le Zazèn Yôjin Ki de Keïzan, 1268—1325.) Celui qui est parvenu à cette hauteur de la connaissance, regarde d'en haut les faits et les gestes des hommes comme il regarderait une miniature animée. Il ne se préoccupe pas de savoir si les champs sont fertiles, d'apprendre qui a perdu ou gagné par le travail ou dans le combat. Son esprit, qui perçoit le calme indestructible régnant au cœur de la nature, envisage tout mouvement, tout changement des choses comme un simple jeu sur sa surface. Dans le monde, bien des hommes naissent et bien d'autres meurent, les saisons et les années passent, les feuilles verdissent et se fanent, les fleurs éclosent et se flétrissent. Que tout naisse et que tout disparaisse! Il regarde tout, froid et tranquille. Il ne fait que suivre des yeux le spectacle du cours régulier de ce changement perpétuel, ou plutôt son regard est fixé sur le calme éternel qu'il distingue à travers et sous tout changement. Pour lui, la sublime beauté d'une cascade réside dans son ensemble, et non dans le mouvement des gouttes et des bulles. Le monde tel qu'il le voit ressemble à un paysage de Sesshou, sans mouvement accentué ni couleur éclatante. A travers son esprit, tous les phénomènes glissent dans les calmes profondeurs de l'océan où il n'y a ni vagues ni remous, où le particulier se perd dans l'étendue et dans la durée infinies du monde." (Anesaki, p. 51, 52.) Il n'est nullement facile d'acquérir la connaissance libératrice qui est le but des hommes zèn. Dans l'état de Zèn, l'esprit ne doit pas sombrer, il faut au contraire qu'il s'élève, ce qui exige une grande puissance intellectuelle et surtout une remarquable force de caractère. Seul un caractère de fer, une personnalité absolument sûre d'elle-même, complètement indépendante, est capable d'atteindre à ce calme indestructible, à cette parfaite indifférence à l'égard du bonheur ou du malheur, qui sont les conditions nécessaires de la connaissance suprême. Au milieu de l'agitation du monde, l'homme zèn doit être comme le roc qui, au milieu de la mer brave l'assaut des vagues sans se laisser ébranler. Voilà pourquoi le zénisme exige avant tout de ses disciples qu'ils forment et affermissent leur caractère, qu'ils cultivent leur personnalité de façon à la rendre forte et souveraine. Autant qu'on peut parler d'une éducation préparatoire à l'état de Zèn, elle consiste en une éducation du caractère. Par contre, la connaissance ne s'enseigne pas, ne peut être enseignée. "Le Tao dont on peut parler, n'est pas le Tao." La doctrine zèn a fait sienne cette parole de Lao-tseu. Chacun doit rechercher la connaissance par ses propres moyens, l'éprouver soi-même et à sa manière. Les interminables discussions sur la vérité sont aussi dangereuses que superflues; elles ne servent qu'à entraver et à paralyser le disciple dans son travail personnel et indépendant, qui seul importe. Le zénisme préfère les courtes allusions obscures, les paradoxes énigmatiques qui ne satisfont pas l'auditeur, qui le stimulent et l'aiguillonnent. Il semble qu'il ait très souvent renoncé complètement aux paroles, pour les remplacer par des images, qui elles-mêmes expliquaient moins qu'elles ne laissaient pressentir, offraient à l'œil moins qu'elles n'exigeaient de l'esprit. Telle est, peut-être, l'origine de la peinture à l'encre. Ces images dont le sens mystique constituait l'essentiel, n'étaient pas forcément des œuvres d'art. Mais il est à croire que nombre d'entre elles ont possédé quelque charme artistique, pour cette raison qu'en Extrême Orient, où l'écriture est elle-même un art, celui qui n'est pas peintre à proprement parler, est cependant jusqu'à un certain point dessinateur, et par suite ne produira pas davantage un dessin sans valeur artistique qu'un signe graphique inesthétique. D'ailleurs le talent pour le dessin semble plus répandu chez les Chinois et les Japonais que chez les Européens. Il ne faut pas croire cependant que la plupart des lavis zénistes aient été peints dans un but pratique; le lavis n'était pas une méthode d'enseignement, mais simplement la libre expression artistique des sentiments et de l'imagination de l'artiste, non une leçon, mais une confession. Il a une valeur artistique supérieure à celle des images mentionnées plus haut, parce que, naturellement, seuls ceux qui étaient doués pour la peinture choisissaient ce moyen d'expression spontanée. Parmi les peintres qui ont pratiqué le lavis se trouvent, en effet, nombre des plus grands artistes qu'ait produit l'Orient. Pourtant ils ne se sentaient pas eux-mêmes des artistes proprement dits, ils ne créaient pas leurs œuvres pour un public en quête d'émotions purement esthétiques, mais pour eux-mêmes et, parfois, pour des amis partageant leurs idées. Ils décoraient les pièces de leurs monastères comme Fra Angelico les cellules des moines, ses compagnons à Saint Marc; ils peignaient à la rigueur un tableau pour la chambre chanoyou d'un profane sympathisant avec le zénisme, mais la popularité leur était au moins indifférente. L'art zèn ne s'est jamais imposé; il ne s'est non plus dévoilé à tous ceux qui venaient à lui. Bodhidharma, assis le visage tourné vers un mur, ne répondant à aucune question, est le symbole non seulement de la philosophie, mais encore de l'art de la secte qu'il avait fondée. Pour les artistes zèn l'art était avant tout affaire personnelle. Qu'ils aient peint pour eux-mêmes ou pour d'autres, c'est l'expression de leur vie intérieure personnelle qui importait le plus. L'art zèn est essentiellement subjectif, ce qui ne veut nullement dire qu'il le soit dans le sens de l'art moderne européen, car, du moins à sa bonne époque, il n'a jamais recherché l'originalité personnelle. La subjectivité de ses tableaux est au contraire impersonnelle, elle dépasse l'individu. Ce que nous appelons notre personnalité n'est qu'apparence pour un mystique d'Extrême Orient, pour le taoïste aussi bien que pour le zéniste. Il attache aussi peu d'importance à sa propre personnalité qu'à celle d'autrui. Ce qu'il veut exprimer c'est l'âme, plus profonde et plus essentielle que le phénomène de la personnalité, c'est le Tao, ou, pour parler en zéniste, le Bouddha, qui existe dans tout homme et dans toute chose, et qui existe seul. Ceci n'empêche d'ailleurs pas la personnalité de chaque artiste, prise dans le sens qu'on attache en Europe à ce mot, de se manifester dans ses œuvres; mais ce caractère personnel n'a nullement été voulu par l'artiste, il est plutôt la conséquence accidentelle et inévitable de la personnalité physique, que le mystique possède comme tout autre et qui, chez les maîtres zénistes s'est même montrée particulièrement forte et caractéristique. Si tant est que l'artiste zèn, en créant une œuvre, ait pensé à sa personnalité terrestre, c'était plutôt pour la réprimer que pour la manifester et la faire ressortir. D'après tout ce que nous savons, il ne possédait pas cette ambition qui pousse l'artiste européen moderne à vouloir paraître nouveau et original; il s'efforçait plutôt de peindre comme d'autres avaient peint avant lui. Il est plus que probable qu'il professait une indifférence complète pour l'originalité. La recherche de l'originalité ne résulte en somme que de la préoccupation d'en imposer au public, et, précisément, cette préoccupation était totalement étrangère à l'art monacal du zénisme.

III

La nature subjective du lavis ancien explique aussi bien le choix des sujets que la manière de les traîter.

Pour l'art objectif dont le but principal est la représentation d'objets réels, le motif le plus important, en Extrême Orient comme partout ailleurs, est l'homme, car l'homme intéresse naturellement les hommes plus que tout autre sujet. Les nombreuses désignations et descriptions de tableaux qui nous sont parvenues témoignent suffisamment du rôle prépondérant joué par l'homme dans l'ancienne peinture objective en Chine et au Japon. Pour le taoïste et le zéniste par contre, l'homme n'est qu'un phénomène parmi d'autres phénomènes innombrables, tout aussi éphémère, aussi vain, aussi illusoire. La véritable essence du monde ne se révèle ni plus ni moins dans l'homme que dans l'animal et la plante. "L'herbe, les arbres, les pays, la terre, tous seront Bouddha", dit une sentence zèn que Lafcadio Hearn a rencontrée au Japon comme épitaphe. Par conséquent, dans cet art tout imprégné de mysticisme, l'homme n'est pas mis au premier plan, il occupe au contraire une place tellement effacée qu'on est tenté de croire que les peintres ont autant que possible évité de le représenter, qu'ils considéraient la forme humaine comme une illusion particulièrement gênante, comme une entrave. C'est en tout cas une considération semblable qui les a fait renoncer à représenter le corps de la femme. Dans cet art monacal, le seul représentant du beau sexe est Kwannon, personnification bouddhique de la miséricorde et de la pitié. La peinture objective représente les hommes avec leur caractère particulier et leurs traits individuels, avec leurs vêtements et leurs armes; le portrait a été de tout temps une de ses tâches essentielles. Dans le lavis nous ne trouvons de portraits qu'exceptionnellement. La figure de Dharma, qu'on rencontre si souvent, n'est certainement pas le portrait fidèle du fondateur de la secte zèn, comme le prouvent d'ailleurs les multiples variantes qui en existent. Il est possible, cependant, que le point de départ de toutes les répliques ait été un portrait véritable; elles-mêmes ne représentent d'ailleurs qu'une image idéale de l'homme zèn parfait. De même, toutes les autres figures créées par cet art, les moines, les ermites, les saints, Bodhisatva et Bouddha, sont des types idéaux, des personnifications d'idées taoïstes et bouddhiques. Les peintres objectifs s'intéressent au spectacle varié de l'activité humaine, à la vie dans la maison ou dans la rue, au travail des ouvriers et des paysans, aux réjouissances du peuple et aux fêtes somptueuses des nobles, aux cérémonies solennelles des prêtres et aux mêlées sauvages des guerriers. Toutes ces scènes, en tant que sujets artistiques, sont parfaitement indifférentes au peintre zéniste. Dans le nombre, il ne choisit que les épisodes propres à exprimer une vérité religieuse ou philosophique. Il représente, par exemple, deux jeunes bergers, dont l'un cherche à dompter un buffle récalcitrant, cependant que l'autre joue de la flûte, assis sur le dos d'un taureau qui est couché ou marche tranquillement. L'intention de l'artiste n'est pas du tout de nous montrer une scène de la vie pastorale, il veut traduire une idée: le berger figure l'âme qui aspire à la connaissance et lutte contre les passions animales du corps; sur la bête domptée, l'âme jouit en paix de l'harmonie universelle. Ce genre de scènes animées est d'ailleurs relativement rare dans la peinture à l'encre, qui préfère les personnages isolés et au repos. Les animaux ont été représentés par les peintres du lavis aussi fréquemment que par les peintres de l'école objective, mais le choix des espèces présente des différences caractéristiques. Dans l'art objectif, l'intérêt se porte principalement sur les animaux en relation effective avec l'homme, sur les animaux domestiques et le gibier, ensuite sur ceux qui frappent par leur beauté ou leur étrangeté. La peinture subjective se limite presque uniquement aux animaux qui représentent traditionnellement un symbole, ou à ceux qui, suivant l'artiste, sont propres à en exprimer. Il est tout à fait significatif, que le dragon, la figure animale qu'on rencontre le plus fréquemment sur les anciens lavis chinois et japonais, symbole du changement de la vie, et plus particulièrement de la force créatrice céleste, ne soit pas un produit de la nature, mais une création de l'imagination. Le tigre qui, par opposition au dragon, symbolise la force terrestre, est resté inconnu sous sa forme naturelle à la plupart des artistes; leur manière de le représenter le montre nettement. C'est que la forme leur importait bien moins que le sens. Il faut même considérer toutes leurs représentations d'animaux comme symboliques, qu'ils aient puisé dans la nature ou dans leur imagination. Le lion, qui dans les lavis n'a qu'une ressemblance lointaine avec un lion naturel, était déjà considéré aux Indes comme le symbole de la connaissance victorieuse et de la majesté du Bouddha parfait. La grue, amie de la solitude, est le symbole du sage qui se suffit à lui-même; l'aigle et le faucon personnifient le type combatif de l'homme zèn, type qui a été surtout développé par les boushis japonais des époques Kamakoura et Ashikaga. Le gibbon, qui étend son long bras vers le reflet de la lune dans l'eau, croyant atteindre la lune elle-même, représente la déraison qui prend l'apparence pour la réalité; sa femelle qui presse un petit contre sa poitrine figure le dévouement de l'amour. La carpe remontant le courant d'une cascade rapide invite l'homme plein d'aspirations à surmonter courageusement tous les obstacles. Il est vrai que nous sommes loin d'avoir complètement déchiffré la symbolique animale de l'ancienne peinture à l'encre. Par exemple, nous ignorons encore la signification de l'étourneau ou de l'oie sauvage, que presque chaque artiste a représentés plus d'une fois. C'est que le zénisme discret n'aimait pas divulguer le secret de ses images énigmatiques. Les plantes, elles aussi, ont leur signification. Le pin symbolise la force vitale puissante et tenace, parfois la fidélité, le pin couvert de neige la fraîcheur juvénile dans la vieillesse. Le bambou est l'image de la vertu, de la fidélité, de la constance; le prunier chinois, l'oumé, en fleurs, est celle de la pureté et de la sensibilité de l'âme. Le lotus, la plante sacrée du Bouddhisme, qui dresse ses fleurs resplendissantes au-dessus de la fange des marais, est le symbole de la délivrance de l'âme par la connaissance. Si nous ne pouvons, actuellement encore, découvrir le sens contenu dans chaque motif, il serait mal fondé d'en conclure que ce sens n'existe pas. La préférence marquée pour certaines espèces s'explique difficilement par des raisons artistiques, elle prouve plutôt que le choix des plantes a été également dicté par leur sens poétique, philosophique ou religieux. La prédilection pour certaines formes n'est pas un trait moins caractéristique de cet art que sa parfaite indifférence à l'égard de certaines autres. Il est rare de rencontrer ces merveilleuses fleurs de l'Extrême Orient que les peintres objectifs affectionnaient particulièrement; la pivoine et le chrysanthème eux-mêmes sont rares, et il est significatif que pas un seul des artistes du lavis n'ait peint la fleur de cerisier, emblème de la chevalerie nationale. En dehors du prunier chinois, la seule plante dont nous trouvions les fleurs modestes dans les lavis anciens, est le ran, espèce d'orchidée sauvage de Chine, qui, elle aussi, doit vraisemblablement cette distinction à une signification symbolique. Bien entendu, on ne peut nullement prétendre que ces rapprochements aient seuls inspiré les artistes de l'école subjective dans la représentation des animaux et des plantes; le plaisir qu'ils trouvaient à leurs formes y avait sans doute également une grande part. Tout homme d'Extrême Orient est amoureux de la puissance du pin et de la grâce du bambou, qu'il se rende compte de leur sens symbolique ou non. L'impression que produisent les lavis ne résulte non plus uniquement, ni même principalement, de leur valeur symbolique, comme on le verra plus loin.

Le sujet principal du lavis est le paysage, sujet que la peinture objective n'avait traîté auparavant que comme fond pour ses personnages, ou à la manière de cartes. Ce sont les maîtres du lavis qui ont créé le paysage en tant que genre artistique distinct, et qui l'ont porté au plus haut point de perfection qu'il ait connu en Orient. Presque tous les grands artistes de l'école subjective ont été en premier lieu des paysagistes. L'amour du paysage est un héritage légué au zénisme aussi bien par ses ancêtres taoïstes que par ses ancêtres bouddhiques. Les disciples de Lao-tseu avaient toujours préféré la solitude profonde de la montagne, ils avaient vécu retranchés des autres hommes, en communion intime avec la nature; le saint des légendes taoïstes, le sennin, c'est-à-dire l'homme de la montagne, est toujours un ermite. Les bouddhistes avaient également dès le début affectionné la vie dans la nature libre. "Les sites délicieux qu'entourent des buissons de karéri, les sites charmants où l'on entend le barrissement des éléphants, les rochers me rendent joyeux", dit un de leurs poètes anciens. "Les sites charmants où ruisselle la pluie, les montagnes où cheminent les sages, où retentit le cri du paon, les rochers me rendent joyeux. J'aime à y séjourner, moi, l'ami de la méditation, qui aspire au salut." (Oldenberg, Bouddha, 6e édition, p. 416; du Théragâthâ.) Cet amour de la nature était particulièrement vivace au cœur des hommes zèn, en qui se réunissaient l'esprit du taoïsme et celui du bouddhisme. En Chine et au Japon, ils ont construit leurs monastères et leurs ermitages de préférence dans de belles contrées montagneuses, et, quand les charmes de la nature faisaient défaut autour de leurs établissements, ce qui était le cas dans les grandes villes, ils y ont remédié en les entourant de jardins. Celui qui voit les monastères zénistes d'Orient, trouve tout naturel que l'art du paysage y ait rencontré un terrain favorable; mais il constate en même temps avec étonnement que les paysages peints par les habitants de ces monastères ne correspondent en aucune façon à ceux qu'ils avaient sous les yeux. En général, la peinture objective représente plus ou moins exactement des endroits réels, les paysages des lavis sont des compositions idéales. C'est surtout chez les Japonais que ce fait étrange nous frappe. Alors que le pays leur offre à profusion les motifs les plus séduisants, les plus heureux pour la peinture, ils ont peint presque uniquement des paysages chinois, paysages que la plupart d'entre eux n'avaient jamais vus de leurs propres yeux, qu'ils connaissaient seulement par l'art chinois. Leurs modèles eux-mêmes n'étaient pas la reproduction de paysages réels, mais la réunion idéale d'éléments, tirés, il est vrai, de la nature avec un sens d'observation très prononcé. En recherchant les principes de ces compositions, on découvre une autre source du paysage subjectif: les peintres zénistes n'affectionnaient pas seulement le paysage pour sa beauté propre, mais encore, et peut-être davantage, parce qu'ils avaient trouvé dans les éléments et les formes du paysage les meilleurs moyens d'expression artistique de leur conception du monde et de leur sentiment cosmique. L'essentiel dans les paysages du lavis n'est pas ce qu'ils représentent, mais ce qu'ils signifient. Ce sont moins des images de la beauté sensible de certaines contrées que des symboles de l'harmonie universelle. Le terme sinico-japonais qui correspond à "paysage" est "sansui", qui veut dire "montagne et eau". La montagne et l'eau sont en effet les principaux éléments des paysages à l'encre; elles représentent les deux formes initiales de la terre. "Lorsque Yang et Yin, les forces cosmiques premières, se furent définitivement disjointes, les rochers laissèrent sourdre du sang; ainsi naquit l'eau, berceau de la faune primitive." (de Groot, De l'Univers, p. 131, d'après le Tšen-Tšoung Šou de Ko'Houng.) La montagne et l'eau sont généralement représentées en union intime. On rencontre, par exemple, très fréquemment une gorge que surplombent de hauts rochers escarpés, des profondeurs de laquelle jaillit, par-dessus des blocs de pierre, un torrent rapide, qui trouve, au premier plan, dans un élargissement de son lit, un repos passager. Dans d'autres tableaux, c'est la vaste étendue d'un lac au-dessus duquel des montagnes s'estompent dans la brume de l'horizon, ou bien la mer qui se brise contre des falaises à pic, ou encore des cimes de montagnes baignées de brouillard et de nuages, autres formes de l'eau. Il est certain que les hommes zèn attachaient encore d'autres sens à ces deux éléments, l'eau et la montagne. Souvent ils comparent les sages aux sommets élevés; le roc est aussi le symbole de la volonté de domination, il est ce qui offre le plus de résistance et qui, pourtant, est finalement vaincu par ce qui présente le plus de souplesse, par l'eau.

"De par le monde il n'y a rien de plus souple que l'eau.
Pourtant rien n'est aussi efficace contre ce qui est dur.
Elle ne peut être modifiée par rien."

(Tao-tê-king, 78.)

L'eau, cet élément souple, humble et accommodant, qui tend toujours vers le point le plus bas, l'eau est le symbole de l'extrême bonté qui, en réalité, est la puissance suprême.

"L'extrême bonté est comme l'eau,
La bonne eau qui sert tous les êtres sans discussion.
Elle séjourne dans les endroits méprisés de tous;
Aussi ressemble-t-elle au tao."

(Tao-tê-king, 8.)

"Parce qu'ils savent se tenir en bas,
Les fleuves et les mers sont les rois des vallées.
Aussi sont-ils les maîtres de toutes les vallées."

(Tao-tê-king, 66.)

Par suite on compare au lit d'un fleuve le saint qui domine par l'humilité:

"Qui se rend compte de sa force virile,
Et demeure pourtant dans la faiblesse féminine,
Celui-là est le lit du monde."

(Tao-tê-king, 28.)

La végétation anime toujours les paysages du lavis. "Des montagnes sans arbres sont mortes", dit Kouo-Hsi, un des maîtres de l'époque Soung. Les arbres et les bambous ont généralement une place prépondérante dans la composition, où ils représentent la vie organique; au premier plan figure presque toujours un vieux tronc puissant. On choisit de préférence les espèces dont nous avons précédemment indiqué la signification symbolique; leur nombre est assez restreint. Les animaux cèdent le pas aux plantes. Cependant, l'homme apparaît dans presque toutes les compositions, le plus souvent sous la forme d'un sage chinois ou d'un paysan, mais il n'en est jamais le centre; on le traîte et on le place de façon à bien faire sentir par sa petitesse et son insignifiance, la grandeur majestueuse de la nature. L'homme n'est qu'un point dans l'étendue infinie du monde. Toutes ces formes, montagnes, eau, arbres, aussi bien que l'homme et ses œuvres, ne servent qu'à figurer ce qui pour l'artiste est l'essentiel, ce qui, étant sans forme, ne peut être représenté directement: l'espace, ou, ce qui pour le taoïste signifie la même chose, l'éther qui remplit l'espace. L'espace qui embrasse tout est le symbole du tao et du bodhi, de ce qui constitue le fond essentiel du monde; de lui se dégagent tous les phénomènes pour s'y dissoudre à nouveau comme les nuages dans l'éther, c'est à lui que le sage doit sacrifier son être périssable pour conquérir l'éternité. "Disciples, rendez-vous parfaitement semblables à l'éther illimité, dit Dchouang-tseu, libérez-vous de vos sentiments et dissolvez votre âme, soyez le néant et n'ayez pas d'âme temporelle." (de Groot, De l'Univers, p. 90.) On ne peut représenter l'infinité de l'espace, mais nulle part nous la sentons aussi puissamment que devant les anciens lavis d'Extrême Orient, auxquels l'incompréhension vaniteuse des Occidentaux reproche toujours le manque de perspective. Ni la peinture à l'encre, ni l'art graphique de l'Orient n'ont utilisé les effets de lumière. Une seule espèce d'éclairage y est parfois indiquée: le clair de lune. Mais la lune aussi est un symbole zéniste. "La lune, unique et brillante, éclaire l'esprit dans les profondeurs du zenyô", dit une épitaphe zéniste. (Lafcadio Hearn, Exotics and Retrospectives. The Literature of the Dead, p. 125.) "Le sage contemple le monde et en jouit, calme et libre, comme s'il le voyait au clair de lune." (Anesaki, p. 49.) Une poésie bouddhique dépeint ainsi un paysage zéniste éclairé par la lune: "De nombreux sentiers ombragés partent du pied de la montagne, mais ceux qui ont atteint le sommet sans nuages, aperçoivent tous la même lune." (Lafcadio Hearn, idem, p. 153.) Les paysages des anciens maîtres du lavis sont donc une image de l'univers, tel qu'ils le voyaient dans l'illumination du zèn.

IV

L'esprit philosophique et religieux de la peinture à l'encre n'a pas seulement déterminé le choix des sujets, il a encore décidé de leur exécution. Il va de soi que cet art, subjectif autant qu'idéaliste, ne pouvait se donner comme but la reproduction exacte de la nature. La peinture objective elle-même s'est intentionnellement écartée du naturalisme au sens européen du mot, c'est-à-dire de l'illusion de la réalité; elle aussi a moins cherché à copier la forme visible dans tous ses détails qu'à en reproduire les parties et les traits qui lui semblaient caractéristiques. L'objet représenté ne devait pas paraître réel, mais être seulement reconnaissable. Malgré tout, on sent nettement le plaisir qu'a procuré à l'artiste le charme pittoresque de son sujet. Si certains traits ne sont indiqués que par des lignes conventionnelles, ou même sont négligés, ceux par contre qui lui semblaient caractéristiques ont été généralement exécutés avec l'amour et le respect de la nature. La peinture à l'encre, moins attachée à l'apparence des choses, se limite davantage aux traits caractéristiques. Sans parler de l'absence de couleur, elle ne donne de la forme réelle que ce qui est nécessaire pour faire exprimer par l'objet une idée ou un état d'âme et constitue pour elle le véritable sujet. Le principe de la peinture à l'encre est d'exprimer le plus possible par les moyens les plus réduits. Ce principe ne repose pas seulement sur l'indifférence du zéniste pour l'apparence; il découle plutôt de cette tendance positive du zénisme, qui pousse l'homme, par tous les moyens, à un effort personnel. Le lavis provoque cet effort parce qu'il offre à l'œil juste assez pour obliger le spectateur à compléter le tableau par sa propre imagination. Avant tout, le peintre élimine ce qui n'est pas absolument indispensable. Souvent, quand il représente des personnages ou des groupes, il n'indique pas le fond, ni même le sol, de sorte que le spectateur doit créer lui-même le décor dans lequel se meuvent ces personnages, représentés absolument dans le vide. Cet isolement produit une impression de force et d'unité telle qu'il est rare d'en éprouver de semblable devant les tableaux européens, où les accessoires couvrent la plus grande partie de la surface. Le sujet même n'est souvent pas visible en entier; par exemple, une partie du paysage est presque toujours voilée par le brouillard et les nuages. Ce qu'on en voit n'est d'ailleurs jamais représenté avec force détails, mais, au contraire, à l'aide de si peu de traits, que la plupart des Européens considèrent les lavis comme des esquisses rapides, et non comme des tableaux achevés. Les exemples les plus frappants sont fournis par les lavis au pinceau de plumes, les habokis, et il est significatif que ce soient eux que les connaisseurs d'Extrême Orient estiment le plus. Dans les habokis, dont les meilleurs représentent des paysages, toutes les formes sont rendues par un nombre extrêmement réduit de traits et de taches; mais, dans les bons tableaux, ces traits et ces taches sont choisis et exécutés avec une telle sûreté qu'il devient facile au spectateur de compléter ce qui manque et qu'il y est même forcé. Une autre conséquence de la tendance subjective du zénisme est la prédilection pour les sujets qui, au lieu de nous inviter simplement à la contemplation, stimulent l'imagination, l'entraînent irrésistiblement vers le mouvement ou la situation qui suit: vagues qui roulent, rafales de pluie ou de neige, oiseaux en plein vol, chevaux qui galopent, hommes dont le vent agite les vêtements. Il faut enfin chercher dans cette tendance subjective une des raisons pour lesquelles les peintures à l'encre offrent si souvent des formes ou des compositions asymétriques, particularité qui n'est nullement, comme on le prétend parfois en Europe, un trait primordial et essentiel de l'art d'Extrême Orient. Primitivement, la symétrie a été au contraire la règle. Ce n'est que par le lavis zéniste que l'asymétrie a été introduite dans la peinture, et ensuite dans les autres arts, comme moyen nouveau de forcer le spectateur à créer par son imagination l'harmonie que ne donne pas la simple vision. Car "celui-là seul voit la beauté vraie, qui parachève par l'esprit ce qui est incomplet."

Ce serait une erreur grossière de supposer que les peintres du lavis n'ont pas su rendre les formes naturelles, et d'expliquer leur "manière" par cette incapacité. Il suffit d'un coup d'œil sur les oies sauvages de Mou-Hsi ou les faucons de Sesson, ou encore sur un paysage de Sesshou, pour se rendre compte de la fausseté d'une telle conclusion. Ces maîtres connaissaient et possédaient les formes naturelles mieux que maint naturaliste; dans la conception et la réalisation de formes en mouvement, ils n'ont pas leurs pareils dans le monde entier. On serait presque tenté de supposer qu'ils vivaient en communion trop intime avec la nature pour éprouver ce respect mêlé de crainte qui domine les rapports avec elle de beaucoup d'artistes européens; le peintre zéniste imite et modifie les formes suivant la nécessité artistique, sans se préoccuper, comme l'Européen scientifique, des "lois de la vérité." Qu'on regarde le Dharma à bouche et menton de lion, ces tigres dont les yeux énormes sortent de la tête comme des boules de verre, ces arbres étrangement tordus, ces rochers qui ont l'aspect de tours élancées, ces montagnes qui ressemblent à de formidables têtes d'animaux, et on se rendra compte de l'effet puissant produit par ces exagérations. Quand les formes, considérées isolément, ne sont que secondaires, l'artiste ne prend pas la peine de leur donner un caractère individuel, des types conventionnels lui suffisent. En passant en revue les personnages qui animent les lavis, on reconnaît toujours les mêmes figures; les sages et leurs jeunes serviteurs des tableaux de Sesson, de Shougetsou ou de Sesshou sont presque identiques aux figures qu'on rencontre dans les paysages de Hsia-Koueï ou dans ceux d'autres anciens Chinois; les édifices, les barques, les arbres et les rochers se ressemblent tout autant. La conformité est si grande qu'on a l'impression que les artistes se sont légué ces formes, ce qui s'est en effet produit. Les Japonais ont fait un très large usage de tels emprunts, pour la bonne raison que la plupart d'entre eux n'avaient pas vu de leurs propres yeux les paysages chinois. Il est vrai que Sesshou, le plus grand maître japonais, a passé plusieurs années en Chine; il est d'autant plus significatif que lui aussi n'a généralement employé que les formes de l'ancien art chinois. Ces artistes, n'attachant de l'importance qu'à l'impression produite et au sens de leurs paysages, considéraient, pour cela même, comme superflu d'en inventer les éléments et de les développer d'une manière personnelle; de même un écrivain, pour exprimer sa pensée, ne songera pas à créer des caractères graphiques nouveaux. Pour les peintres du lavis, les figures ne représentent guère effectivement que des signes d'écriture, et comme eux, elles se sont peu à peu épurées pour devenir des formes types.

Leur manière générale de traîter les formes n'a pas été non plus une création des peintres du lavis; ils l'ont empruntée à l'ancienne peinture objective. Ils ont adopté, sans y apporter de changements essentiels, cette manière qui caractérise plutôt qu'elle n'imite, cette façon de traiter les formes à plat, le renoncement aux effets de lumière et d'ombre, la répartition des personnages dans le tableau, cette perspective singulière où les lignes ne convergent pas vers un point de fuite, mais courent parallèlement à une ligne de fuite. C'est seulement sur cette base commune que, par son matériel particulier et par la technique qui en résulte, le lavis a établi son style propre.

V

Pourquoi la peinture subjective s'est-elle limitée à l'encre de Chine? Pourquoi n'a-t-elle employé la couleur qu'exceptionnellement, et uniquement pour rehausser l'encre? Une première réponse à ces questions est donnée par ce fait que les premiers peintres de l'école subjective n'étaient pas des artistes de métier, mais des dilettantes lettrés, pour qui l'encre, dont ils se servaient pour écrire, était la matière la plus commode et la plus familière. En Europe aussi, le dilettante fera plus facilement usage du crayon et de l'encre que du pinceau et de la boîte à couleurs. Cependant la véritable raison et le véritable sens de ce renoncement à la couleur sont plus profonds. "Le caractère principal de tout art se rattachant à la doctrine zèn, est l'extrême simplicité", a dit un Japonais. Le coloris brillant qu'aimait la peinture objective ne pouvait, en effet, attirer les hommes zèn, dont l'esprit se détournait de tout faste et de tout apparat. Ils ont certainement voulu éviter l'apparence corporelle et le charme sensuel que donne aux figures un coloris accentué. Pour le peintre zéniste les objets n'étant pas la réalité mais seulement l'ombre de l'essence véritable devaient paraître tels dans les tableaux. Enfin, le lavis, stimulant davantage l'imagination parce qu'il offre moins à l'œil, possède une force de suggestion beaucoup plus puissante que la peinture en couleur; c'est par cette qualité, sans doute, que la technique de l'encre a le plus fortement attiré et captivé les peintres zénistes. Le zénisme ne faisait, en effet, dépendre le salut que de l'effort personnel de chacun, et pour cette raison, provoquait et stimulait cet effort par tous les moyens. "Sa nature énergique attachait plus d'importance au travail fourni pour atteindre la perfection qu'à la perfection elle-même." (Okakoura, The Book of Tea, p. 95.) Des moyens aussi suggestifs que possible étaient d'autant plus indispensables à l'art zèn que son sujet le plus élevé: le Bouddha, l'essence du monde, échappe à la représentation directe. Pas plus qu'on ne peut l'exprimer par les paroles, on ne peut saisir ni représenter cet être abstrait au moyen de couleurs ou de formes; on peut seulement l'indiquer, le laisser deviner.

"La plus grande perfection doit paraître imparfaite,
Alors elle sera infinie dans son effet.
La plus grande abondance doit paraître vide,
Alors elle sera inépuisable dans son effet."

(Tao-Tê-king, 50.)

Le zénisme aurait donc vainement cherché un moyen d'expression plus conforme à son caractère particulier que la peinture à l'encre. Toutefois on peut douter qu'à la longue cette technique ait suffi aux grands maîtres de la peinture subjective, si l'encre de Chine ne permettait les effets les plus variés et les plus intenses. "Quand on manie l'encre avec habileté, les cinq couleurs apparaissent d'elles-mêmes", dit Chang Yen-Yuan. Effectivement l'encre de Chine peut remplacer les couleurs comme le piano un orchestre. Il existe même des lavis qui semblent plus colorés que les plus admirables peintures de l'école objective.

La peinture à l'encre procède par lignes et par taches. On peut distinguer une manière graphique et une manière picturale, suivant que domine la ligne ou la tache. Vraisemblablement la manière graphique est la plus ancienne pour cette raison qu'elle était la plus immédiate et la plus facile pour le dilettante calligraphe. Il était simple, en effet, de dessiner avec le pinceau à écrire des figures linéaires; de tels dessins semblent même une sorte d'écriture, il est en tout cas incontestable que l'écriture a exercé sur eux une grande influence. Le peintre du lavis a commencé par être un calligraphe; il continua d'ailleurs à pratiquer la calligraphie à côté de la peinture, l'outil avec lequel il peignait étant ce même pinceau avec lequel il écrivait. Par conséquent il n'est pas étonnant qu'en dessinant au pinceau il ait, sans s'en apercevoir, glissé vers la calligraphie. De tout temps en Extrême Orient l'écriture n'a pas été considérée seulement comme un art utile, on l'a cultivée et estimée aussi comme un art d'agrément. En Chine et au Japon les grands calligraphes sont réputés à l'égal des grands peintres; certains signes graphiques parfaits de leur main ne sont pas moins estimés qu'un chef-d'œuvre de Hsia-Koueï ou de Sesshou. L'effet artistique de l'écriture extrême-orientale résulte avant tout de la beauté immédiatement sensible de ses formes. Le pinceau élastique que guident librement le poignet et l'épaule, permet un élan tout autre, une modulation des lignes beaucoup plus hardie et variée que le crayon et la plume rigides que nous appuyons plus ou moins fortement sur le papier. Les traits de l'écriture européenne, presque toujours de même largeur et de même tonalité, paraissent secs et morts comparés aux lignes de l'écriture extrême-orientale, qui enflent et respirent, dont la largeur et l'intensité varient de manière aussi diverse, aussi gracieuse et aussi énergique que leur direction; si bien qu'Okakoura a pu dire "que chacune d'elles contient une vie entière". Bien qu'inexercé, notre œil peut cependant saisir une partie du charme de cette musique graphique, qui agit beaucoup plus intensément sur l'homme d'Extrême Orient, expert en écriture. Il est presque superflu de mentionner que la beauté de ces œuvres calligraphiques ne réside pas uniquement dans la forme de chaque trait considéré isolément, elle résulte tout autant de leur réunion harmonieuse en un signe, non moins que de la disposition relative de ces signes entre eux et sur la surface. En regardant attentivement un certain nombre de lavis on remarquera l'influence considérable que l'idéal et les lois de la calligraphie ont exercé sur eux. Pour le peintre également, la ligne n'est pas seulement un moyen de représentation mais aussi un sujet indépendant; elle l'est même parfois à un tel degré que sa valeur objective en est diminuée. L'influence de la calligraphie se révèle aussi nettement dans la composition des lavis: les figures sont le plus souvent construites et disposées à plat, ainsi que des signes d'écriture; les artistes ont évité autant que possible de les modeler plastiquement pour ne pas amoindrir l'effet de la ligne. La parenté de l'écriture et du lavis se manifeste le plus immédiatement dans ces nombreux tableaux où l'écriture, généralement une poésie, s'ajoute au dessin pour former un ensemble d'une merveilleuse harmonie. Naturellement, dans les signes d'écriture, l'Oriental voit en premier lieu un moyen de s'exprimer plutôt que des formes décoratives, mais à ce point de vue aussi ses exigences sont plus grandes que celles de l'Européen. Tandis que celui-ci se contente d'attacher à ces signes un son et un sens qui correspondent à leur forme type conventionnelle, l'Oriental leur demande encore de dégager et de transmettre directement par leur aspect individuel un sentiment ou un état d'âme. Une poésie doit être écrite de telle sorte qu'on puisse reconnaître son caractère rien qu'à son aspect, sans la lire; la forme de l'écriture doit correspondre au sens de la poésie. Le lavis dut remplir les mêmes conditions. Dans la figure de Kwannon, peinte par Mou-Hsi, chaque ligne du vêtement, des rochers ou de l'eau respire la grâce et la douceur dont la déesse de la miséricorde est la personnification. Dans le Dharma de Sesshou, chaque trait, chaque point est imprégné de l'énergie puissante de l'homme qui a triomphé de lui-même et du monde. Cette concordance de tous les éléments qui composent l'image permet d'atteindre à une force et à une unité d'expression incomparables. Plus tard, on a très méthodiquement déterminé et classé d'après leur valeur expressive les différentes espèces de traits et de coups de pinceau. Par exemple, dans le manuel connu, dit du "Jardin du Grain de Moutarde", le Chieh-tse-youan houa-chouan, dont la première partie a paru en 1679, l'élève studieux peut apprendre commodément et exactement que le trait en forme de feuille de saule est le meilleur pour les figures d'anges, de dieux ou de diables, que le style noyau de jujube est tout indiqué pour les images de Kwannon, qu'on réussira très bien les divinités guerrières telles que Foudo, et d'autres figures effrayantes, avec des lignes rappelant celles des roseaux brisés, et ainsi de suite; pour chaque cas l'élève trouvera indiquée la manière de tenir et de conduire le pinceau. Les grands peintres n'ont certainement pas supporté la tutelle de ces prescriptions pédantesques; ils ont manié le pinceau comme le leur commandait leur libre sentiment artistique. "L'écriture est un portrait de l'âme", a dit un ancien Chinois. Cette manière de voir n'est pas étrangère à l'Européen. Nous savons ou nous croyons que l'écriture reflète l'état de l'âme et les traits du caractère; il existe même une science, la graphologie, qui tâche de fixer et d'expliquer les relations qui existent entre le caractère d'un homme et la forme de son écriture. Si notre écriture si pauvre et si dure révèle le caractère et les émotions, ils se refléteront avec beaucoup plus de finesse, de force et de clarté dans les traits bien plus variés du pinceau asiatique. "L'écriture révèle infailliblement un esprit noble ou un homme ordinaire", dit Kouo Yo-hsou, savant de l'époque Soung, qui exprime certainement l'opinion générale en Extrême Orient. Les Chinois et les Japonais instruits ont souvent une facilité étonnante à reconnaître le caractère d'une personne à son écriture, faculté qui résulte probablement moins de l'observation et de la pratique que de l'intuition. "La calligraphie est véritablement mystique; aussi ne livre-t-elle son secret qu'aux initiés. Il n'est pas difficile de juger superficiellement du caractère d'une écriture, mais une compréhension réelle et profonde est interdite aux esprits ordinaires." (S. Taki, Chinese and Japanese Calligraphy. — Kokka, N° 199, pages 547, 548.) Ces initiés ne sont du reste pas rares en Chine et au Japon, et même chez les non initiés, le sens et l'intérêt graphologiques sont assez forts et assez vivaces pour expliquer que le lavis soit généralement, et non en dernier lieu, estimé d'après sa valeur graphologique. De l'avis des Extrême-Orientaux, pour réaliser une œuvre véritablement belle, il importe autant d'avoir des sentiments élevés que d'être un grand artiste, la suprême beauté d'un tableau consistant à refléter la grandeur et la pureté de l'âme. Quand les Orientaux affirment qu'ils sont capables de découvrir le chʿi-yun du peintre, c'est-à-dire toutes les particularités de son esprit, dans chacun de ses tableaux et même dans chacun de ses coups de pinceau, nous n'avons aucun droit de mettre en doute cette assertion, uniquement parce que nous-mêmes sommes incapables de les sentir aussi directement et aussi nettement. D'ailleurs pour nous aussi se dégage de certains de ces tableaux une impression éthique. Devant les saints de Shih-K'ô, par exemple, il est difficile de se figurer que le créateur de ces lignes puissantes ait pu avoir une âme mesquine et faible. Il est certain que les mots ne sont d'aucun secours en présence de tels impondérables, qui, comme toute sensation directe, ne demandent ni ne permettent d'explications. Il fallait tout au moins les indiquer parce qu'il viendra difficilement à l'idée d'un Européen de considérer un tableau sous ce point de vue qui, pour l'homme d'Extrême Orient, est presque le plus important.

Comme nous l'avons vu, la manière graphique, où domine la ligne, semble avoir été la plus ancienne. En tout cas, la manière picturale, où prédominent les taches de tonalité différente, n'a pris de l'importance que plus tard, bien que ses origines soient peut-être aussi reculées que celles de la manière graphique. Une remarque de Ching-Hao, critique du temps des cinq dynasties, entre l'époque T'ang et l'époque Soung, nous apprend que les deux manières ont été pratiquées en Chine pendant la seconde moitié du premier millénaire: "Les paysages de Wou-tao-tseu sont remarquables par la vigueur de leurs lignes, mais ils sont d'une tonalité médiocre; on peut dire exactement le contraire des paysages de Hsiang-Young; la réunion des deux styles produirait l'art parfait." (S. Taki, Oriental Ink Painting. — Kokka, N° 203, page 646.) A la fin de l'époque Soung le style pictural a déjà atteint son plus haut degré de perfection. Au Japon, la manière graphique a été presque exclusivement cultivée jusque vers la fin du 14e siècle, ce n'est que sous les chogouns Ashikaga que le style pictural se développa peu à peu pour prédominer complètement à l'époque Tokougawa. Le fait qu'en Chine comme au Japon la manière picturale ait été postérieure à la manière graphique s'explique aisément; la manière graphique pouvait être pratiquée sans grande difficulté par les dilettantes experts en calligraphie; la manière picturale par contre, avec sa technique plus subtile et plus compliquée, exigeait un talent particulier et des études qui n'étaient pas à portée de tout le monde. Les deux manières ne sont d'ailleurs pas distinctes au point de représenter les styles de deux écoles différentes. Beaucoup de peintres des époques postérieures ont cultivé les deux genres avec la même maîtrise et il existe nombre de lavis qui réalisent l'idéal de Ching-Hao. En se plaçant au point de vue langage artistique la manière graphique semble plus propre à exprimer des idées précises et des traits de caractère déterminés, la manière picturale traduit mieux les impressions, les états d'âme.

Nous avons peu de renseignements sur le procédé employé par les anciens maîtres du lavis. Taki cite comme "traîtant le sujet de la manière la plus systématique" le passage suivant tiré d'une œuvre de Ch'ên Chieh-chou, qui vivait sous la dynastie Ch'ing: "L'encre étalée sans réflexion et d'une manière monotone sur le fond de soie est appelée l'encre morte; celle qui fait nettement apparaître les dégradations convenables est appelée l'encre vivante. La première n'a rien de l'éclat séduisant de la seconde. Il y a deux manières d'étendre l'encre. Dans la première, les contours principaux sont tracés à l'encre claire, puis on exécute les parties convexes ou concaves (ce qui veut probablement dire les parties saillantes ou creuses) en ajoutant peu à peu des ombres de plus en plus foncées jusqu'à ce que le ton devienne lumineux et éclatant. Parfois même des lignes plus foncées dépassent hardiment les contours plus clairs, d'autres fois quelques lignes supplémentaires sont ajoutées pour mieux faire valoir la beauté de l'encre. Dans la seconde manière, les parties qui relient les différents objets (c'est-à-dire les masses continues), ainsi que les autres parties essentielles, sont indiquées par des tons clairs, ensuite on ajoute les détails nécessaires à l'aide de tons plus foncés. L'encre une fois séchée, les bords des parties foncées sont éclaircis au moyen d'encre plus claire. Cette manière particulière d'étendre l'encre a pour but de donner aux montagnes, aux rochers, aux arbres d'un paysage un aspect harmonieux ou organique. On se sert généralement de ce procédé pour représenter les montagnes ou les nuages de forme bizarre. Quelque différents que soient les deux procédés, leur but est le même: faire ressortir l'éclat, le brillant de l'encre." (Taki, Oriental Ink Painting. Kokka, N° 203, pages 647, 648.) La première manière semble correspondre au style graphique, la seconde au style pictural. Il résulte d'observations plus récentes que l'encre est étalée sur le fond de papier ou de soie au moyen de pinceaux de nature et de forme différentes, en commençant, comme l'indique l'auteur chinois, par les tons les plus clairs, dans lesquels et à côté desquels on applique des tons de plus en plus foncés. Les tons foncés, surtout dans la manière picturale, sont généralement ajoutés pendant que les tons clairs sont encore humides, de sorte que les différentes nuances s'entrepénètrent, se confondent intimement. Pour cela il faut mesurer très exactement la quantité d'encre et d'eau qu'on prend dans le pinceau et la force avec laquelle on l'appuye; la soie et le papier absorbant l'encre très rapidement, on ne peut effacer les traits inexacts. Les retouches ne sont également possibles que dans une mesure très restreinte. Le peintre qui employe ce procédé humide ne doit ni hésiter ni se tromper; il doit achever son tableau d'un trait, et il le fait souvent en un temps étonnamment court.

Pour posséder cette technique, les études les plus précises et les plus sérieuses sont nécessaires, ainsi qu'un exercice continuel de l'œil et de la main. Le peintre d'Extrême Orient en acquiert en partie la pratique par l'écriture qui demande déjà une subtilité et une adresse qui dépassent de beaucoup l'entendement et l'aptitude des calligraphes européens; il ne l'acquiert tout de même qu'en partie seulement, car la peinture exige des mouvements bien différents et un tour de main très particulier. Un talent inné, si grand qu'il soit, ne peut suppléer à tout. Quand on voit avec quels puissants et infaillibles coups de pinceau Liang K'aï a jeté ses figures sur le papier, quand on regarde les courbes délicates et infiniment variées du vêtement de Kwannon dans le tableau de Mou-hsi, on ne peut douter que, pour réaliser de telles œuvres, l'être le plus génialement doué ait besoin lui-même d'études approfondies et d'une pratique incessante. La copie de bons tableaux anciens a été cette école pour les peintres du lavis. On rapporte que presque tous les maîtres se sont appliqués à copier les œuvres de leurs prédécesseurs; on les loue souvent d'avoir égalé le coup de pinceau de leurs modèles. Les copies de ce genre qui nous sont parvenues montrent qu'il ne s'agissait pas pour l'artiste d'imiter servilement chaque trait particulier, mais plutôt de se pénétrer de la facture spéciale du modèle, c'est-à-dire du maniement du pinceau, de la formation des lignes et de la tonalité. Par l'étude et la copie, l'élève faisait d'autre part provision d'un certain nombre de formes qu'il pouvait et devait utiliser plus tard dans ses œuvres personnelles. De même que le calligraphe, dont l'art se rapproche le plus de la peinture à l'encre, commence par apprendre les signes types existants pour pouvoir les varier artistement plus tard, de même le futur peintre du lavis amasse dans ce but quantité de formes toutes faites. Nous avons vu plus haut que même les plus grands peintres n'ont pas puisé directement dans la nature les éléments de leurs compositions, qu'ils les ont empruntés pour la plupart à des œuvres antérieures. Cette pratique s'explique en partie par la conception extrême-orientale que l'essentiel d'une œuvre d'art réside moins dans les détails que dans l'ensemble dont ces détails sont les éléments et les moyens. Une autre raison, au moins aussi importante, tient à la nature même de la peinture à l'encre. Il serait absolument impossible d'exécuter une composition importante avec la rapidité qu'exige sa technique, si l'artiste n'avait à sa disposition un certain nombre de formes toutes faites, s'il devait lui-même inventer tous les détails.

VI

L'Européen qui regarde peindre un lavis est convaincu que l'artiste a préparé par des études, des esquisses ou des croquis le tableau qu'il exécute avec une dextérité et une sûreté si admirables. Dans la plupart des cas, c'est en vain qu'on cherchera ces travaux préparatoires; à ma connaissance, pour aucun des lavis anciens on ne trouve trace de croquis, d'esquisse ou d'ébauche. Ce qui certes ne constitue pas une preuve que quelquechose de semblable n'ait pas existé. Il se peut que les artistes aient détruit leurs essais, une fois l'œuvre achevée, comme avaient l'habitude de le faire les potiers japonais. Les témoignages littéraires relatifs à la méthode de travail des peintres célèbres ne contiennent que de rares allusions à des études ou des esquisses préparatoires; de quelques-uns on rapporte expressément qu'ils n'en avaient nullement besoin. Ainsi Chou Shoun, un des maîtres de l'époque Soung, se serait passé de toute esquisse et aurait même déclaré: "l'écriture et la peinture sont un même art, et qui a jamais vu un maître en calligraphie se servir d'esquisses?" (Giles, Introduction to the History of Chinese Pictorial Art, p. 119.) De Wou Tao-tseu on rapporte que l'empereur l'ayant envoyé dans le Ssouch'ouan pour y peindre le paysage du fleuve Chia-ling, "Wou revint sans aucun croquis et, comme l'empereur s'en étonnait, il lui répondit: tout est dans mon cœur. Puis il alla dans une des salles du palais et peignit en une journée un paysage d'une étendue de cent milles." (Giles, p. 43.)

En Extrême Orient, seuls probablement les peintres de tendance objective ont fait des études d'après nature en vue d'une composition déterminée. Du moins je ne l'ai jamais constaté pour d'autres. En général, il semble qu'on estimait de telles études inutiles, superflues, sinon pernicieuses, parce qu'on jugeait qu'elles nuisaient à la spiritualisation du sujet. "Mieux vaut étudier l'esprit des choses que les choses elles-mêmes", dit Fan K'ouan, peintre de l'époque Soung. (Giles, p. 86.) De toute façon, l'artiste d'Extrême Orient a été habitué dès ses débuts à étudier la nature avec l'œil plutôt qu'avec le pinceau; et il n'est pas impossible que ce soit une des raisons de la profondeur singulière de ses productions comme d'autre part le fait de dessiner et de peindre toujours d'après nature, ainsi que cela se pratique en Europe, ne semble pas conduire forcément à animer et à spiritualiser la réalisation artistique. Les peintres de l'école subjective, pour qui l'essentiel était d'exprimer les choses de l'esprit, avaient certainement moins de raisons que tout autre pour faire des études d'après nature. Mais grâce à leur faculté de saisir et de retenir facilement les formes visibles, héritage de leur race, ils sont arrivés très souvent à donner à leurs compositions une étonnante expression de vie. Il ne faut d'ailleurs pas croire que les anciens peintres du lavis n'aient jamais peint d'après nature. On rapporte, par exemple, d'un artiste chinois du 13e siècle que "pendant ses promenades à travers la campagne, il avait l'habitude d'emporter dans ses manches du papier et un pinceau, et que, des endroits ou des choses qui le frappaient particulièrement, il prenait de rapides esquisses (rough sketches) pour les étudier plus tard à loisir." (Giles, p. 142.) Il est vrai qu'il s'agit moins ici d'études véritables que de notes artistiques; les croquis de voyage de la main de Sesshou, qui nous sont parvenus, ne ressemblent que de loin à ce que nous autres Européens appelons des "études d'après nature".

Des ébauches, des essais semblent absolument indispensables pour les lavis faits d'un seul jet. Nous en trouvons en effet le témoignage pour certains artistes comme Wang Mêng, petit-fils de Chao-Mêng-fou, qui "faisait d'abord ses esquisses sur du papier, et réalisait ensuite ses conceptions dans le style de différentes écoles." (Giles, p. 143.). Au Japon on rapporte qu'un peintre avait fait pendant une année entière des croquis de coqs pour exécuter finalement le tableau définitif en quelques minutes, sous les yeux du prince qui le lui avait commandé; histoire sans doute très exagérée, mais qui pour cela même est particulièrement significative. Cependant, à ces témoignages s'en opposent beaucoup d'autres qui parlent formellement de la peinture comme d'une improvisation. En définitive on a l'impression que le travail préparatoire ne consistait généralement pas en croquis ou en ébauches successives, comme en Europe, mais plutôt à observer la nature avec calme et amour et à s'assimiler les impressions reçues, travail tout intérieur qui se fait peut-être en grande partie inconsciemment et involontairement. "Si tu désires peindre un paysage, dit un artiste chinois du 13e siècle, tu dois en porter les détails en toi, les travailler dans ton esprit pendant plusieurs jours avant de prendre le pinceau. De même pour la composition: d'abord vient une période de réflexion intense sur le sujet; on se sent lié et troublé jusqu'à ce qu'on l'ait saisi. Mais, quand vient l'inspiration, on rompt les liens, on est libre." (Giles, p. 141.). Fan K'ouan, peintre de l'époque Soung, "se retira dans une belle contrée boisée de la montagne Choung-nan dans le Shensi. Là il observa les formes changeantes des nuages et du brouillard, les effets difficilement saisissables du vent et de la lune, de la lumière et de l'ombre, jusqu'à ce que son âme fût remplie d'enthousiasme; alors son pinceau produisit mille écueils et d'innombrables précipices. Parfois il restait assis toute la journée sur un rocher, plongé dans la contemplation et dans la jouissance de la beauté du paysage. Il avait même l'habitude de se promener pendant les nuits de neige sans lune, le regard fixe, attendant l'inspiration." (Giles, p. 86, 87.) "Kao K'o-ming était l'ami de l'obscurité et du calme, il aimait errer dans les contrées sauvages et y contempler pendant des jours et des jours la beauté des montagnes et des forêts. A son retour il se retirait dans une chambre tranquille, fermait la porte aux soucis, et laissait son âme s'envoler librement au-delà des limites de ce monde." (Giles, p. 99.). Yao-tsou-yan dans son "Art de la Peinture" donne au paysagiste le conseil "de tendre sa soie blanche de préférence dans un endroit clair et tranquille, puis d'attendre que son esprit soit calme et que ses idées aient pris forme. Mais à ce moment il doit commencer l'exécution sans plus tarder." (Giles, p. 147.)

D'après la plupart des textes, l'idée définitive d'une œuvre d'art ne semble pas résulter d'un travail de composition qui rassemble laborieusement et essaye méthodiquement (on ne sent jamais autant l'insuffisance de cette expression malheureuse: "composition", qu'en l'employant à propos du lavis d'Extrême Orient), l'idée finale se précipite plutôt instantanément dans l'âme de l'artiste, préparée et fertilisée par l'ambiance et la vision, comme se précipitent les cristaux autour d'un bâtonnet plongé dans une dissolution saturée de sel. On cherche parfois à amener et à faciliter cette réaction par des moyens extérieurs. On raconte que certains artistes auraient conçu et exécuté leurs meilleurs tableaux sous l'influence du vin. "C'est seulement au début de l'ivresse que l'esprit et la main de Ch'ien Hsuan collaboraient en parfaite harmonie", écrit-on d'un peintre du 13e siècle. De semblables traditions s'attachent à beaucoup d'autres noms, parmi lesquels celui du grand Sesshou. Il n'est pas question, bien entendu, d'une ivresse réelle; elle nuirait au contraire à l'exécution du lavis, qui exige non seulement une extrême lucidité, mais encore une maîtrise parfaite de la main et du matériel. La technique du lavis ne permet ni hésitation ni retouche. Chaque ligne doit être tracée avec une décision absolue, le tout doit être achevé d'un trait. Beaucoup de tableaux ont certainement été exécutés en quelques minutes, avec une tension d'esprit et de corps si complète qu'elle étonne les peintres plus encore que les amateurs. Les œuvres réalisées ainsi d'un seul jet font apparaître l'idée artistique qu'elles contiennent beaucoup plus directement et parfaitement que celles dont la naissance est plus lente et plus laborieuse. Les artistes européens constatent toujours avec regret combien l'idée perd en passant de l'esprit sur la toile. Dans la peinture à l'encre le chemin est plus droit, plus uni; conception et réalisation sont presque simultanées; l'idée se matérialise comme spontanément dans l'encre fluide, grâce à l'extrême sensibilité et à l'étonnante dextérité de la main de l'artiste. On peut dire des peintres du lavis ce que Dchouang Dsi dit d'un artiste: "Il savait donner à ses poteries une forme parfaitement ronde sans y prêter attention, tellement ses doigts possédaient le métier. Son esprit gardait ainsi sa force entière et n'était sujet à aucune distraction." (D'après Dchouang Dsi, Le Véritable Livre du Sud Fleuri.) Si le lavis d'Extrême Orient s'oppose à la peinture à l'huile européenne par l'extrême réduction de ses moyens matériels, il s'y oppose également par l'effet produit: l'encre subtile ne masque pas l'idée, tel un corps terrestre, elle la révèle au contraire, tel un corps transfiguré au travers duquel l'âme brille comme le soleil à travers les nuages vaporeux du matin. Le lavis est en effet la peinture la plus spiritualisée qui ait jamais existé.

VII

Les chefs-d'œuvre de la peinture à l'encre sont remplis d'une vie mystérieuse, qui nous attire comme par l'effet d'un sortilège. L'art du lavis est le seul qui soit capable de nous faire oublier aussi complètement ce que le bouddhiste appelle sansara, le monde. Ses personnages immatériels, sans couleurs, sans reflets, sans ombres, pour ainsi dire en dehors du temps, semblent moins représenter des êtres réels que des idées dans le sens de Platon; en les regardant, nous nous imaginons respirer un air différent de celui dans lequel nous vivons. Il est impossible de décrire l'impression singulière que produisent ces peintures; les mots sont également impuissants à expliquer ce qui la provoque.

De l'avis des Chinois, la première qualité d'une bonne peinture est le ch'i-yun, c'est-à-dire la spiritualité, qualité que Hsieh-Ho, écrivain du temps de la dynastie Ch'i (479—501), désignait déjà comme le premier des six principes de la peinture. Kouo-Jo-hsu, écrivain de l'époque Soung, est celui qui s'est prononcé le plus clairement sur le ch'i-yun. Il dit dans ses "Remarques sur la Peinture" (T'ou-houa-chien-wên-chih): "Les œuvres d'un peintre dont la personnalité est noble et puissante, sont pénétrées de chʿi-yun. Tableaux et écriture portent l'empreinte des sensations et des sentiments de leurs auteurs et permettent de les reconnaître." (Taki, The Principles, Chʿi-Yun et Chouan-Shên, in Chinese Painting. Kokka, N° 244, p. 69.) Le chʿi-yun d'un tableau est l'expression de la personnalité de l'artiste. Pour réaliser une œuvre réellement belle, il faut avoir l'âme noble et le caractère d'un sage. Nous savons déjà que le chʿi-yun se révèle en premier lieu dans le coup de pinceau, moins d'ailleurs dans les particularités calligraphiques du trait que dans ses particularités graphologiques. Il apparaît ensuite dans le choix du sujet. Nous avons vu plus haut que la peinture subjective utilisait de nombreuses formes naturelles comme symboles de conceptions abstraites. Il est certain toutefois que le sens symbolique des objets est loin d'être l'unique ou même le principal moyen d'expression de l'âme du peintre. Un objet peut avoir, dans l'œuvre d'un barbouilleur, la même signification symbolique que dans celle d'un maître, et pourtant l'âme qu'il révèle est complètement différente. Sa valeur intrinsèque ne réside pas dans la signification que lui prête la convention, mais dans le caractère que l'artiste lui confère par sa manière propre; plus l'individualité de l'artiste sera forte et complexe, moins elle aura besoin de ces associations d'idées traditionnelles, plus elle se manifestera directement et clairement au seul aspect des objets représentés.

Les Chinois exigent encore d'un bon tableau une autre qualité. "Du chʿi-yun, dit Kouo Jo-hsu, résulte nécessairement le shêng-toung." Les tableaux qui possèdent le chʿi-yun ainsi que le shêng-toung peuvent être déclarés le summum de l'art et de la beauté. Shêng-toung signifie mouvement de la vie, animation. On pourrait croire qu'il s'agit de la reproduction exacte de mouvements, de gestes, ce en quoi les peintres du lavis ont d'ailleurs excellé, mais on vante également le shêng-tung de tableaux qui ne reproduisent aucun mouvement extérieur. C'est surtout en approfondissant de telles œuvres, par exemple un paysage de neige de Sesshou, qu'on sentira le mieux et le plus clairement ce qu'est le shêng-toung. Dans le silence de mort de ce désert blanc, on finit par sentir de plus en plus nettement, de plus en plus puissamment, une vie secrète: les montagnes, les arbres et les eaux, figés par le froid, sont imprégnés d'une telle "animation intérieure" que tout mouvement extérieur paraîtrait mort. Ce qui vit au fond de l'âme, vit aussi au fond des choses; quand on sait le découvrir au dedans de soi-même, on le distinguera également au dehors. L'artiste qui, dans une œuvre d'art, manifeste cette vie de son âme, traduit par cela même la vie universelle. "Du ch'i-yun résulte nécessairement le shêng-tung." En somme, les mots, au lieu de rendre ces abstractions plus claires, les obscurcissent. Plus on parle, moins on dit. "Le sens qu'on peut déterminer, n'est pas le sens éternel; le nom qu'on peut prononcer, n'est pas le nom éternel." On peut affirmer que l'art de l'Extrême Orient, tout comme sa philosophie, est impossible à comprendre si on ne le vit pas soi-même. L'impression la plus profonde qui se dégage des anciens chefs-d'œuvre, reste un miracle inconcevable. N'arrivent de miracles qu'à ceux qui en sont dignes.

VIII

Tout ce qui précède a trait au lavis de l'école subjective, qui, en Chine puis au Japon, a été cultivé comme art libre, c'est-à-dire non comme un métier par les hommes de la secte zèn ou par ceux qui se trouvaient sous son influence. Cet art devait déjà avoir atteint la perfection à l'époque T'ang (618—915), car les plus anciens lavis qui nous soient parvenus datent de l'époque Soung (920—1278) et le montrent en possession de tous ses moyens. Les maîtres de l'époque Soung, comme Kouo-Hsi (11e siècle), Yu-chiên, Mi-Feï (11e—12e siècle), Hsia-Koueï (12e—13e siècle), Mou-hsi (13e siècle), Liang K'aï (13e siècle), n'ont jamais été surpassés, ni en Chine, ni au Japon. Sous le règne des empereurs tatares (1280—1628), qui avaient supplanté la dynastie Soung, le lavis reste toujours florissant. Les paysages de Kao Yan-Houi, par exemple, sont dignes en tous points des œuvres de ses devanciers. C'est seulement à l'époque Ming (1368—1628) que cet art décline en même temps que le zénisme, pour dégénérer finalement en une technique plus ou moins brillante, où l'on chercherait vainement les qualités spirituelles d'autrefois. Pourtant, au début du 16e siècle, la peinture à l'encre était encore capable de produire une œuvre aussi profondément sentie que le paysage de neige de Chiang Soung (pl. 65).

Il serait oiseux de donner ici la longue liste des maîtres du lavis chinois. D'ailleurs, nous ne connaissons malheureusement que le nom de la plupart d'entre eux. Quant à ceux dont nous possédons quelques œuvres, on apprend bien mieux à les connaître par ces œuvres mêmes que par les rares passages, souvent peu spirituels, qui, dans la littérature chinoise, ont trait à leur vie et à leurs productions. De toute façon, on ne pouvait raconter grand'chose de leur vie;

la plupart d'entre eux ayant été des moines zèn, elle s'est passée dans la solitude des monastères. Ce manque de renseignements biographiques est d'ailleurs un bien plutôt qu'un mal, du moins pour ceux à qui les œuvres d'un artiste importent plus que les évènements de sa vie. Des œuvres d'art détachées de toute relation humaine ressemblent à ces pierres précieuses que l'érosion a dégagées de leur gangue de pierre, et qui brillent d'un éclat d'autant plus vif qu'elles sont isolées. Les écrits d'art chinois, historiques ou critiques, prouvent du reste que souvent l'étude de la littérature n'est d'aucune aide pour la compréhension des œuvres d'art. De Mou-shi, que les artistes et les connaisseurs japonais admirent comme le maître le plus génial de la peinture à l'encre, et celles de ses œuvres qui ont été conservées au Japon attestent que c'est à juste titre, de Mou-shi les historiens d'art chinois de son temps indiquent en tout et pour tout: "qu'il a été prêtre bouddhique, qu'il a peint des dragons, des tigres, des singes, des grues, des oies sauvages, des paysages et des hommes, qu'il les brossait en quelques traits au gré de sa fantaisie, que ses conceptions étaient sobres et simples, mais brutales et rébarbatives, réellement grossières et désagréables." (Giles, p. 130.) Et s'approche-t-on mieux de l'esprit d'un Hsia-Koueï ou d'un Liang K'aï, en apprenant que tous deux ont été membres de l'Académie royale Han-lin et qu'ils ont été décorés de la "ceinture d'or"? Les meilleurs lavis connus de l'ancienne peinture chinoise sont presque tous conservés au Japon, où, depuis l'époque Ashikaga, ils ont toujours été hautement appréciés et collectionnés avec passion. Il est actuellement impossible d'évaluer le nombre des lavis qui en Chine ont survécu aux guerres, aux révolutions ou autres catastrophes. On n'y en a découvert que peu qui puissent soutenir la comparaison avec les trésors dont le Japon est en droit de s'enorgueillir.

Tandis qu'en Chine, son pays d'origine, l'art du lavis dépérissait ou dégénérait, il refleurissait et s'épanouissait au Japon où il avait été importé par le zénisme. Le premier maître japonais du lavis, Toba Sôjô (1053—1114), célèbre par ses peintures satiriques d'animaux, n'était pas un moine zèn, mais un bonze de la secte tendaï. On ne trouve ensuite de peintres dignes de ce maître qu'au début de l'époque Ashikaga, lorsque le zénisme régna sur l'esprit japonais et donna au lavis un essor d'une telle puissance, d'une telle abondance, et d'une telle beauté, que la peinture nationale objective fut éclipsée. Pendant toute l'époque Ashikaga (1337—1573) la peinture subjective de style chinois a été l'art prédominant au Japon; elle a eu comme représentants des peintres de génie, comme admirateurs les aristocraties religieuse et profane. Dans la seconde moitié du 14e siècle, le moine Josetsou fonda au Sôkokouji, monastère zèn à Kiôto, une sorte d'école du lavis qui devait former des artistes dépassant de beaucoup leur maître. Le premier est Shouboun (1re moitié du 15e siècle), que nombre de Japonais considèrent comme leur paysagiste classique, pour la même raison peut-être qui nous fait juger ses tableaux quelque peu académiques; le second est Sesshou; le troisième Masanobou, l'ancêtre des Kano. A Shouboun se rattachent Ogouri Sôtan (15e siècle), aussi bon animalier qu'excellent paysagiste (voir pl. 79 à 81), les trois Ami: Nôami, son fils Gheïami, dont nous reproduisons la belle Kwannon (p. 93), et son petit-fils Sôami (début du 16e siècle), dont les paysages sont des merveilles de sentiment (pl. 94 à 100), les deux Chokwan (16e siècle) qui ont excellé dans les figures d'oiseaux, et maint autre encore. Sesshou (1420—1507) est le plus grand maître du lavis japonais. Il est inutile de parler longuement de la prodigieuse force créatrice de son imagination, de sa profondeur de sentiment, de la puissance incomparable de son pinceau; ses œuvres en témoignent mieux que toute parole. Les „Quatre Saisons", propriété du marquis Kouroda (pl. 108 à 111), ou les paysages du grand makimono du duc Mori, dont les fragments reproduits planches 112 à 114 ne peuvent malheureusement pas rendre l'esprit vraiment cosmique, comptent parmi ce que l'Art a donné à l'humanité de plus parfait. Au Japon, on estime peut-être encore davantage ses habokis, qui par l'extrême réduction des moyens employés témoignent le plus étonnamment de sa maîtrise artistique. La planche 117 reproduit le plus fameux, qu'il a peint à l'âge de soixante-quinze ans pour l'offrir à son élève Sôyen. La renommée de Sesshou repose principalement sur ses paysages, mais comme peintre de figures, aussi bien d'hommes, que d'animaux, il n'a non plus été souvent égalé. Seule la grâce féminine de Kwannon n'a jamais été pleinement rendue par ce géant de la peinture. Parmi les nombreux artistes qui formaient la suite de Sesshou, Shougetsou, qui avait accompagné le maître pendant son voyage en Chine, mérite d'être cité le premier. Dans le beau paysage de montagnes, reproduit pl. 132, il a presque atteint à la hauteur de son maître. Des artistes comme Sôyen, Shoukô et Tôyô se rangent dignement à côté de lui. Mais Sesshou, aux yeux des Japonais, n'a qu'un égal, Sesson (1450—1506), dont le nom est généralement associé à celui du grand maître. Okakoura juge ainsi avec justesse la valeur de ces deux artistes: "Sesshou doit son renom à la sobriété et à la maîtrise de soi, caractéristiques de l'esprit zèn. De ses tableaux se dégagent un calme et une sûreté que ne nous fait sentir aucun autre artiste. Sesson respire au contraire la liberté, la légèreté, la gaieté, autre face essentielle de l'idéal zèn. La vie semble avoir été pour lui un passe-temps; son âme énergique prenait plaisir à toute manifestation de mâle exubérance." (Okakoura, The Ideals of the East, p. 180, 181.) Du reste, laissons la parole aux œuvres de Sesson elles-mêmes. Naturellement, tous les peintres de cette époque féconde ne sont pas sortis directement ou indirectement de l'école de Sôkokouji. Beaucoup, et non des moindres, se sont inspirés directement des vieux maîtres chinois, tel Keïshoki (ou Shôkeï), qui exécuta de magnifiques paysages et de puissantes figures bouddhiques au couvent de Kenchôji à Kamakoura, ou encore Soga Yasokou (15e siècle), à qui nous devons le type le plus noble de Dharma, au Yôtokouin du Daïtokouji près Kiôto (pl. 82). On compte également parmi les indépendants Miyamoto Nitên (1582—1645), aussi fameux escrimeur que peintre rénommé, ou encore Shôkwadô, haut dignitaire de la secte shingon (1583—1639) qui, malgré son apprentissage auprès de Kano Sanrakou, s'inspire directement des œuvres de l'époque Soung.

Aucun de ces artistes probablement n'a exercé son art comme une profession. Dilettantes dans le sens le plus noble du mot, ils ont créé leurs œuvres par inspiration, pour eux-mêmes ou pour des amis dont les idées s'accordaient avec les leurs, sans se préoccuper des désirs du public payant. Mais étant donné la profonde influence que le zénisme exerçait sur les chogouns et leurs cours, et par conséquent sur la noblesse entière, il était inévitable que l'art zèn devînt "à la mode" dans un cercle plus étendu. Bientôt le lavis fut considéré comme la plus noble et la plus précieuse des œuvres d'art. Toute personne appartenant à la classe élevée et instruite voulut en avoir dans son tokonoma; les paravents et les cloisons mobiles des palais et des maisons des riches se couvrirent de grandes compositions à l'encre, à l'imitation de celles qu'on avait vues dans les monastères zènistes. Pourtant l'art libre des hommes zèn ne voulait ni ne pouvait satisfaire à cette mode. Il fallait pour cela que la peinture à l'encre fût regardée comme un métier et un commerce, ce que réalisa l'Académie Kano, dont les membres, peintres officiels des cours, exécutèrent des lavis pour les chogouns et la noblesse jusqu'à la fin du règne des Tokougawa. Kano Masanobou (1453—1490), troisième grand élève de Jôsetsou et artiste très subtil, qui mérita d'être recommandé à Ashikaga Yoshimasa par le grand Sesshou, est moins le véritable fondateur de cette école que son fils Motonobou (1476—1554), membre le plus célèbre de cette famille d'artistes. Kano Motonobou, qui fut élevé aux plus hautes dignités à la cour du chogoun Ashikaga, n'est certes pas le plus grand peintre japonais, comme le proclament les critiques d'art officiels de l'époque Tokougawa, il est cependant sans aucun doute un artiste de grand talent. Ses lavis, qui ne constituent d'ailleurs qu'une partie de son œuvre considérable, présentent en général une excellente composition et une brillante technique; quelques-uns, comme la tempête de neige du Myôchinji près Kiôto (pl. 143), semblent même comparables, à première vue, aux créations des Sôami, Sesshou ou Sesson. Pourtant, plus on compare ses œuvres à celles de ces grandes maîtres, plus on se rend compte qu'il leur manque précisément ce qui chez eux produit l'effet le plus puissant: la profondeur d'âme. Les tableaux de Motonobou sont d'excellentes créations artistiques, ce ne sont pas des merveilles. Il est vrai qu'on ne peut fournir des merveilles sur commande, et Motonobou avait des commandes aussi nombreuses que pressées. Comme lui, ses successeurs ont remplacé l'inspiration géniale des anciens maîtres chinois et japonais par une technique solide et consciencieuse, cette technique qu'un homme doué et qui a fait de sérieuses études a toujours à sa disposition dès qu'une commande l'exige. Plus tard, il y eut encore parmi les Kano des artistes sachant bien manier l'encre: Eïtokou (1543—1590), dont les meilleurs productions sont cependant les peintures monumentales, éblouissantes d'or et de couleurs, qui ornaient les appartements de cérémonie de son protecteur Hidéyoshi; ou le virtuose Tanyou (1602—1674), dont les paysages de pluie et de brouillard possèdent le charme rêveur de certaines poésies japonaises; ou bien l'original Morikaghé (17e siècle), le fin Naonobou (1607—1680), et Hanabousa Itchô (1652—1724), qui, à cause de ses œuvres caricaturales, fut expulsé de l'école, bien qu'il en ait été un des élèves les mieux doués et les plus vivants. Mais, dans leur ensemble, les productions de l'école Kano devinrent de plus en plus formalistes et vides, et finalement le plaisir des grands seigneurs, qui se sentaient obligés de les acquérir, dût être très mitigé, car pendant ces derniers deux siècles les lavis de cette école se distinguèrent surtout par une correction et une monotonie, étonnantes même pour un art académique.

A l'époque Tokougawa, le lavis n'a d'ailleurs nullement été le monopole des Kano. Des artistes se rattachant à d'autres écoles ont fait des lavis aussi bons sinon meilleurs. On peut citer Sôtatsou (17e siècle) et Kôrin (1661—1716) qui, s'inspirant de Kôetsou, ont vivifié le style désuet de l'école Tosa et l'ont amené à une puissance décorative grandiose. Leurs peintures à l'encre les ont rendus célèbres à juste titre; les tons en sont en effet d'une beauté réellement captivante, mais, chez ces peintres aussi, on chercherait vainement l'esprit qui animait l'ancien art zèn.

Profitant de la fatigue provoquée finalement par les tours de force, aussi adroits que futiles, des artistes de l'école Kano, un genre particulier de peinture à l'encre, qui avait pris naissance en Chine à l'époque Ming, s'introduisit et se répandit au Japon, genre qui s'oppose délibérément à la peinture de métier, arbore l'étiquette de dilettante, méprise la virtuosité, et n'attache d'importance qu'à l'idée philosophique ou poétique. Cette "peinture de lettrés" (en chinois wên-jên-houa, en japonais bounjinga) n'a certes pas été cultivée uniquement par des amateurs. Des professionnels comme Tani Bounchô (1762—1841), Chikouden (mort en 1835) ou bien Bouson (1716—1783) ont réussi à imiter avec une habilité raffinée la maladresse naïve de la peinture de dilettantes, mais dans son ensemble elle n'est effectivement pas autre chose que ce qu'indique son nom. Ses productions méritent cependant une attention plus grande que celle qu'on leur a jusqu'à présent accordée en Europe, car, précisément, cet art d'amateurs nous montre à quel point est répandu en Extrême Orient le talent pour la peinture. Parmi quantité de productions assez faibles on trouve un nombre surprenant de conceptions très originales, qui, par leur esprit, sont certainement plus proches des œuvres des anciens maîtres que ne le sont, par leur technique, les derniers produits de l'école Kano. Le coup de pinceau n'est généralement pas d'une grande virtuosité, mais de cette imperfection même émane un charme singulier; la puissance et la variété des tons laisse le plus souvent beaucoup à désirer, mais presque jamais le trait n'est vulgaire. C'est que ces dilettantes étaient des Extrême Orientaux, et des Extrême Orientaux lettrés, c'est-à-dire des hommes qui savaient manier le pinceau à écrire, et n'étaient ni sans aptitudes ni sans exigences calligraphiques.

IX

Tous les genres de lavis dont nous avons parlé appartiennent à l'art subjectif, qui se propose essentiellement de traduire des états d'âme. La peinture objective à ses débuts n'a presque jamais renoncé à la couleur. Ce n'est que lorsque la peinture subjective fut devenue à la mode, que les artistes de tendance objective commencèrent à peindre à l'encre de Chine, mais ils l'employèrent d'une manière toute différente. Pour les artistes de tendance subjective l'encre était le moyen d'expression indispensable à l'essence et au but de leur art; ceux de tendance objective par contre renoncèrent aux couleurs sans y être conduits par une nécessité intérieure résultant de l'essence même de leur art. Si parfois ils s'en sont passés quand même, il y a eu à cela d'autres raisons: d'une part, les lavis étaient plus estimés par l'aristocratie et par les personnes instruites; d'autre part, et c'était peut-être la raison principale, l'amour-propre les poussait à montrer qu'ils pouvaient avec les moyens restreints du lavis, arriver aux mêmes résultats que par les couleurs. Ils ont en effet utilisé l'encre dans le même esprit et dans le même but que la couleur, c'est-à-dire pour représenter les objets de la manière la plus caractéristique, ce qui, en Extrême Orient, veut dire de façon aussi fidèle qu'expressive. Et ils ont réussi à faire des choses admirables. Un pin, un bambou, tels que les a peints à l'encre Marouyama Okyo, fondateur et principal peintre de l'école naturaliste (1733—1795), paraissent aussi réels, aussi colorés que s'ils avaient été exécutés avec les plus riches couleurs. En disant qu'Okyo n'a pas produit de bons lavis (Taki, On Oriental India-Ink Painting. Kokka, N° 203, p. 651), le critique japonais pense évidemment aux lavis subjectifs qui n'étaient pas en effet du domaine du peintre naturaliste. Okyo est peut-être le meilleur représentant de l'école objective japonaise. Mais de son temps et postérieurement bien des artistes l'ont à peu près égalé, par exemple l'excentrique Rosetsou (1754—1799) et le sinicant Gankou (1749—1838). On trouve encore actuellement au Japon, dans les expositions, plus d'un bon lavis de ce genre, mais plus rien ne subsiste du grand art des anciens maîtres zénistes, si ce n'est, çà et là, une trace effacée, dans un tableau bounjinga.

NOTES SUR LES FIGURES

La reproduction des lavis d'Extrême Orient est aussi difficile qu'ingrate. La réduction qu'elle nécessite leur est beaucoup plus défavorable qu'aux autres tableaux, parce que l'aspect et l'effet de la ligne, principal moyen d'expression du manieur d'encre, sont par cette réduction considérablement diminués. D'autre part, le procédé de reproduction auquel nous sommes tenus est loin de mettre en valeur la tonalité des lavis; nos reproductions ne peuvent guère qu'indiquer la richesse merveilleuse, la délicatesse et l'intensité de la gamme que les grands peintres chinois et japonais ont su obtenir de l'encre, et celui-là seul qui a vu au moins plusieurs bons originaux, pourra se faire une idée de nos modèles.

Le choix des figures n'a pas été limité aux lavis purs, il contient également des tableaux où un léger rehaut de couleur vient s'ajouter à l'encre. Cette coloration ne modifie en rien le caractère particulier du lavis; un effet de coloris proprement dit n'a jamais été voulu ni atteint. Les légères touches de couleur ne sont que l'accompagnement de la mélodie portée par l'encre. On pourrait les supprimer sans pour cela modifier essentiellement l'effet produit. Même en Extrême Orient, on distingue à peine entre le lavis pur et le lavis rehaussé.

La forme et les dimensions des lavis sont celles employées généralement dans la peinture extrême-orientale. Il existe des lavis aussi bien sur fond fixe que sur fond mobile. On peut supposer qu'un grand nombre d'œuvres peintes par les anciens maîtres chinois sur les murs des salles et des chambres ont péri avec elles. Il s'est pourtant conservé au Japon, dans les monastères zénistes et les maisons de la haute société, un nombre assez considérable de lavis ornant les cloisons à coulisse et parfois les plafonds des salles de réception ou de réunion, et parmi eux certains sont de dimensions monumentales. Une forme intermédiaire entre les peintures mobiles et les peintures fixes est représentée par les paravents, dont les artistes de l'époque Ashikaga particulièrement aimaient à décorer les six feuilles. La forme principale des tableaux mobiles est le rouleau se développant soit en largeur, soit en hauteur. Le rouleau en largeur, le makimono, correspond au livre d'images européen; le makimono est d'ailleurs la forme la plus ancienne du livre en Extrême Orient. Il n'est pas destiné à l'ornementation d'une chambre; celui qui veut le regarder le place par terre ou sur une table et le déroule au fur et à mesure. Il semble que cette forme ait été employée beaucoup plus fréquemment par les Chinois que par les Japonais. Nombre de rouleaux chinois ont été plus tard coupés pour faire des tableaux d'ornement ou des feuilles d'album. Le rouleau en hauteur, le kakémono, est, en Chine aussi bien qu'au Japon, la forme la plus fréquente du tableau mobile. Accroché au mur de la chambre, au Japon au mur du tokonoma, il en est l'ornement le plus distingué et correspond ainsi au tableau de chevalet d'Europe. Les kakémonos peints à l'encre sont en général de dimensions moyennes; la beauté d'un lavis ne croît, en effet, nullement en proportion de son format, et on ne peut donner tort aux chajins (présidents d'une société de buveurs de thé) japonais d'avoir préféré les lavis de petites dimensions.

Planches 1 et 2. La tradition attribue ces paysages à Wou-Tao-tseu (en japonais Go Dô-si), le plus grand peintre de l'époque T'ang. Les historiens d'art modernes, qui ont été formés à l'école européenne, les déclarent œuvres d'un peintre quelconque de l'époque Soung ou même de l'époque Yuen. Mais, les historiens d'art modernes eux-mêmes n'étant pas infaillibles, il se peut que ces peintures soient beaucoup plus proches de Wou-Tao-tseu qu'ils ne le croient, d'autant plus que jusqu'à présent nous ne possédons aucun paysage à l'encre qui date indubitablement de l'époque T'ang et permette la comparaison en tout état de cause.

Planches 3 et 4. Ces lavis auraient été peints "avec un roseau brisé". — Voir Tajima, Selected Relics of Japanese Art, vol. 3, notes sur la planche XI.

Planche 5. Sou Kouo était le fils de Sou-Toung-po, poète et homme d'état.

Planche 8. Ce lavis provient de la fameuse collection Ashikaga Yoshimasa (1449—1471), du palais Higashiyama.

Planche 18. Probablement fragment d'un makimono représentant les "huit scènes des environs du lac Toung-t'ing."

Planche 19. La partie supérieure du kakémono, portant une inscription, est supprimée. Ce lavis provient de la collection Ashikaga Yoshimitsou (1368—1393); le cachet porte son nom religieux (dôyou). Chên-houan-nîn était un patriarche zèn.

Planche 20. Indara, prêtre hindou qui vivait au monastère chinois de Tenjikouji.

Planche 21. Sur Han-shan et Shih-tê voir le texte, p. 3.

Planche 24. Voir le texte, p. 3.

Planche 25. Pou-taï, en japonais Hoteï, moine mendiant du 10ᵉ siècle, du monastère Yo-lin-ssou dans la province Ming-chou, parcourait le pays sans besoins ni soucis; ses contemporains voyaient en lui une préincarnation du Bouddha futur, Maitreya. Cette figure souriante et replète personnifie la sérénité du libre esprit zèn, qui se rit des difficultés de la vie. Au Japon, ce joyeux prêtre ami des enfants, au gros sac sur le dos, est devenu plus tard un des sept bons génies.

Planche 28. Li Taï Po (699—762) est le plus grand poète de la Chine et de l'Extrême Orient.

Planche 30. Çakia, le Bouddha historique, las des exercices ascétiques, par lesquels il a longuement et vainement cherché la délivrance, revient du désert.

Planche 32. Le même. Mais tandis que la figure précédente (pl. 30) le représente en pénitent déçu et profondément affligé, celle-ci le montre dans le rayonnement de la victoire prochaine, de l'illumination libératrice qui s'annonce. La tradition japonaise attribue également à Liang K'aï ce lavis non signé; il n'est pas indigne en effet de son pinceau.

Planche 34. Fêng-kan était un saint taoïste, un "sennin", qui, monté sur un tigre, fit un jour son apparition dans le monastère où Han-shan et Shih-tê (voir le texte, p. 3) étaient serviteurs du temple.

Planche 36. Bodhidharma, fils d'un roi hindou, est le fondateur et le premier patriarche de la secte zèn chinoise. Cette peinture est exécutée dans la manière de Liang K'aï, mais un certain manque de vigueur dans le coup de pinceau indique clairement qu'elle n'est pas de ce maître lui-même. Voir le texte, p. 5.

Planche 37. Sur Pou-taï voir pl. 25. Le peintre Tsou-wêng était probablement un moine zèn. La partie supérieure du kakémono, portant une inscription, est supprimée.

Planche 38. Ch'ên Young, ou So-wêng, n'était pas seulement peintre mais aussi excellent poète et écrivain. Ses figures de dragons passent pour les meilleures du genre.

Planche 42. L'admirable branche de châtaignier de Mou-hsi, avec ses fruits épineux, est un symbole zéniste facile à comprendre.

Planche 44. Partie d'un makimono, coupé depuis longtemps, qui représentait les huit paysages fameux du lac Toung-t'ing, entre les rivières Hsiang et Hsiao de la province Ho-nan. Ces huit scènes, un des sujets favoris de l'ancienne peinture à l'encre, sont les suivantes: 1° Cloches du soir dans un temple lointain. 2° Village solitaire par beau temps. 3° Lune d'automne sur le lac Toung-t'ing. 4° Pluie nocturne dans la région des rivières Hsiang et Hsiao. 5° Coucher de soleil sur un village de pêcheurs. 6° Retour des jonques. 7° Oies sauvages sur la grève. 8° Neige du soir sur le lac.

Planche 45. Vanavâsi était un des seize arhats (rakhans), principaux disciples de Bouddha entrés dans la connaissance libératrice. Ce lavis de Mou-hsi, provenant de la collection Ashikaga, est peut-être la représentation la plus parfaite du recueillement zèn.

Planche 47. L'artiste n'a certainement pas voulu représenter simplement des oies. Il est probable que ces oiseaux symbolisent les deux forces fondamentales du monde: yang et yin. Voir le texte, p. 13.

Planche 51. Kwan-yin (en japonais Kwannon) est identique au Bodhisatva Avalokites'vara, personnification bouddhique de la miséricorde et de la pitié. L'art ancien le représente généralement sous la forme masculine; c'est seulement à l'époque Soung qu'en a été créé le type féminin, prédominant depuis, la figure la plus gracieuse qu'ait produite l'art d'Extrême Orient, celle qu'on affectionne le plus. Le bouddhisme prie Kwannon comme la chrétienté la Sainte Mère des Grâces, Marie.

Planche 54. La partie supérieure du kakémono, portant une inscription poétique, est supprimée.

Planches 55 à 57. La littérature chinoise ne fait pas mention de l'artiste. Mais ses œuvres, conservées au Japon, le montrent un des plus grands paysagistes de l'époque Yuan.

Planche 58. Certains connaisseurs japonais tiennent Neng-Shih pour identique à Kao-Jan-houi.

Planche 59. Sur Han-shan et Shih-tê voir le texte, p. 3.

Planche 62. Li Tsaï, artiste de l'époque Ming, est le seul que Sesshou, pendant son séjour en Chine, ait jugé digne d'être son maître.

Planche 63. La reproduction par trop réduite ne peut malheureusement faire ressortir l'extraordinaire richesse picturale de ce lavis.

Planche 64. On remarquera la parfaite harmonie calligraphique du dessin et de l'écriture.

Planche 65. Partie d'un makimono représentant les quatre saisons.

Planche 66. Partie d'un makimono.

Planche 68. La satire est visiblement dirigée contre la vie plantureuse dans les monastères bouddhiques de l'époque.

Planche 71. Boukan est identique à Feng-kan. Voir pl. 34.

Planche 73. Myôchô, qu'on appelle aussi Chô Densou, d'après son titre religieux, est surtout connu comme le dernier grand peintre japonais de tableaux bouddhiques en couleur. Shoïchi Kokoushi, mort en 1280, fondateur du monastère zéniste du Tôfoukouji, où Myôchô était moine, était renommé pour l'étendue de ses connaissances et pour son humour. Ce lavis rend les traits si caractéristiques du moine borgne; il est par conséquent un portrait véritable, fait rare dans la peinture zéniste.

Planche 75. Tesshou était un moine zèn, qui avait visité la Chine.

Planche 76. Voir le texte, p. 3.

Planche 77. La partie supérieure du kakémono, portant des inscriptions poétiques de la main de deux prêtres, est supprimée.

Planche 78. La partie supérieure du kakémono, portant une inscription, est supprimée.

Planche 82. Voir pl. 36 et le texte p. 5.

Planches 85, 86. Provient d'un album contenant les huit scènes du Toung-t'ing. Voir pl. 44.

Planche 88. La partie supérieure du kakémono, portant une inscription, est supprimée.

Planches 90 à 92. Nôami est célèbre comme connaisseur et conseiller artistique d'Ashikaga Yoshimasa.

Planche 93. Voir pl. 51.

Planches 94 à 100. Sôami, petit-fils de Nôami, comme lui excellent connaisseur, et président d'une société de buveurs de thé (chajin).

Planche 101. Le poète Sou Toung-po est mort en 1101. Si ce tableau est réellement l'œuvre d'Ashikaga Yoshimitsou, à qui on l'attribue, il constitue un témoignage très honorable du dilettantisme artistique de ce prince ami des arts.

Planches 103 et 104. Shoukô était un célèbre chajin à la cour des Ashikaga.

Planches 112 à 114. Parties d'un makimono long de 15 mètres, peint par Sesshou en 1486.

Planche 117. Un haboki, c'est-à-dire un tableau peint au pinceau de plumes. Ce paysage, particulièrement estimé au Japon, est un cadeau de Sesshou à son élève Sôyen en 1495. (Voir p. 128.) La partie supérieure du kakémono, portant une inscription, est supprimée.

Planche 121. Voir pl. 36 et le texte p. 5.

Planche 125. Lou Toung-pin, ermite taoïste, avait vaincu un dragon par sa force magique.

Planche 128. Sôyen, élève de Sesshou, pour qui le maître a peint le fameux paysage haboki (pl. 117).

Planche 131. Ryôfou était un des élèves de Sesshou.

Planche 133. D'après la légende chinoise, Dharma a traversé le fleuve Yang-tsé, debout sur un roseau.

Planches 134 et 135. Feuilles d'un paravent (byôbou).

Planche 137. Hoteï jouant du koto (espèce de cithare). Sur Hoteï voir pl. 25.

Planche 138. Reproduit d'après une lithographie en couleurs de la Kokka.

Planches 142 et 143. De la série des huit scènes du Toung-t'ing. Voir pl. 44.

Planche 145. Ce tableau faisait originellement partie d'une peinture murale.

Planche 146. Ces lavis sont peints sur un paravent à six feuilles, dont les deux dernières sont supprimées.

Planche 148. Voir le texte, p. 11.

Planches 149 et 150. De la série des huit scènes du Toung-t'ing. Voir pl. 44.

Planche 151. Semimarou, musicien aveugle et poète de la fin du 9e siècle. Il est le héros d'un drame Nô célèbre.

Planche 152. Le sage Youima, en sanscrit Vimala-Kirtti, contemporain et compatriote du Bouddha Çakia. Sa rencontre avec le disciple du Bouddha, Manjousri (en japonais Monjou) a été fréquement représentée dans l'art bouddhique.

Planche 156. Kenzân, frère de Kôrin, est plus connu comme potier que comme peintre.

Planche 159. Peint sur un paravent (byôbou).

Les clichés, à quelques exceptions près, ont été faits d'après les reproductions des éditions Shimbi Shoïn et de la revue mensuelle La Kokka, toutes deux à Tôkiô.

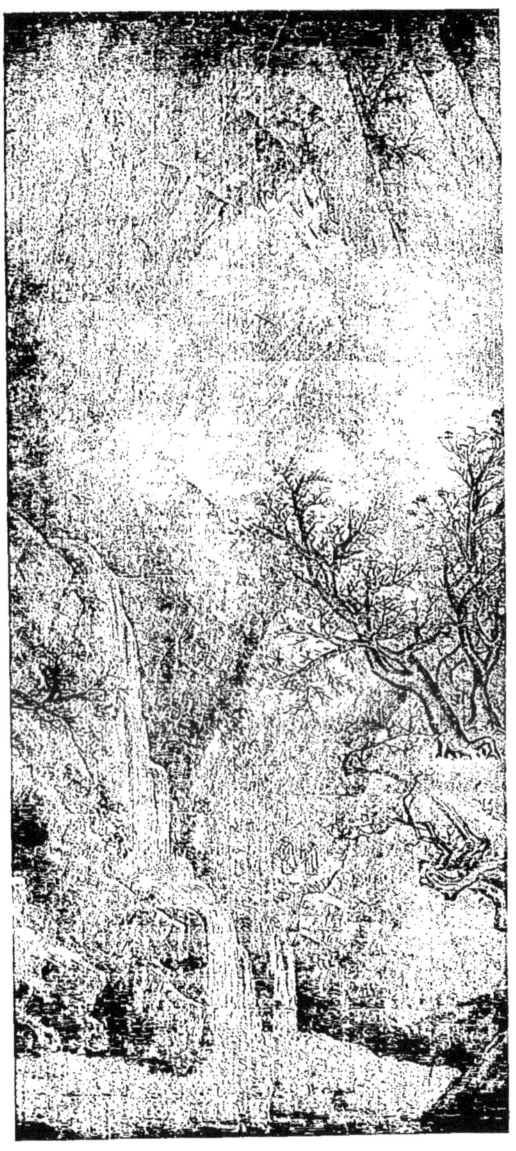

Wou Tao-tseu?
Chine (8e siècle)

Paysage
sur soie
H. 98 cm.

Daïtokouji,
Kiôto

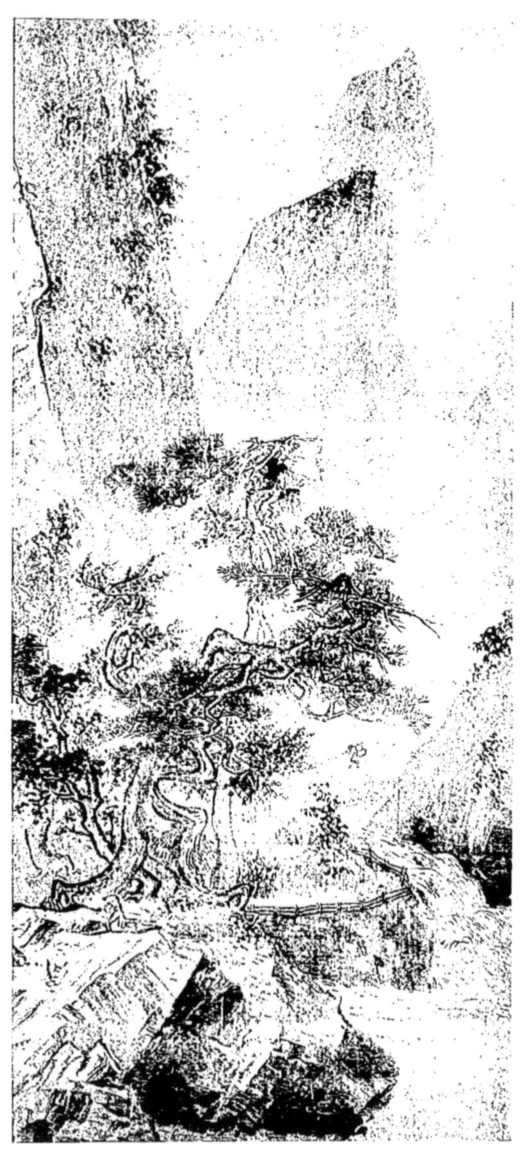

Wou Tao-tseu?
Chine (8e siècle)

Paysage
sur soie
H. 98 cm.

Daitokouji,
Kiôto

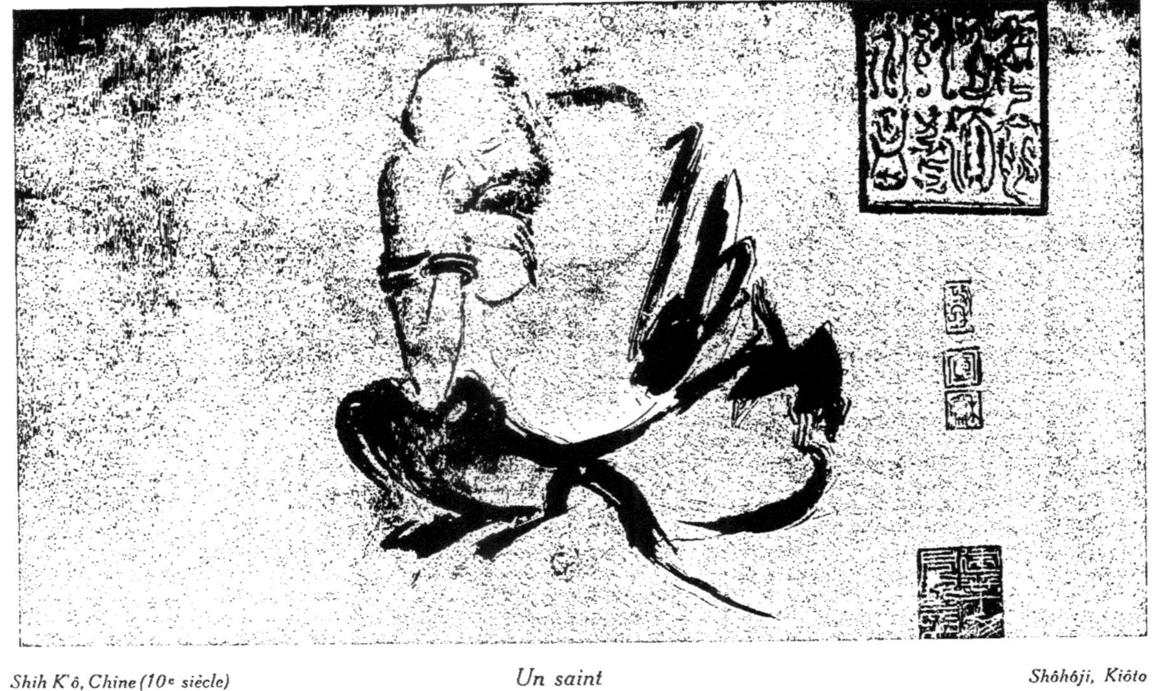

Shih K'ô, Chine (10e siècle) — *Un saint* — *Shôhôji, Kiôto*

sur papier

L. 64 cm.

3

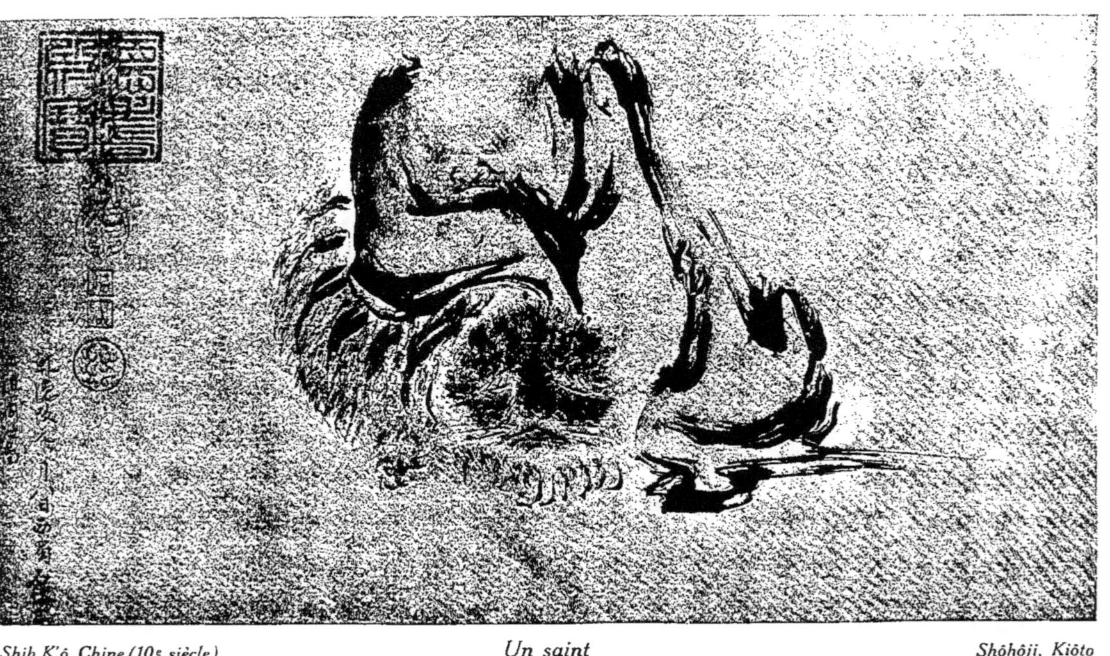

Shih K'ô, Chine (10e siècle)

Un saint

sur papier

L. 64 cm.

Shôhôji, Kiôto

4

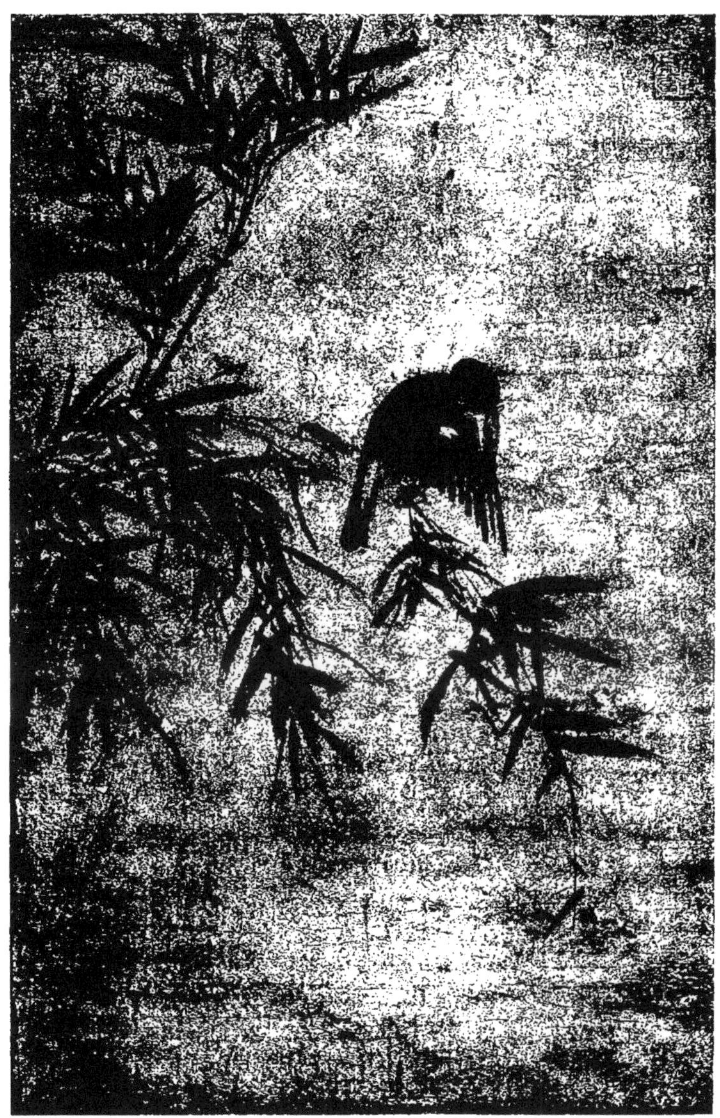

Sou Kouo,
Chine (1072—1123)

Étourneau
sur papier
H. 55 cm.

Tôkiô,
Ouchida

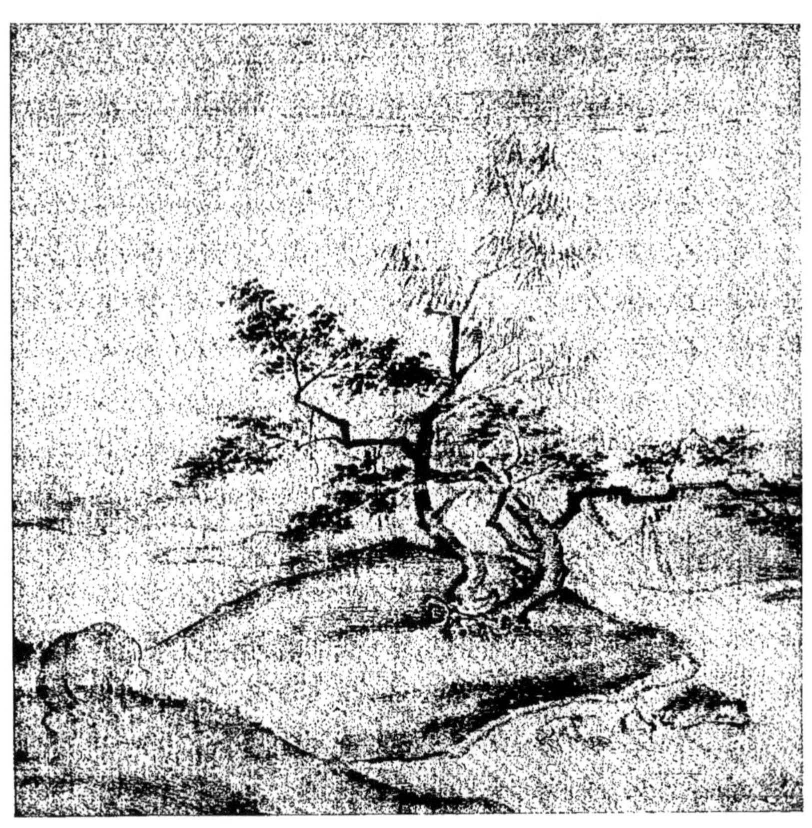

Hsia Kouei,
Chine (vers 1200)

Paysage
sur soie
H. 33 cm.

Tôkiô,
Iwasaki

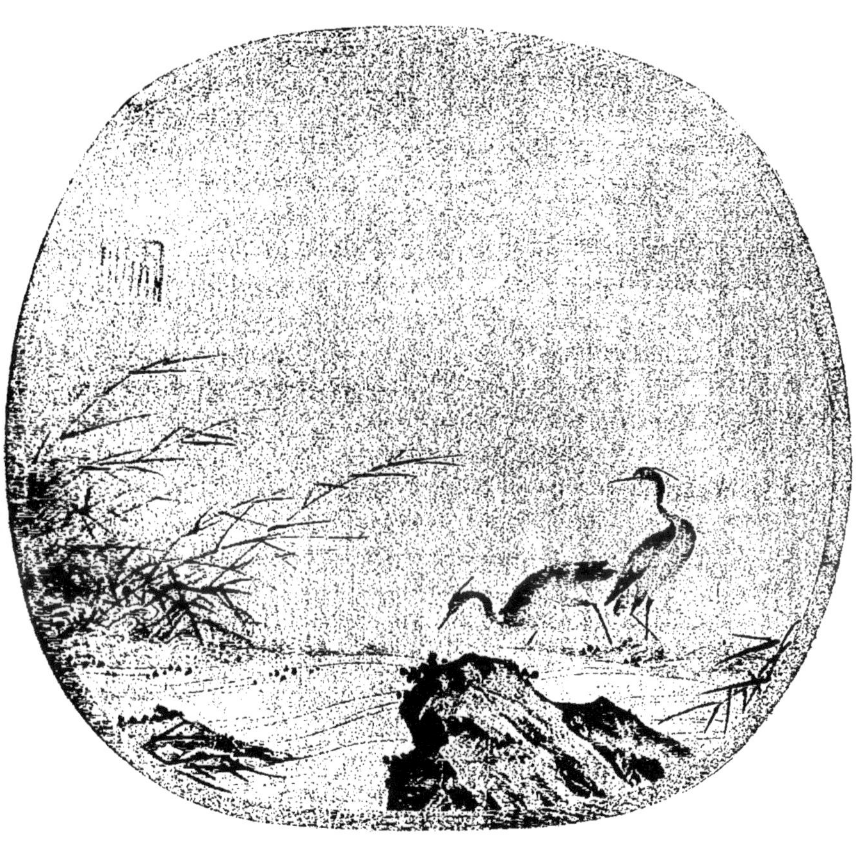

Hsia Koueï,
Chine (vers 1200)

Héron
sur soie
H. 26 cm.

Tôkiô,
Kouroda

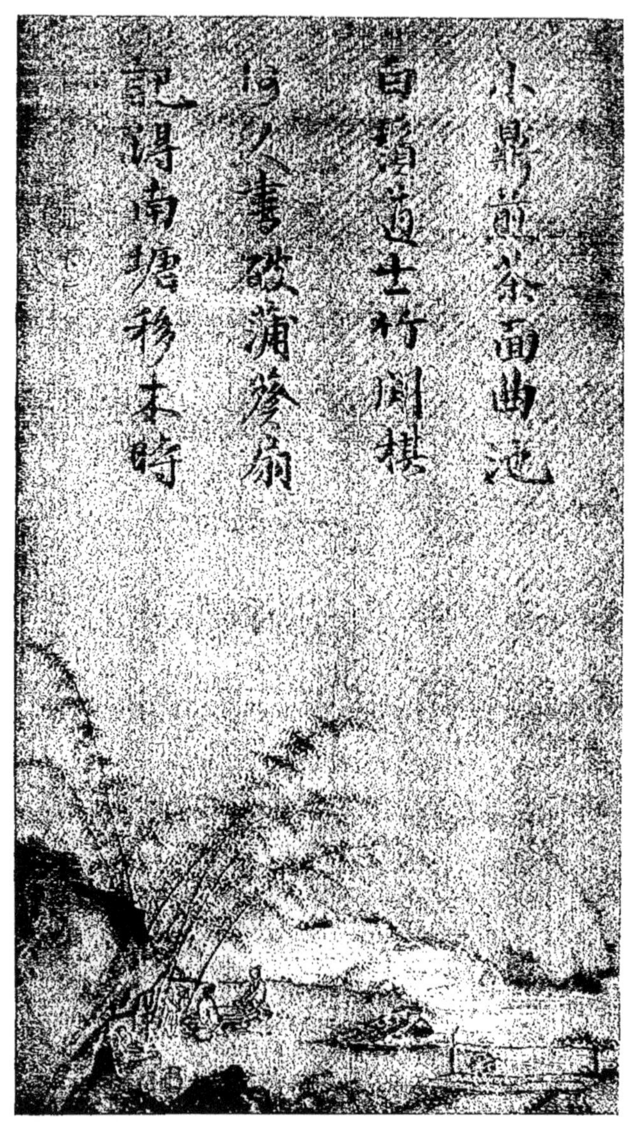

Hsia Koueï,
Chine (vers 1200)

Ermites jouant aux échecs
sur soie; légèrement rehaussé
H. 45 cm.

Tôkiô,
Kouroda

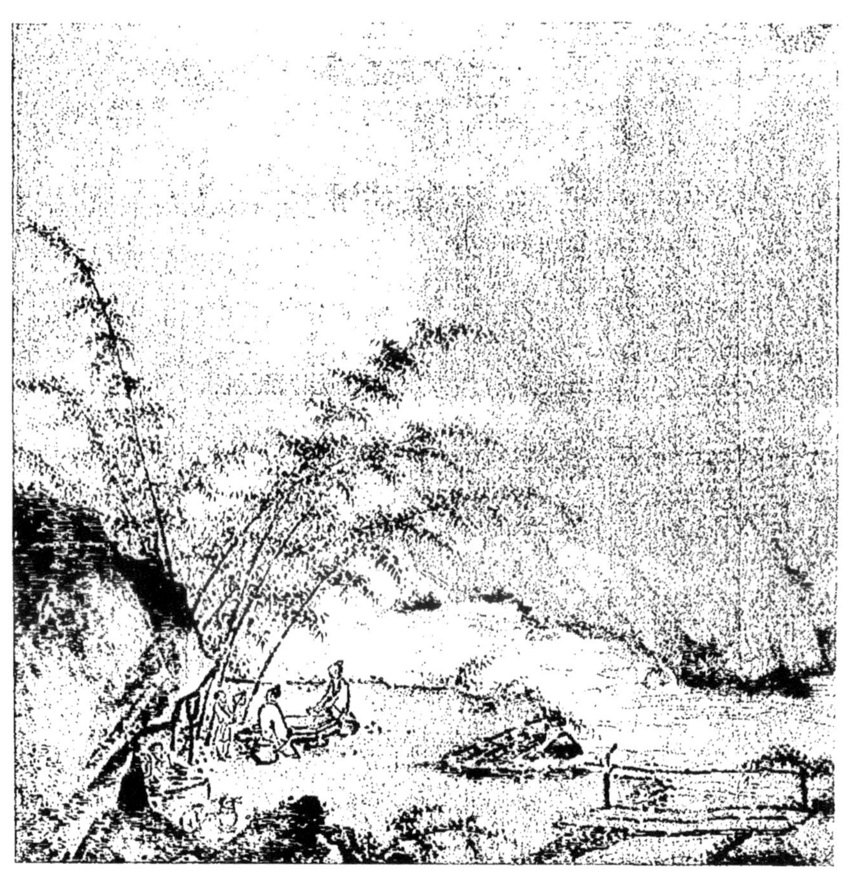

Détail de la planche 8

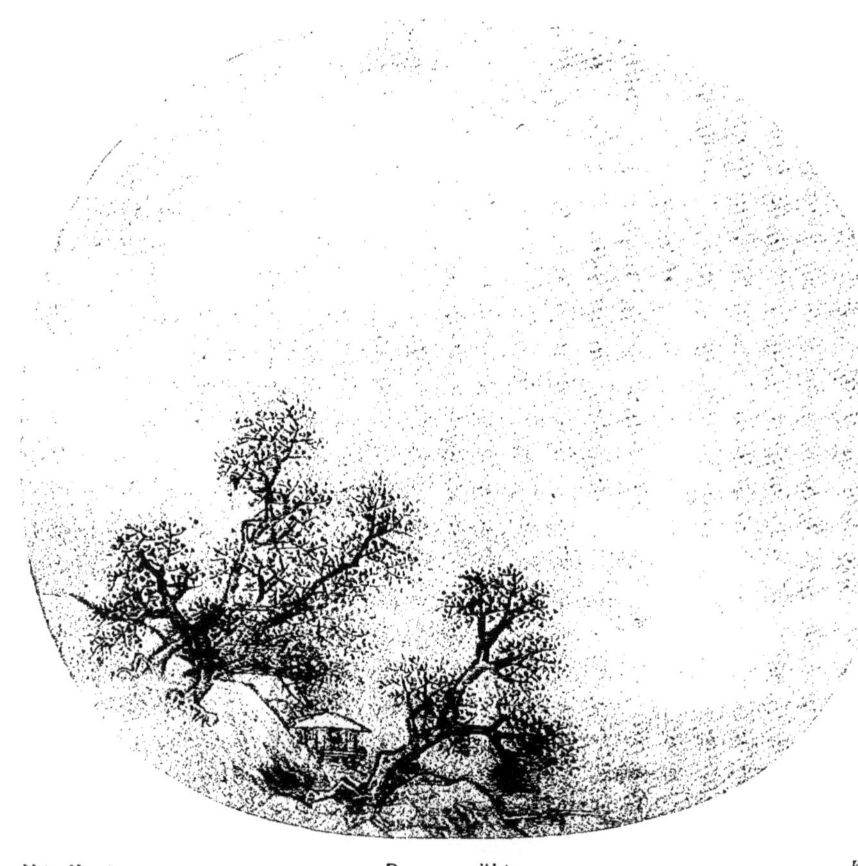

Hsia Koueï,
Chine (vers 1200)

Paysage d'hiver
sur soie
H. 20 cm.

Kiôto,
Shimitsou

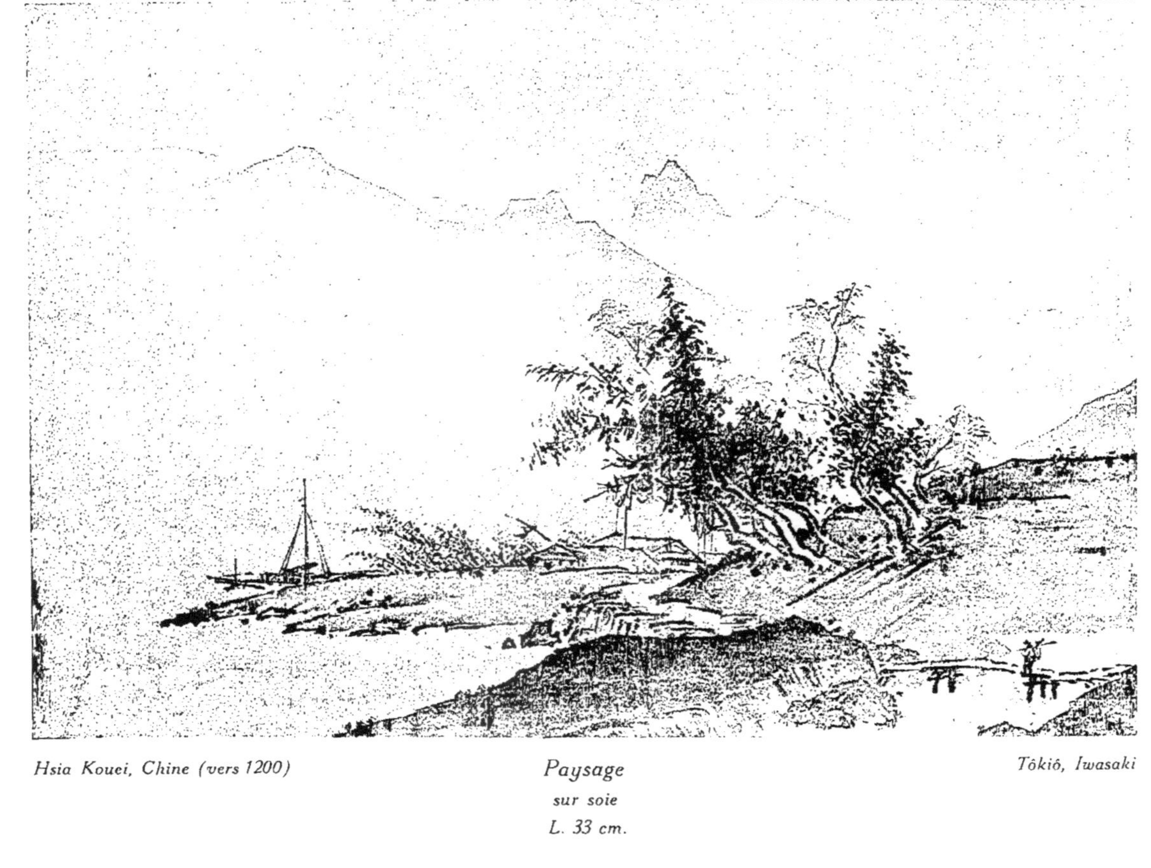

Hsia Kouei, Chine (vers 1200) — *Paysage* — *Tôkiô, Iwasaki*

sur soie

L. 33 cm.

11

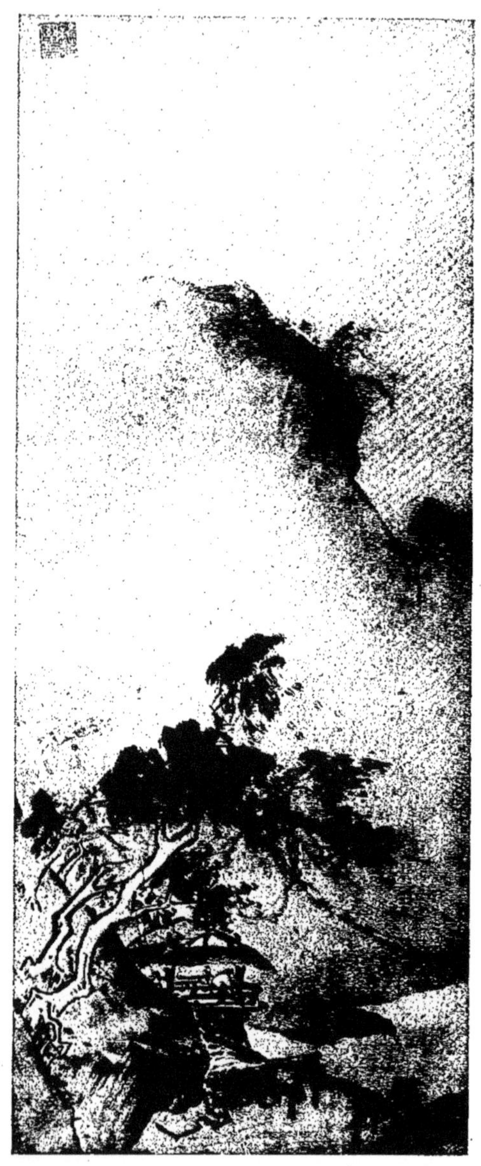

Hsia Koueï, Chine (vers 1200) — *Tempête d'automne* — H. 91 cm. — *Kobé, Iwasaki*

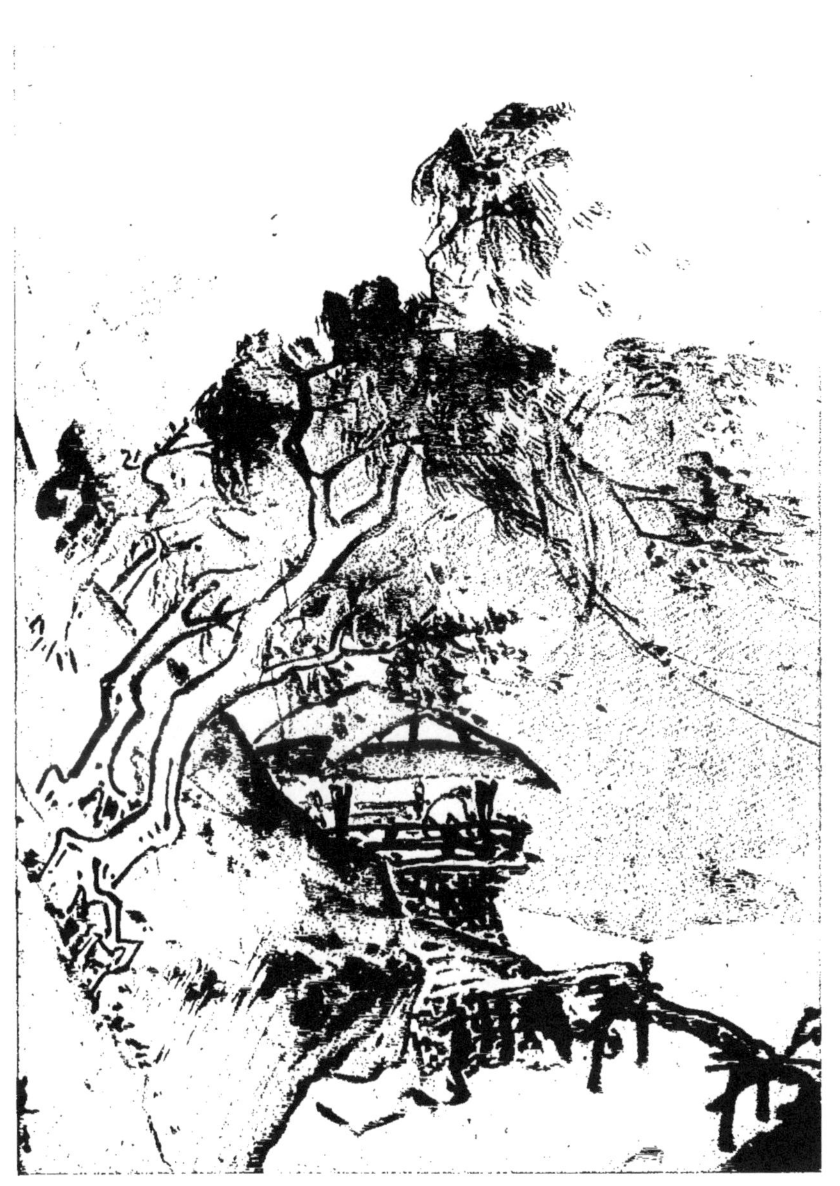

Détail de la planche 12

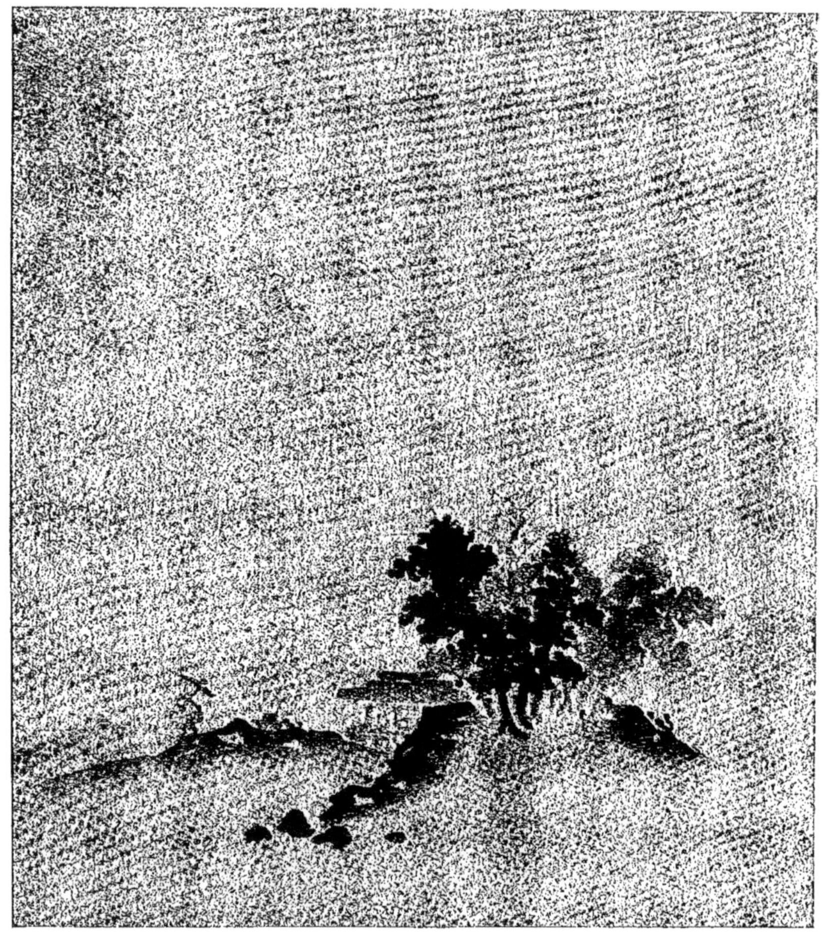

Chang Fang-jou,
Chine (13e siècle?)

Paysage
sur papier
H. 26 cm.

Osaka,
Ouyéno

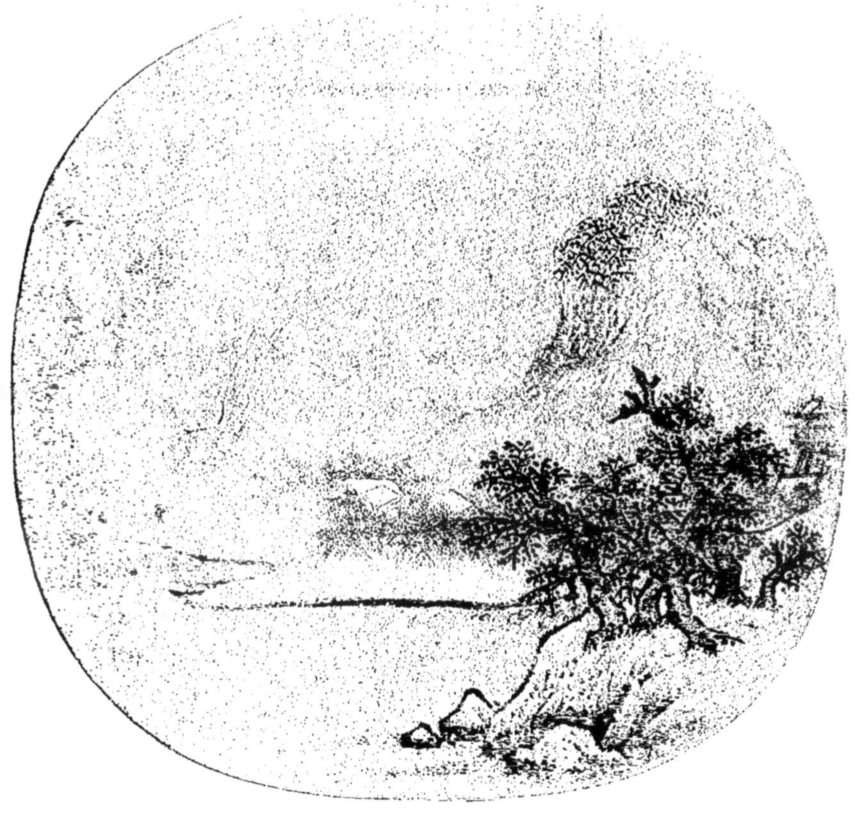

Chine (12e—13e siècle) *Paysage de neige* *Pékin, Ching Hsien*

sur soie

L. 27 cm.

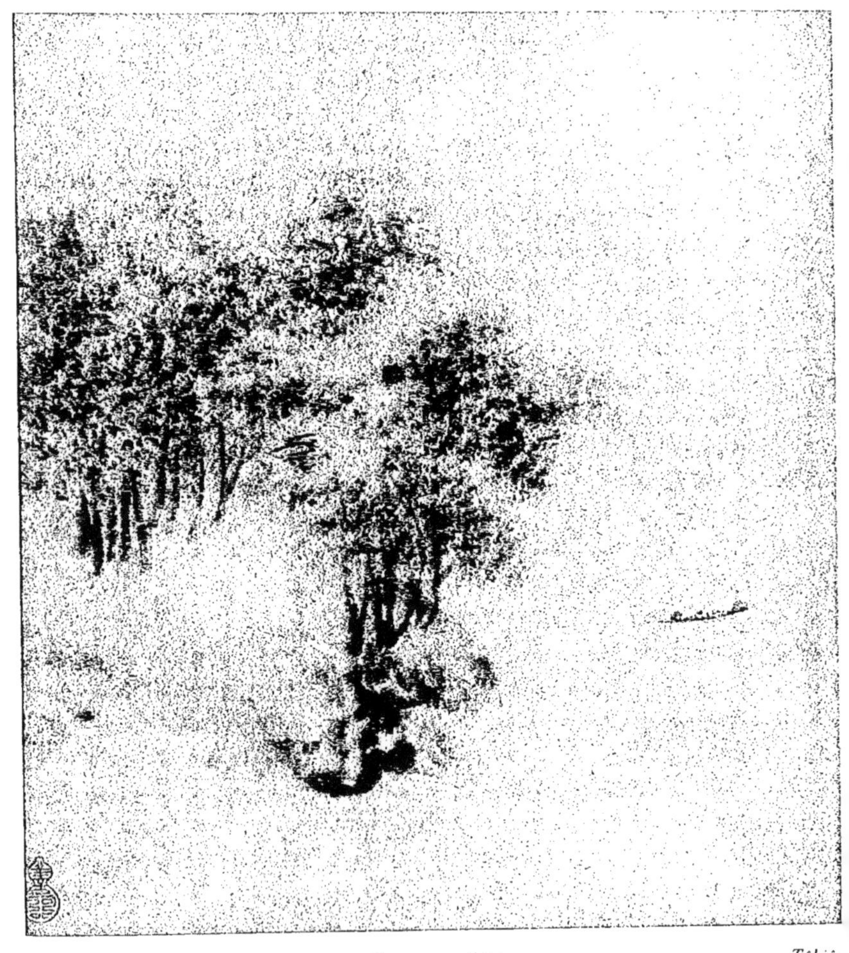

Ma Lîn,
Chine (12e—13e siècle)

Paysage d'été
H. 37 cm.

Tôkiô,
Inouye

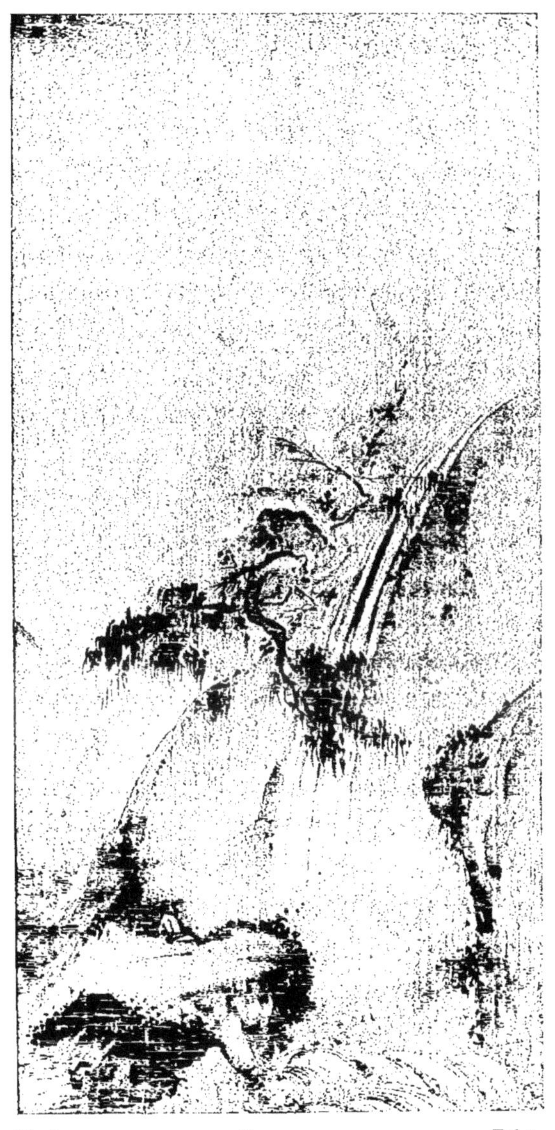

Ma Lin,
Chine (12e-13e siècle)

Paysage
sur soie
H. 109 cm.

Tôkió,
Okamoto

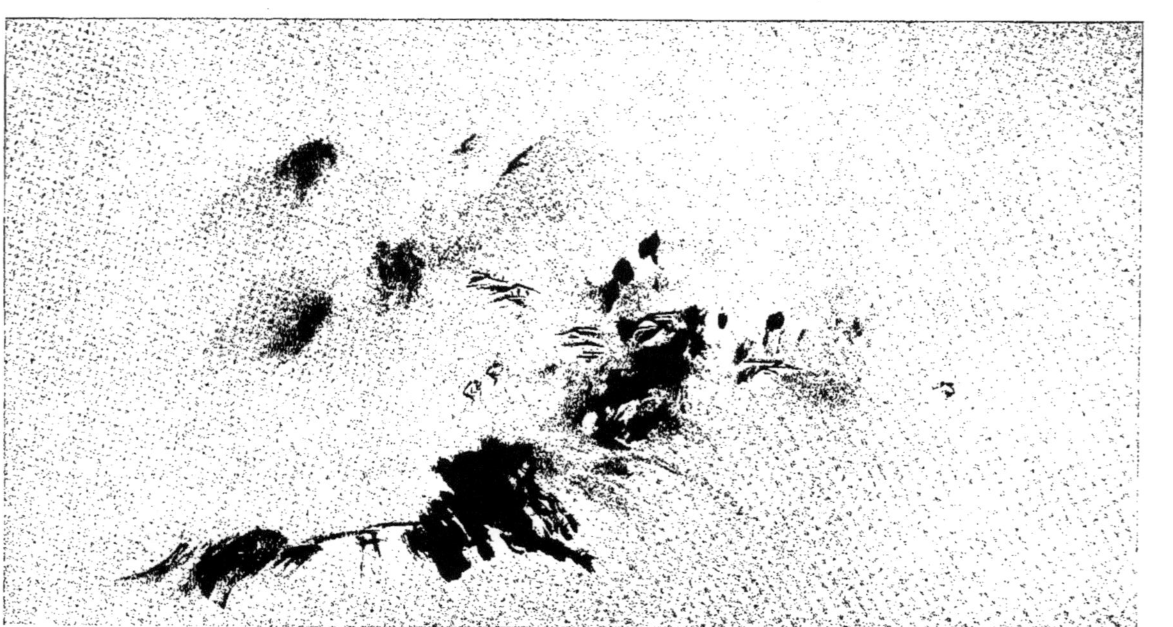

Ying Yu-chiên, Chine (12ᵉ siècle) — *Paysage* — *sur papier* — *Tôkiô, Matsoudaïra*

18

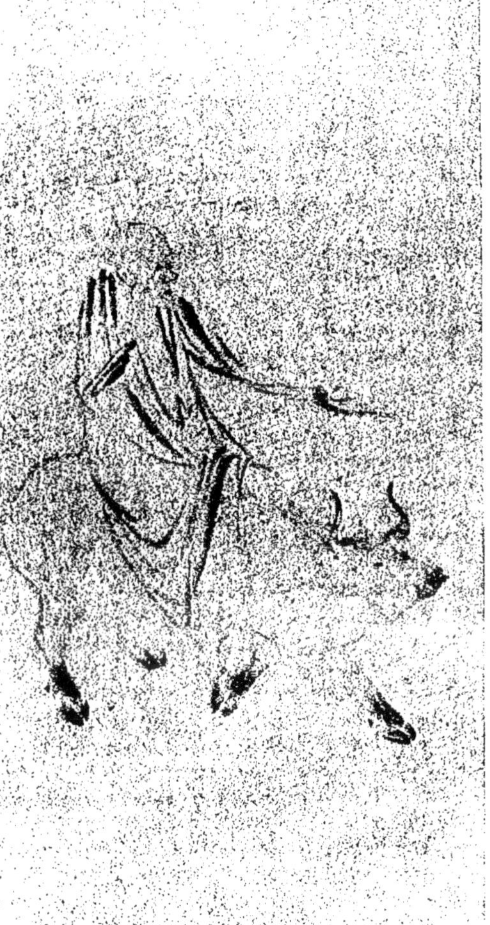

Wou-choun,
Chine (1re moitié
du 13e siècle

Chên-houan-nin
détail
sur papier
L. 30 cm.

Nagoya,
Tokougawa

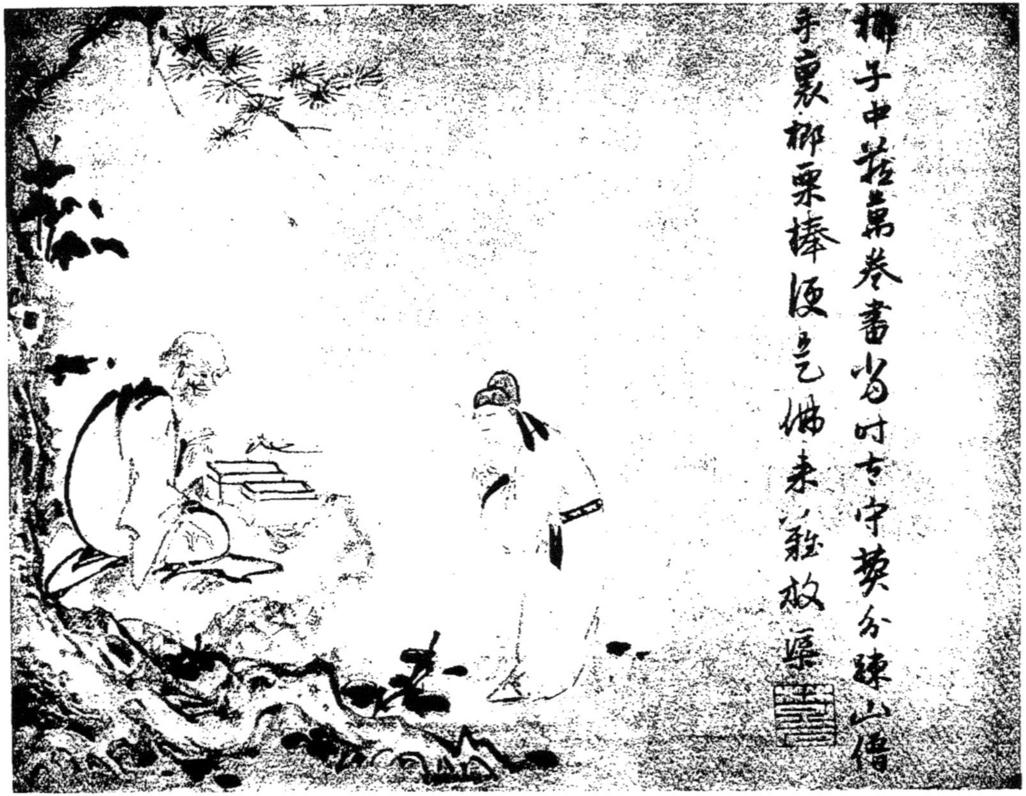

Indara,
Chine (13e siècle)

Prêtre Tan-hsia

Tôkiô,
Tsougarou

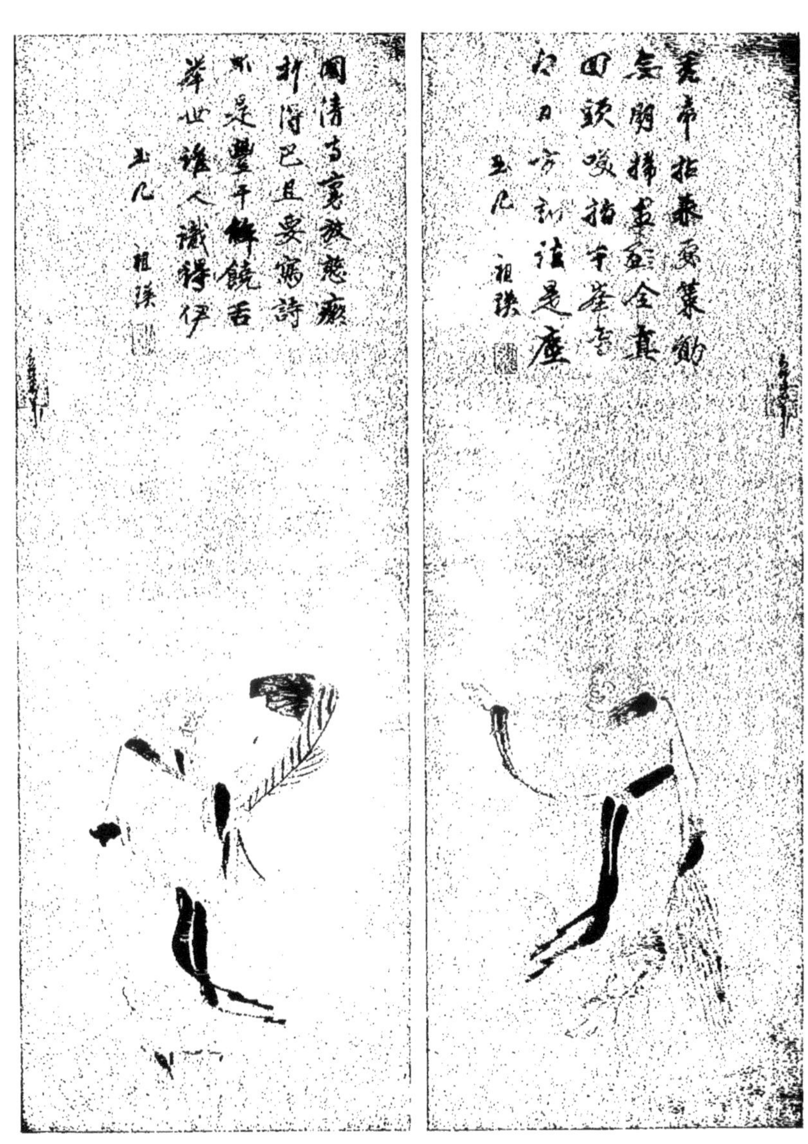

Indara,
Chine (13e siècle)

Han-shan et Shih-tê
sur papier

Tôkiô,
Masouda

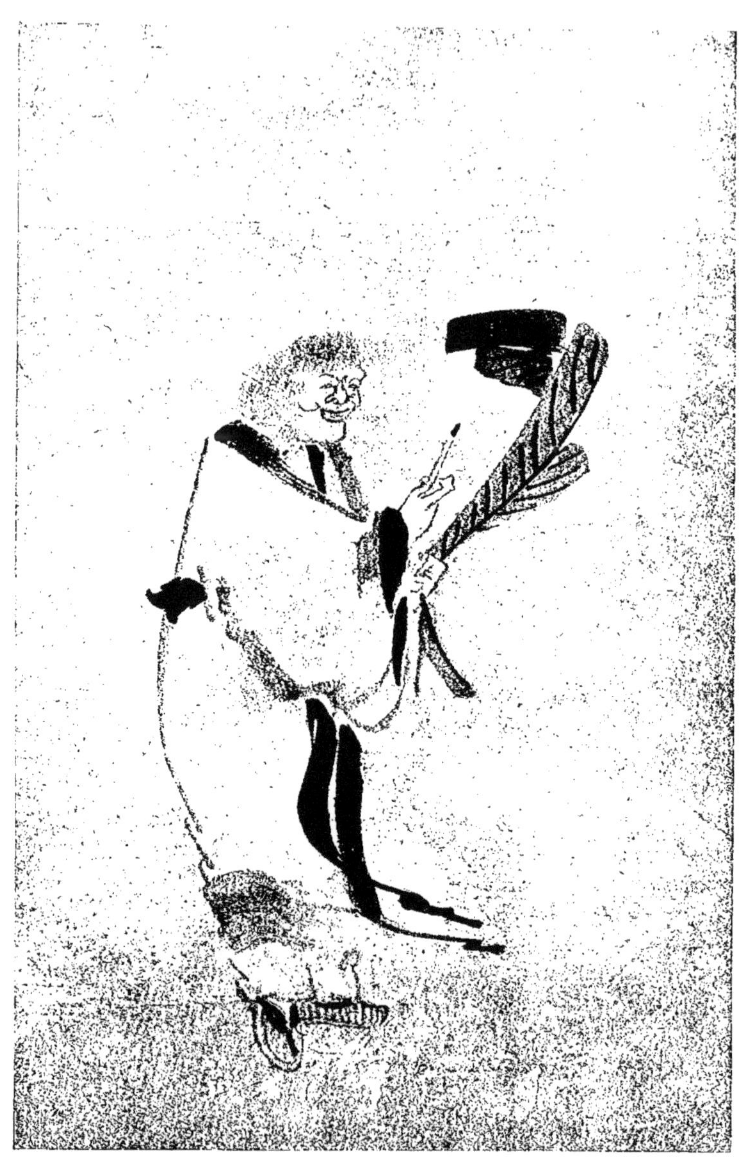

Détail de la planche 21

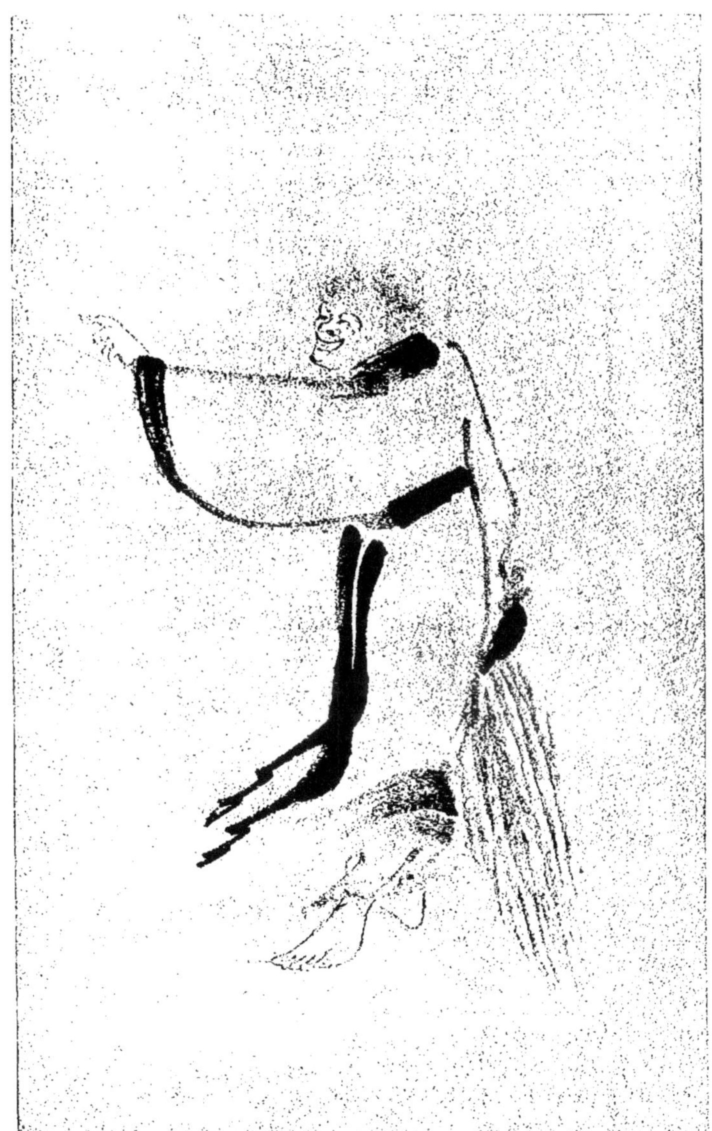

Détail de la planche 21

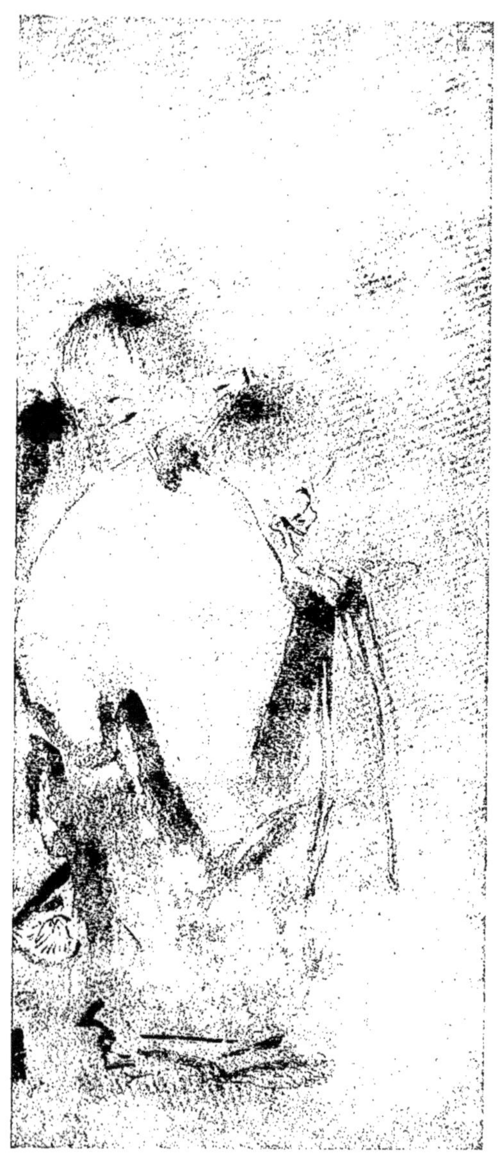

Liang K'ai,
Chine (1re moitié du 13e siècle)

Tôkiô,
Isogaï

Han-shan et Shih-tê
sur papier
H. 79 cm.

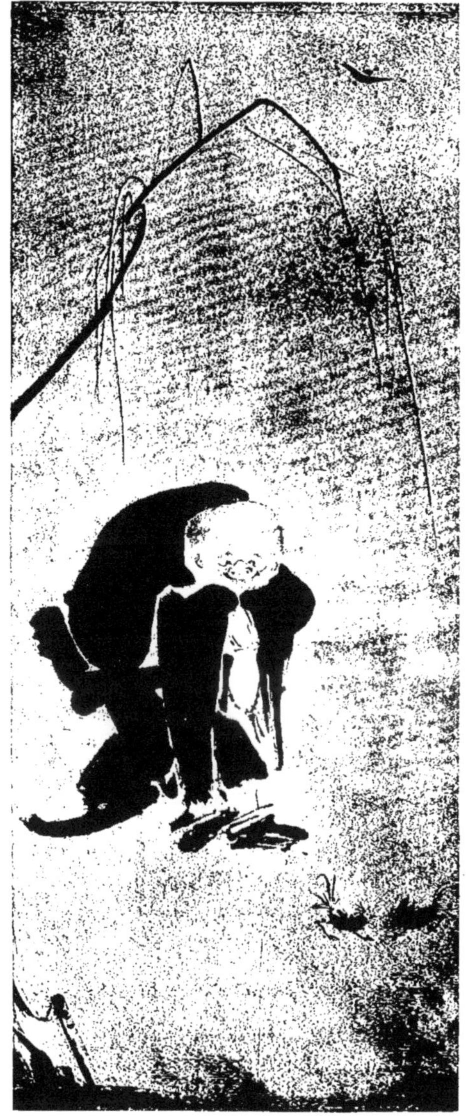

Liang K'aï,
Chine (1re moitié du 13e siècle)

Tôkiô,
Sakaï

Pou-taï

sur papier

H. 98 cm.

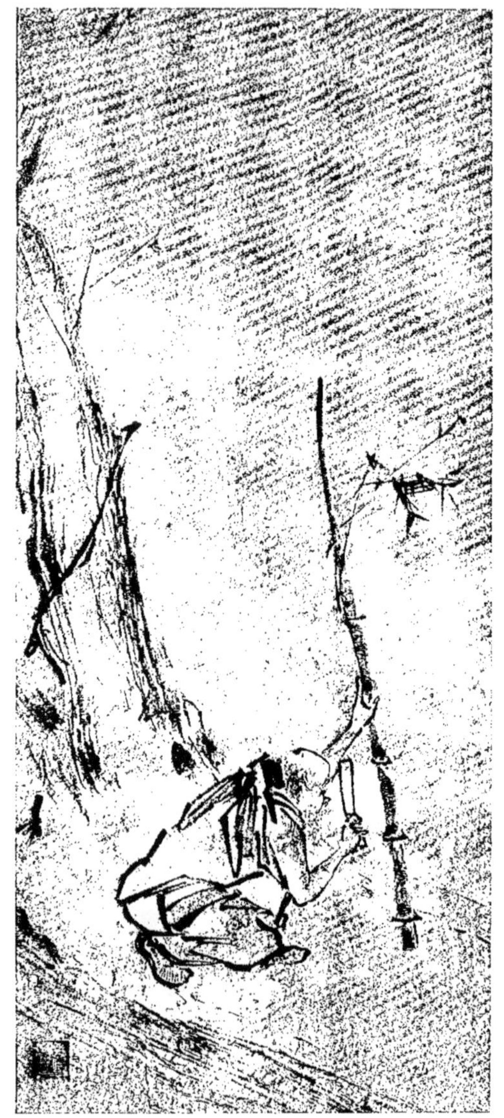

Liang K'aï,
Chine (1re moitié du 13e siècle)

Tôkiô,
Sakaï

Coupeur de bambous
sur papier
H. 91 cm.

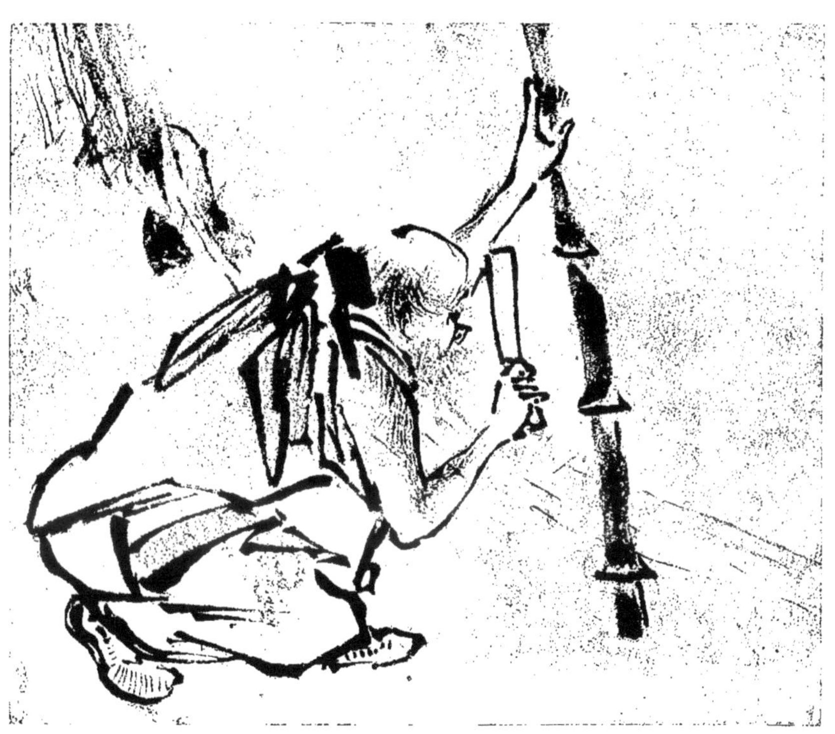

Détail de la planche 26

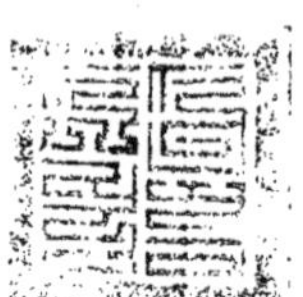

Liang K'aï,
Chine (1re moitié du 13e siècle)

Tôkiô,
Matsoudaïra

Li Taï Pô

sur papier

H. 79 cm.

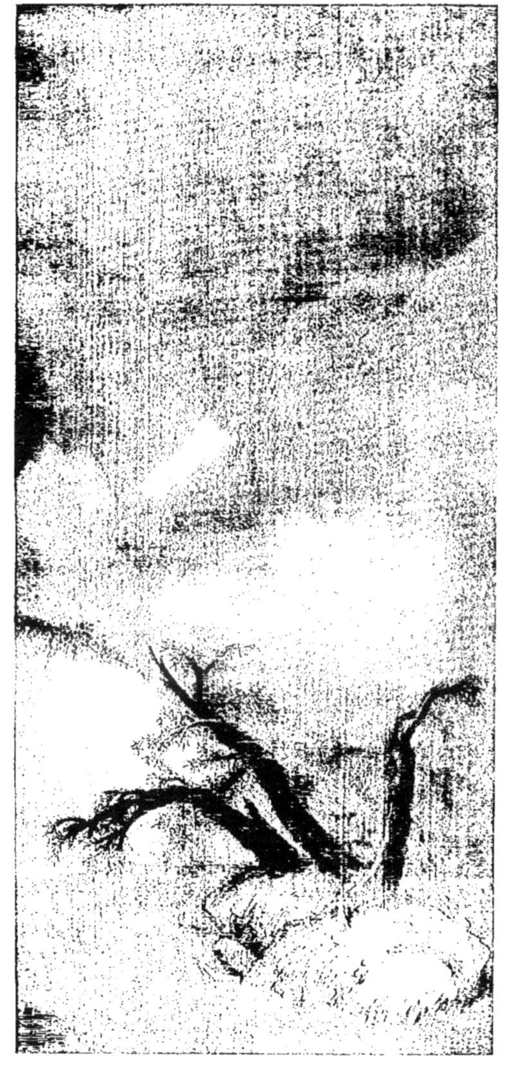

Liang K'aï, *Tôkiô,*
Chine (1re moitié du 13e siècle) *Sakai*

Paysage d'hiver

sur soie; légèrement rehaussé

H. 101 cm.

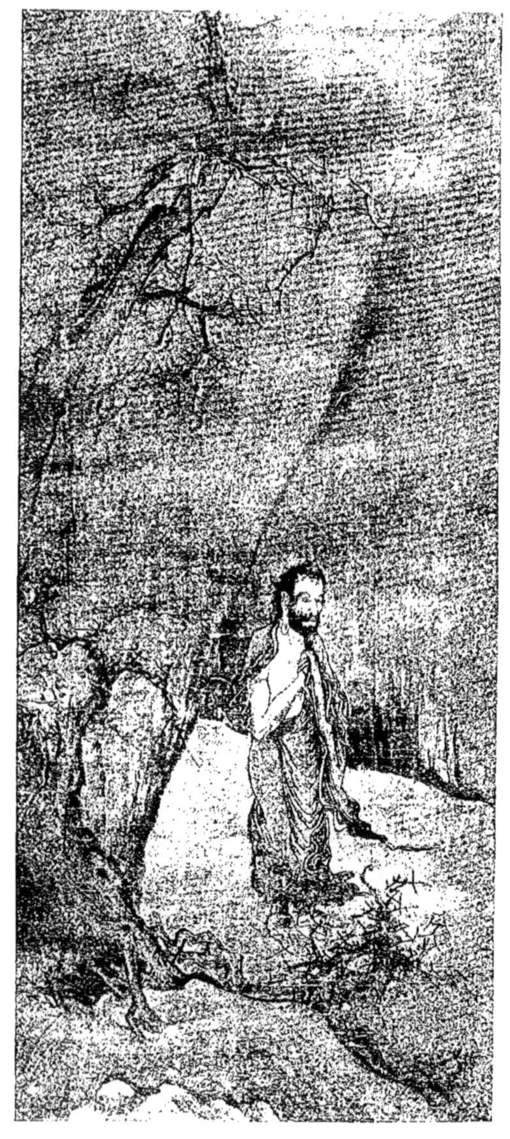

Liang K'aï, *Tôkiô,*
Chine (1re moitié du 13e siècle) *Sakaï*

Çakia

sur soie; légèrement rehaussé

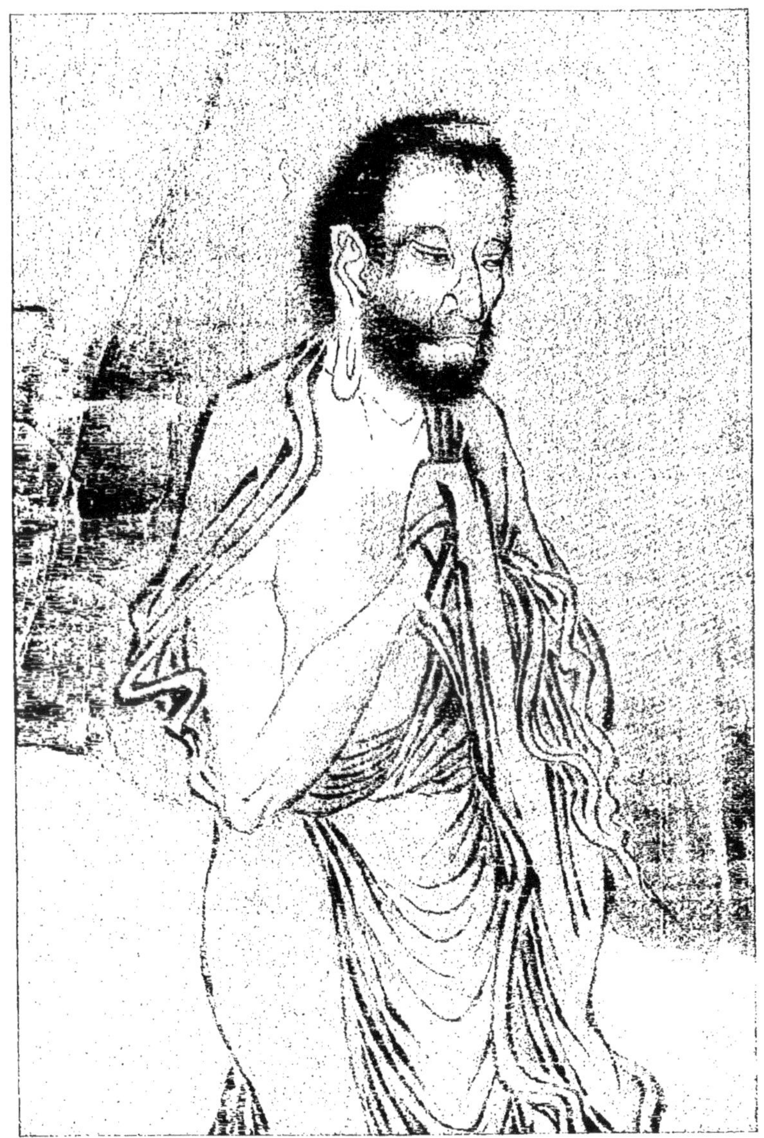

Détail de la planche 30

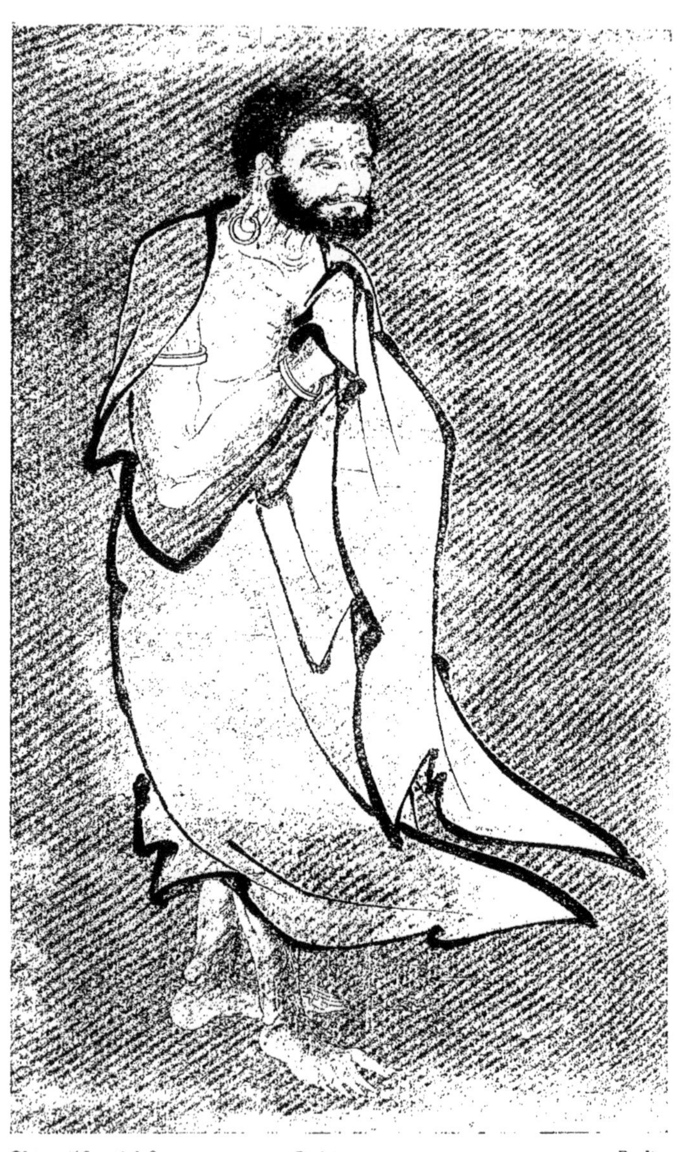

Chine (13e siècle?) **Çakia** *Berlin*

sur soie; légèrement rehaussé

H. 108 cm.

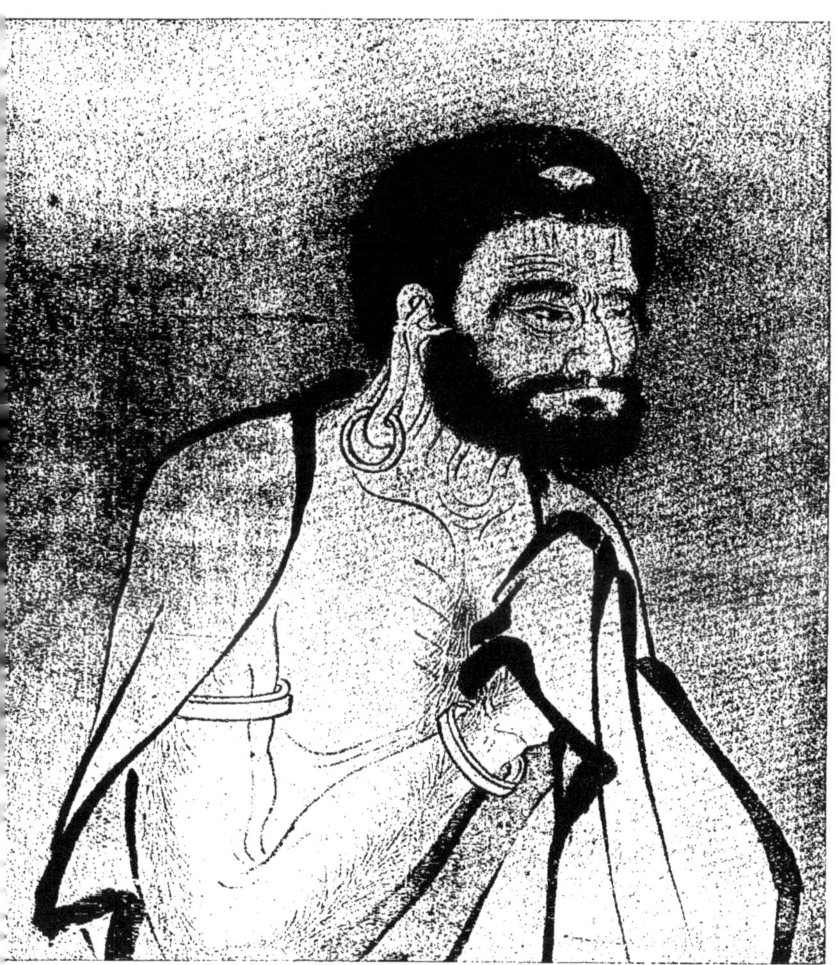

Détail de la planche 32

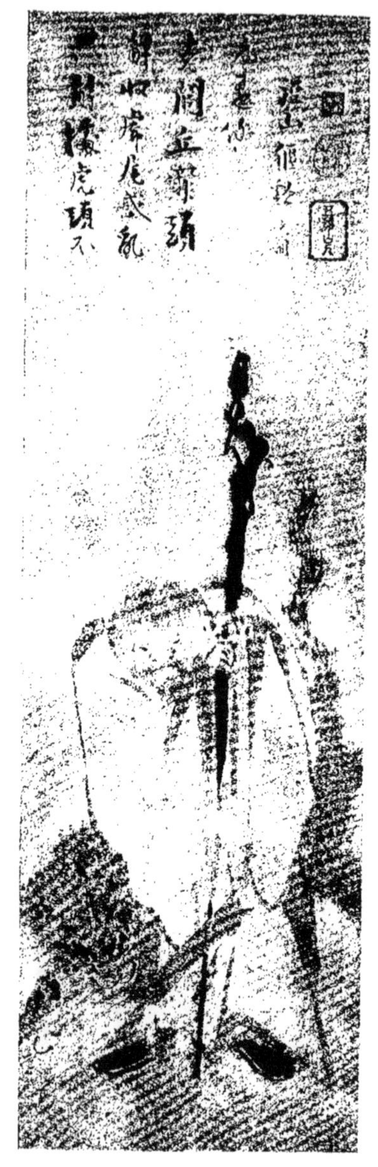

Li Ch'ueh,
Chine (13e siècle)

Myôshinji,
Kiôto

Fêng-kan
sur papier
H. 106 cm.

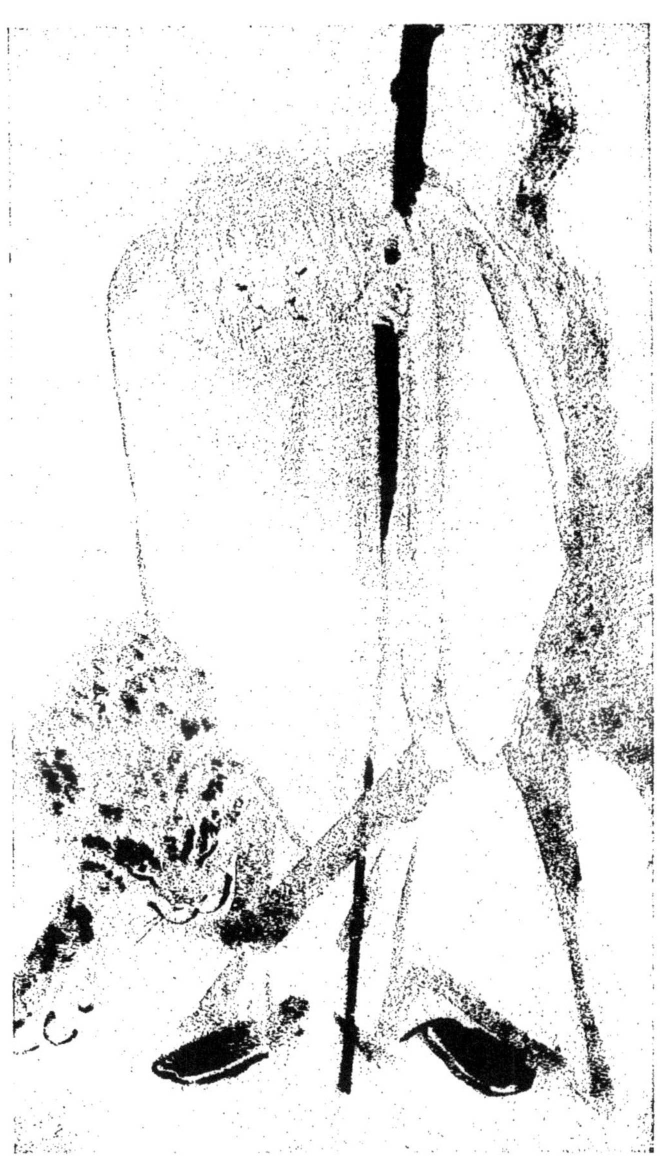

Détail de la planche 34

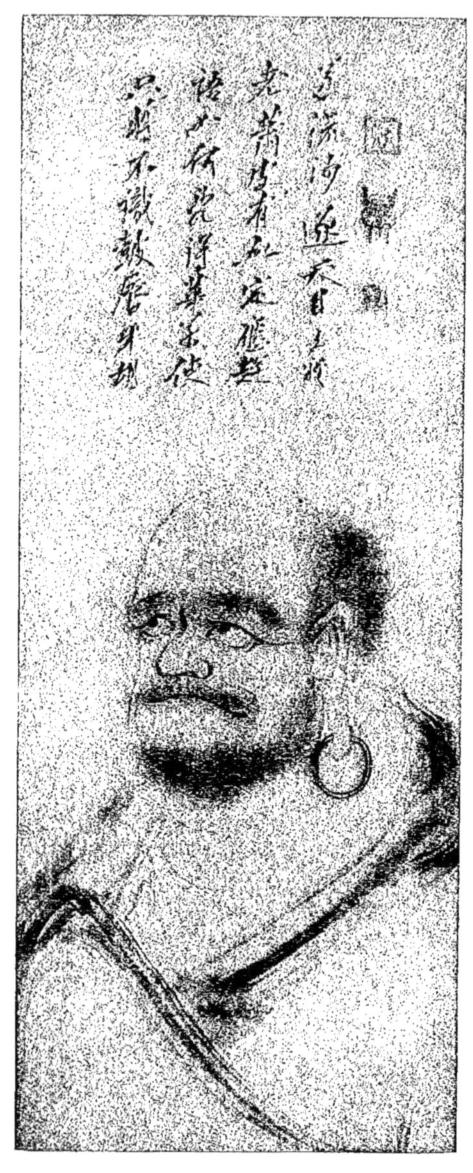

Chine (13ᵉ siècle) — *Dharma* — *Myôshinji, Kiôto*

sur papier

H. 106 cm.

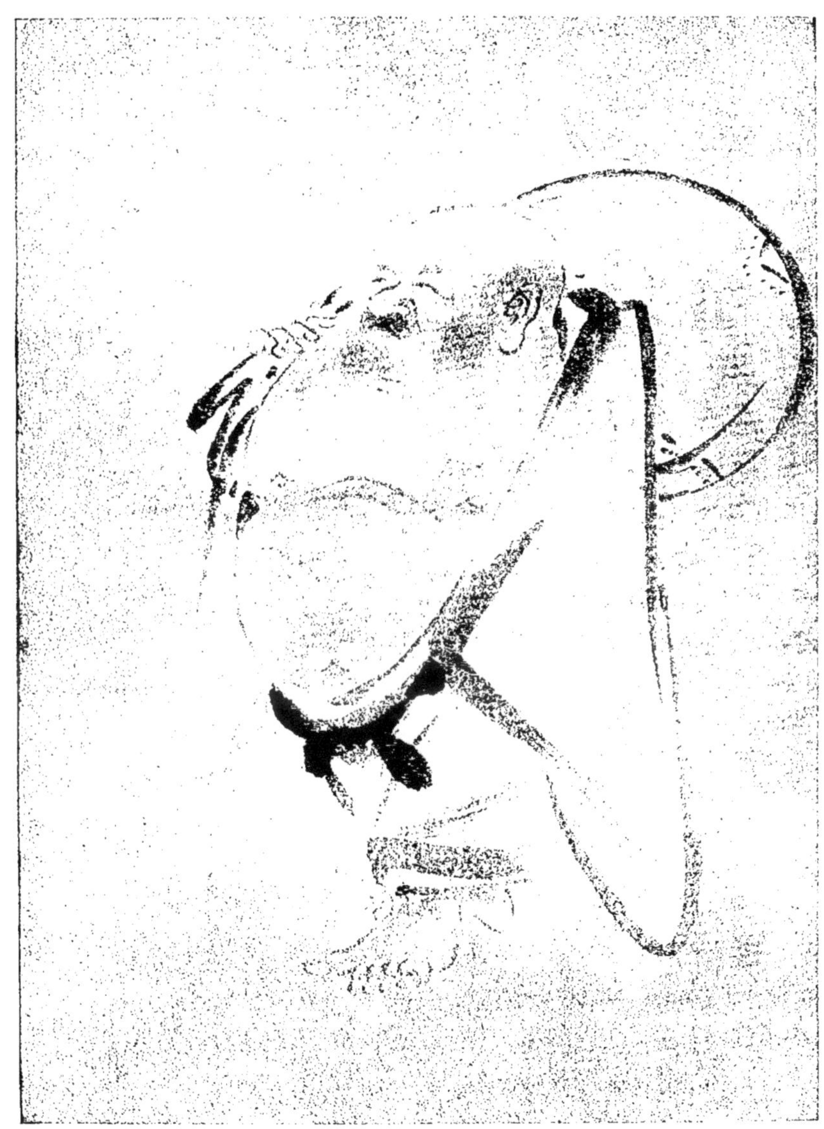

Tsou-wêng,
Chine (13e siècle)

Pou-taï
sur papier
détail

Tôkió,
Masouda

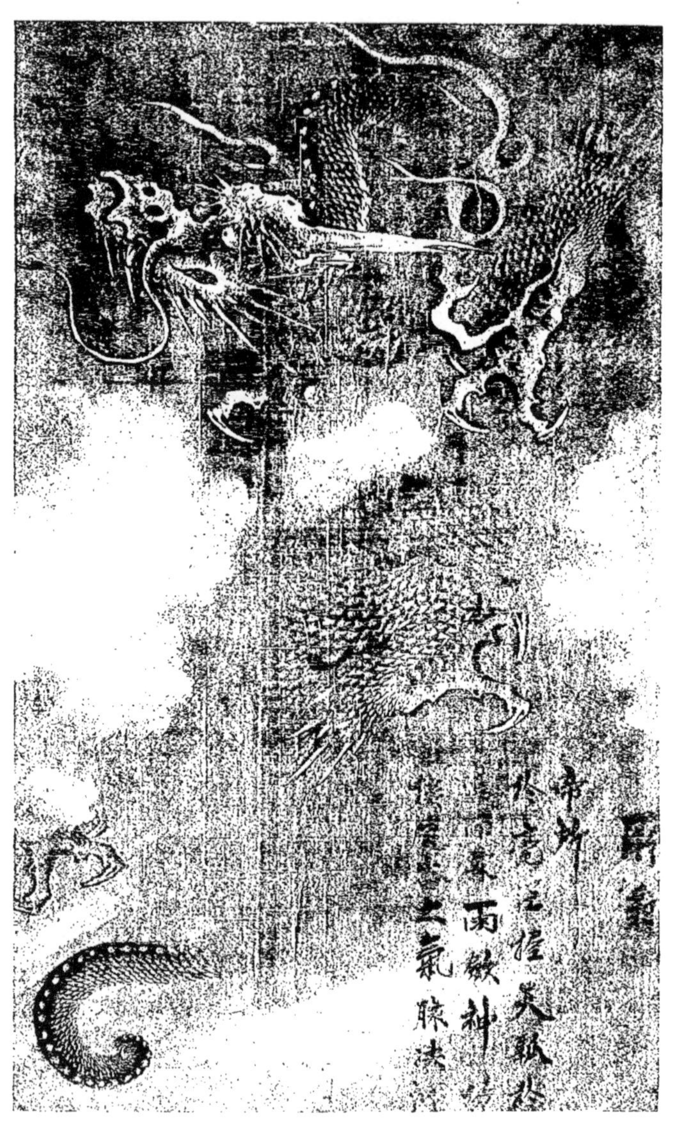

Ch'ên Young,
Chine (13e siècle)

Dragon
sur soie
H. 188 cm.

Nagoya,
Tokougawa

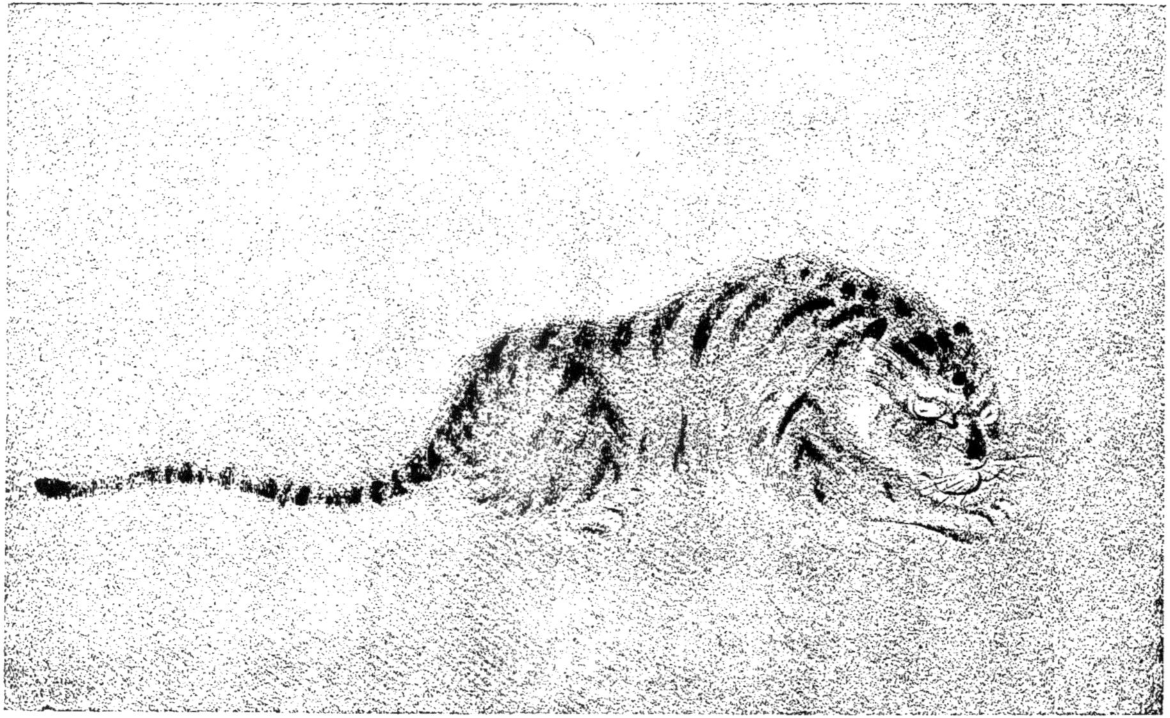

Mou-hsi, Chine (vers 1250) Tigre *Japon*

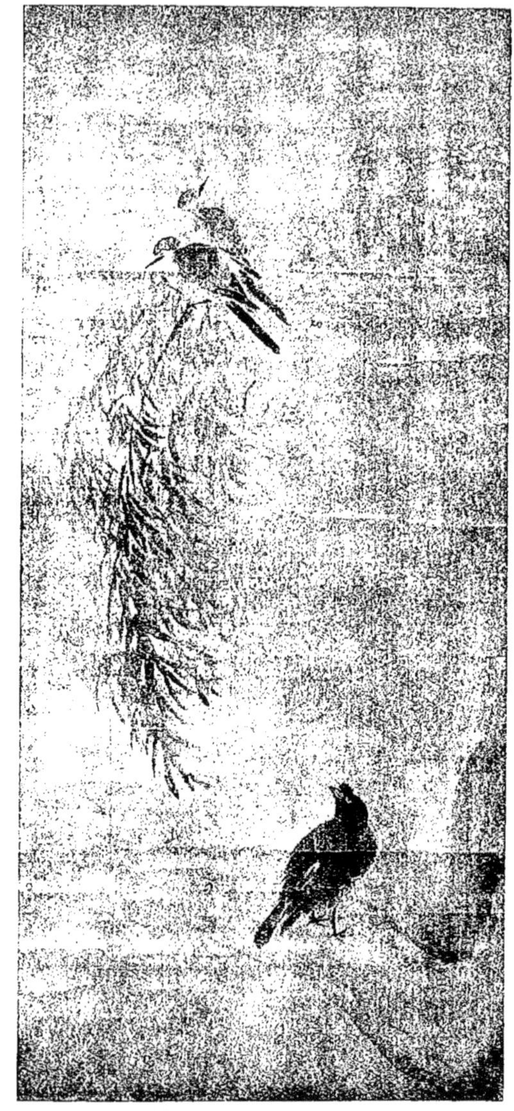

Mou-hsi,
Chine (vers 1250)

Tôkiô.
Sakoï

Étourneau et bergeronnettes
sur soie
H. 150 cm.

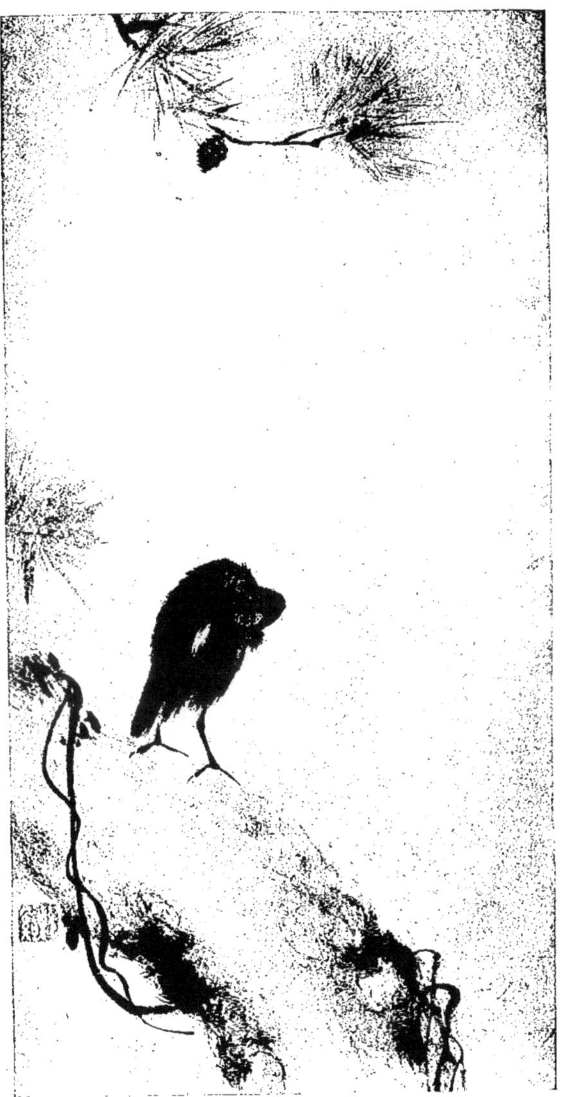

Mou-hsi,
Chine (vers 1250)

Étourneau
sur papier
H. 79 cm.

Tôkiô,
Matsoudaïra

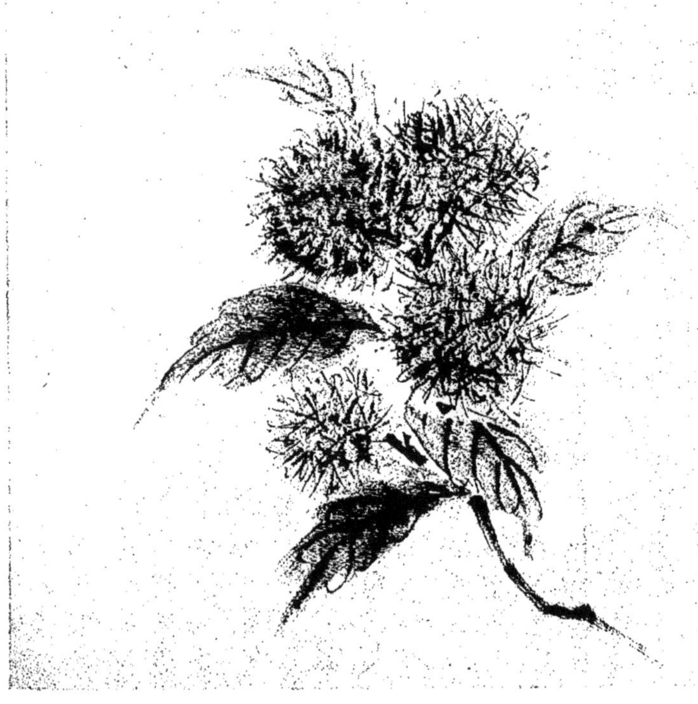

Mou-hsi,
Chine (vers 1250)

Branche de châtaignier
sur papier
H. 36 cm.

Ryoukô
Ki

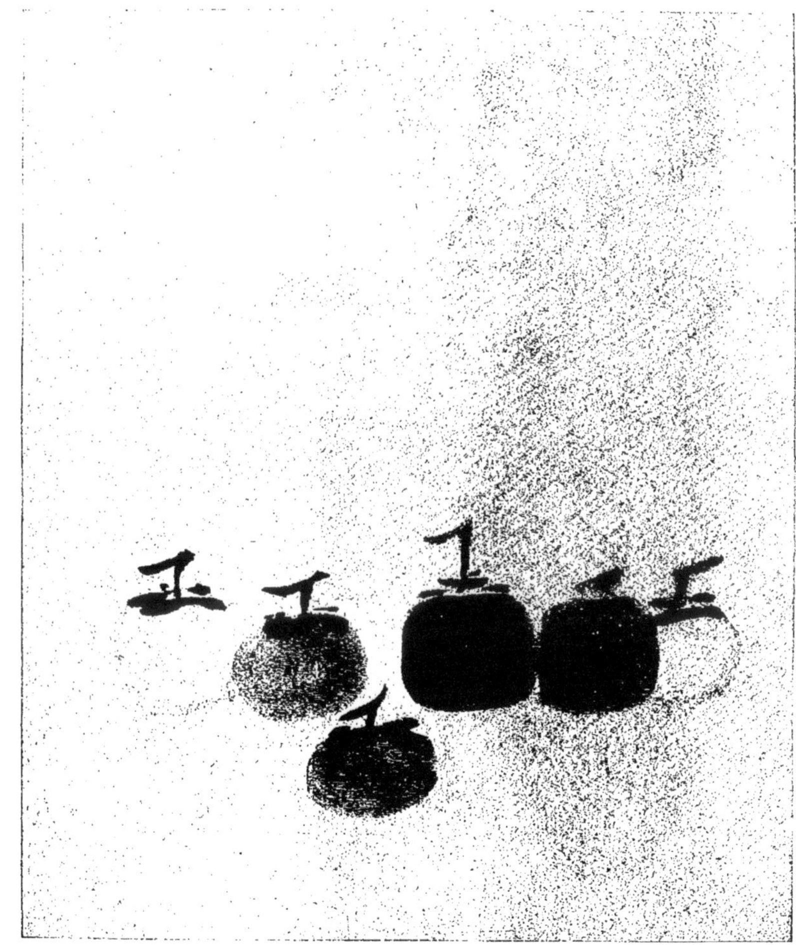

Mou-hsi,
Chine (vers 1250)

Plaquemines
sur papier
H. 36 cm.

Ryoukôin,
Kiôto

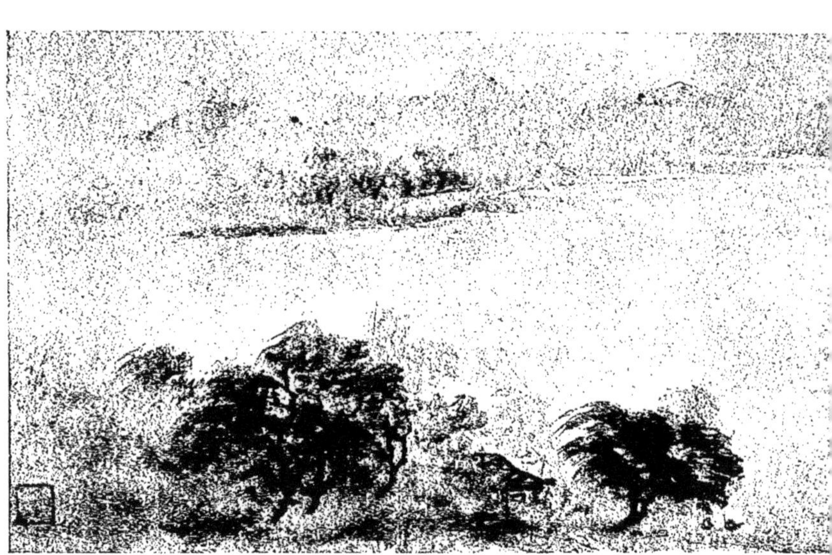

Mou-hsi, Chine (vers 1250)

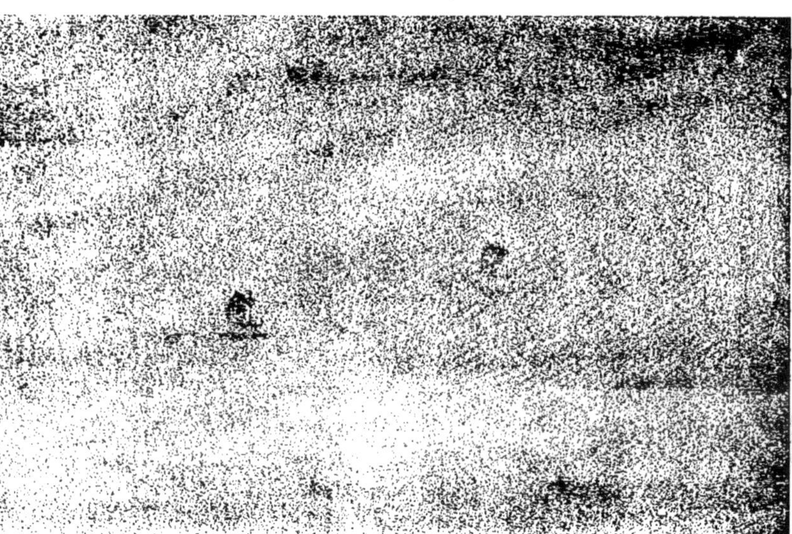

Tôkiô, Matsoudaïra

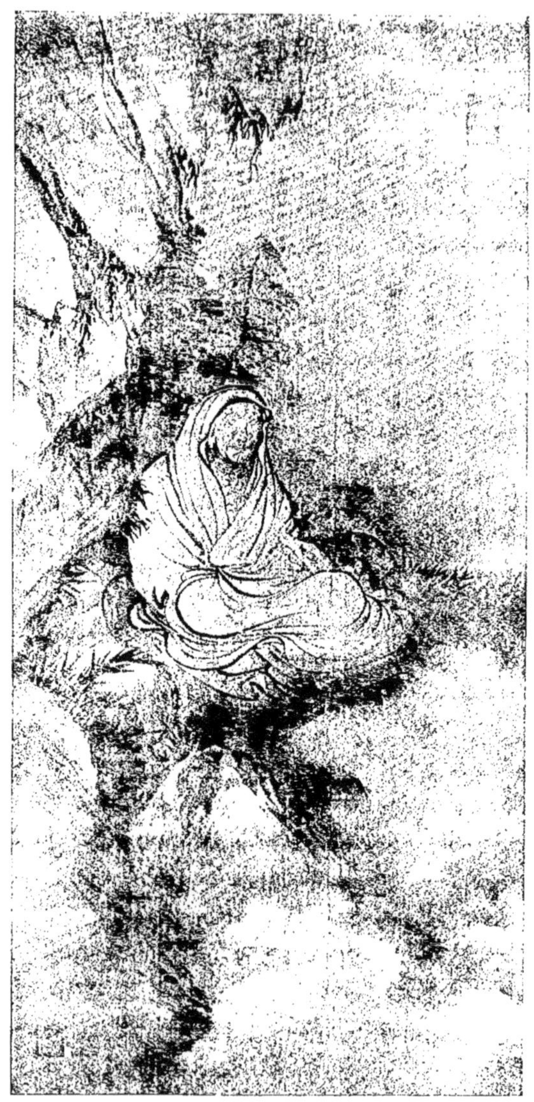

Mou-hsi, Chine (vers 1250)	*Le saint Vanavâsî* H. 107 cm.	*Tôkiô, Iwasaki*

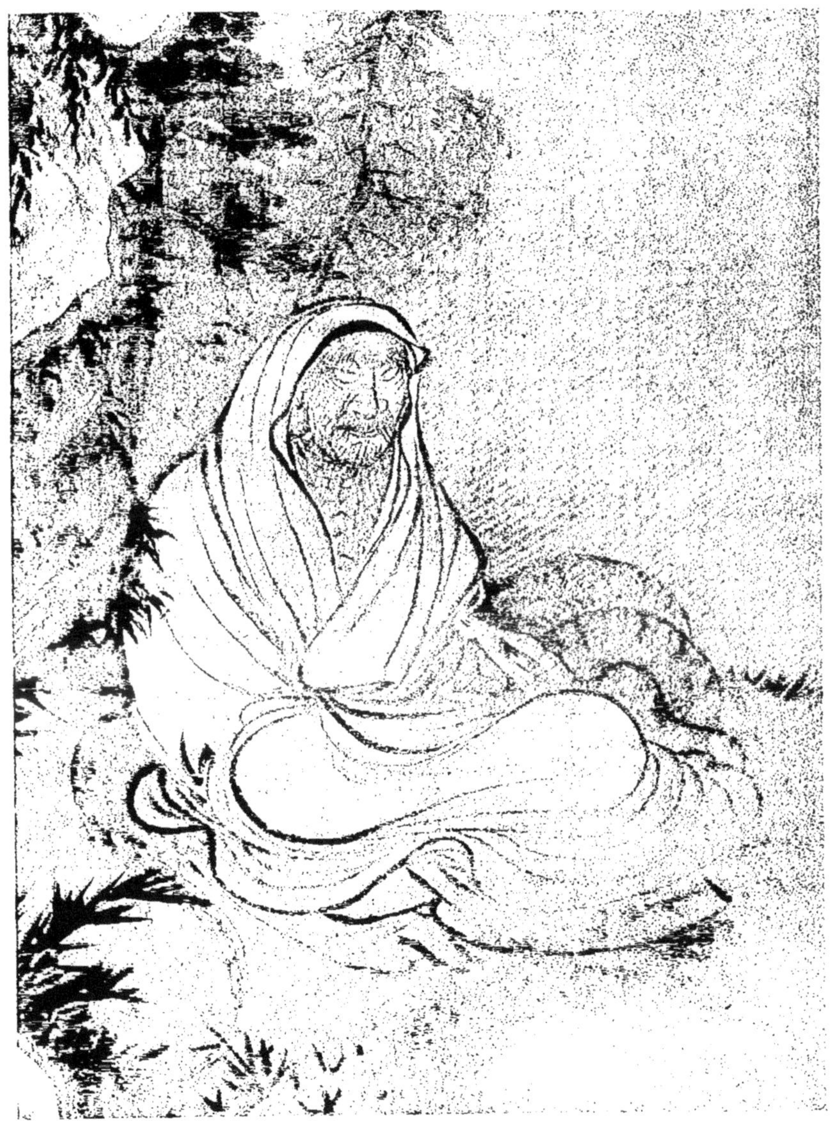

Détail de la planche 45

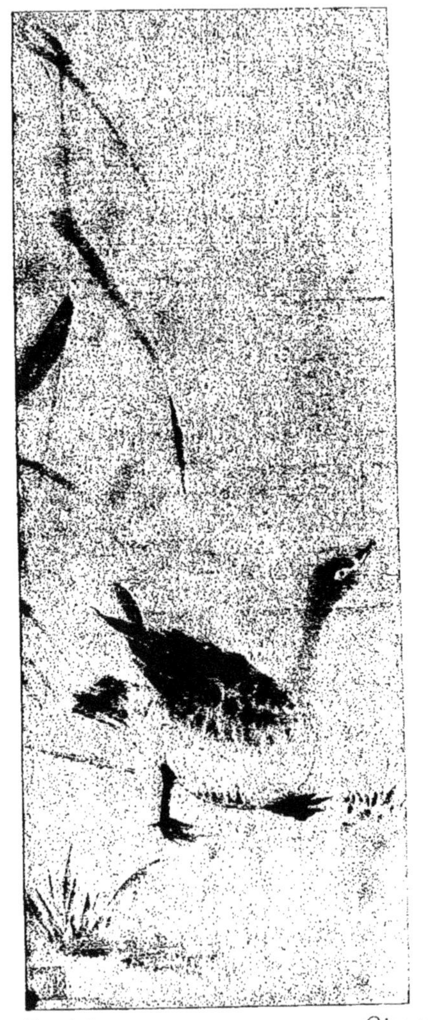
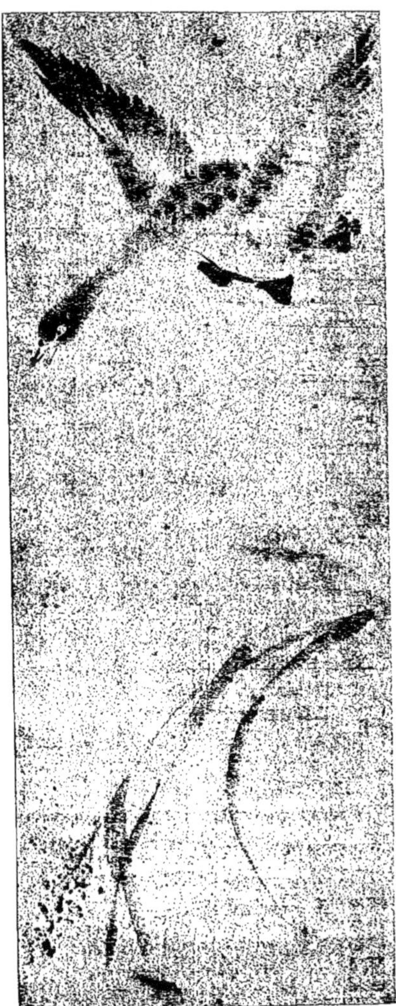

Mou-hsi,
Chine (vers 1250)

Oies sauvages
sur papier
H. 86 cm.

Berlin

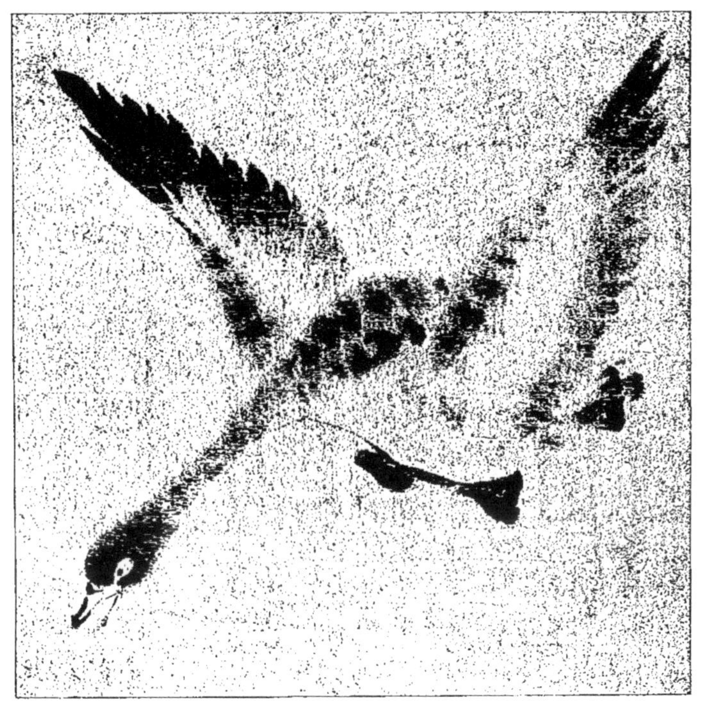

Détail de la planche 47

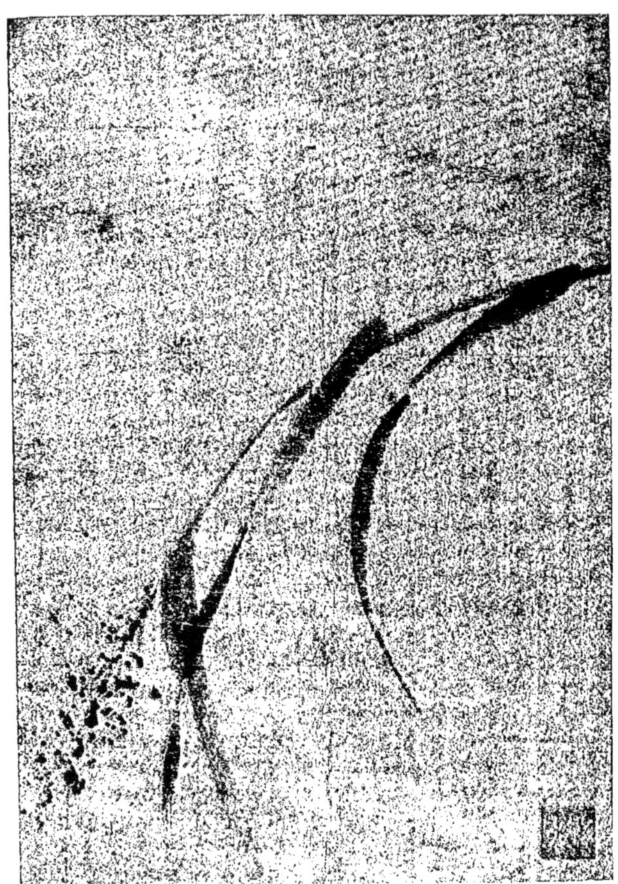

Détail de la planche 47

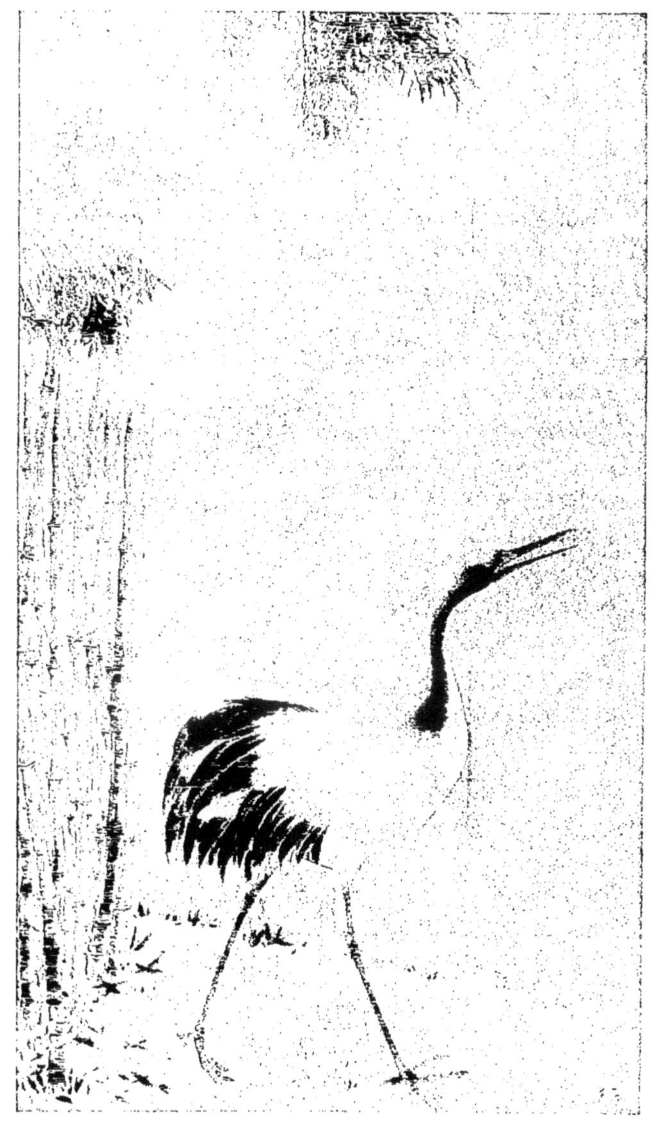

Mou-hsi,
Chine (vers 1250)

Grue
sur soie; légèrement rehaussé
H. 142 cm.

Daïtokouji,
Kiôto

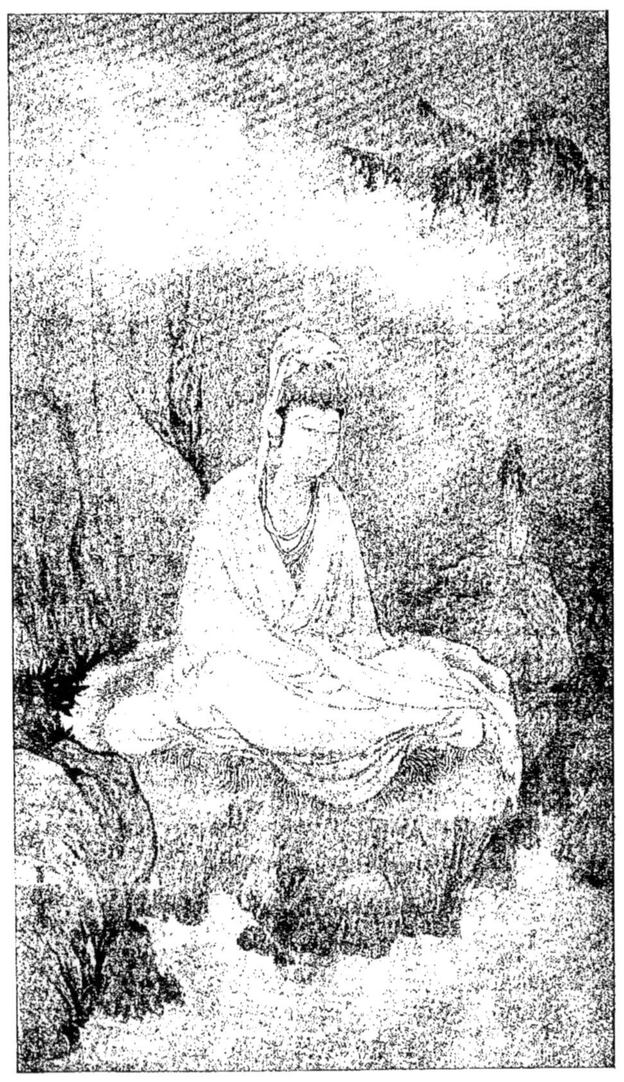

Mou-hsi,
Chine (vers 1250)

Kwan-yin

sur soie; légèrement rehaussé
H. 142 cm.

Daïtokouji,
Kiôto

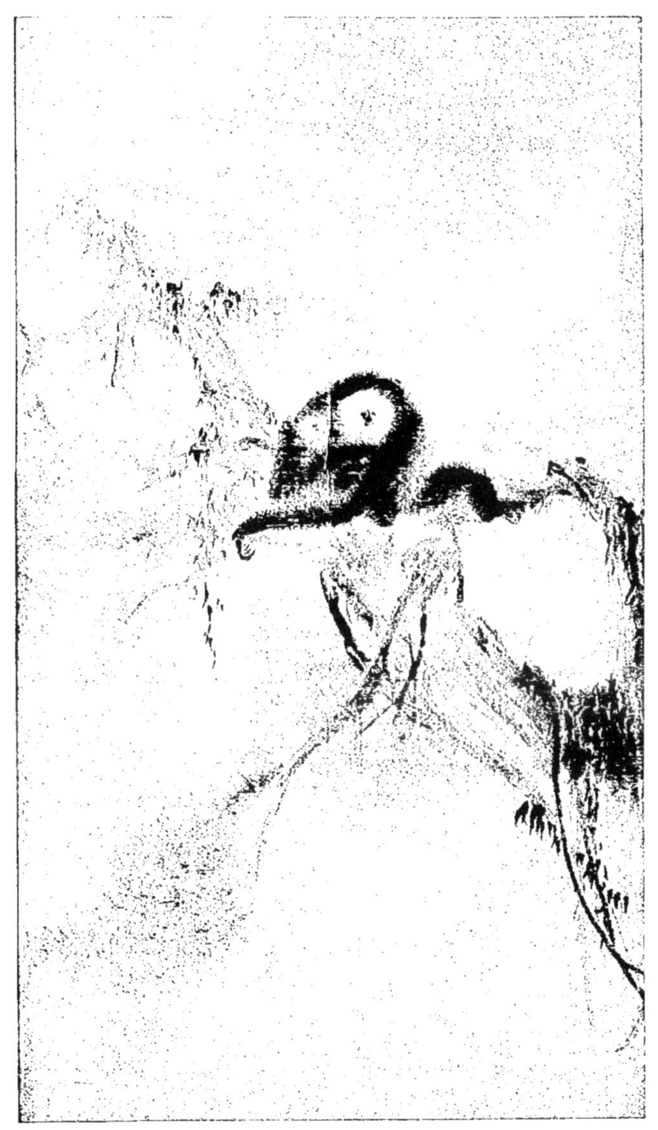

Mou-hsi,
Chine (vers 1250)

Guenon et son petit
sur soie; légèrement rehaussé
H. 142 cm.

Daïtokouji,
Kiôto

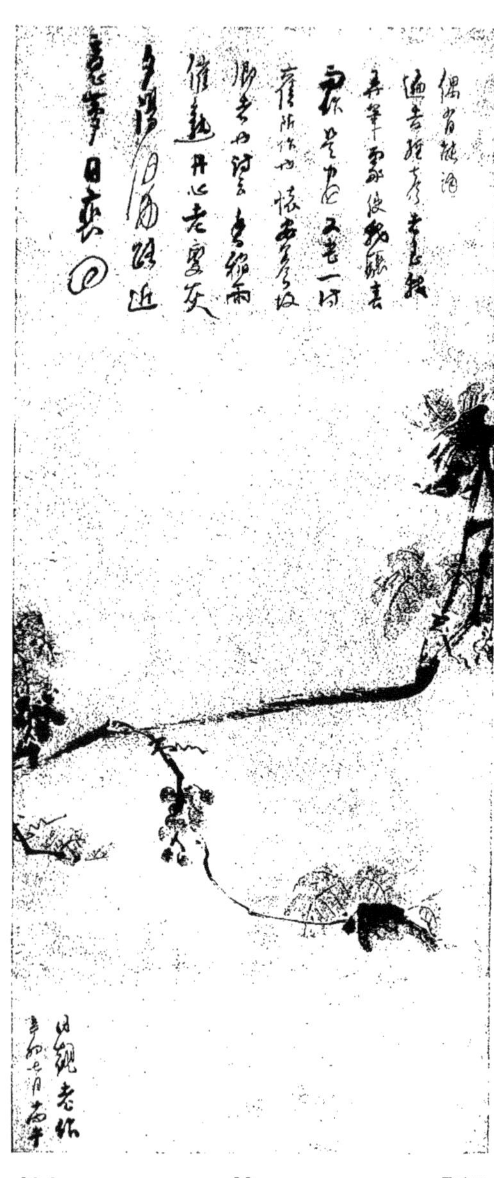

Jih-kouan, *Chine (13e siècle)* — *Vigne* *H. 97 cm, 5* — *Tôkiô,* *Inouyé*

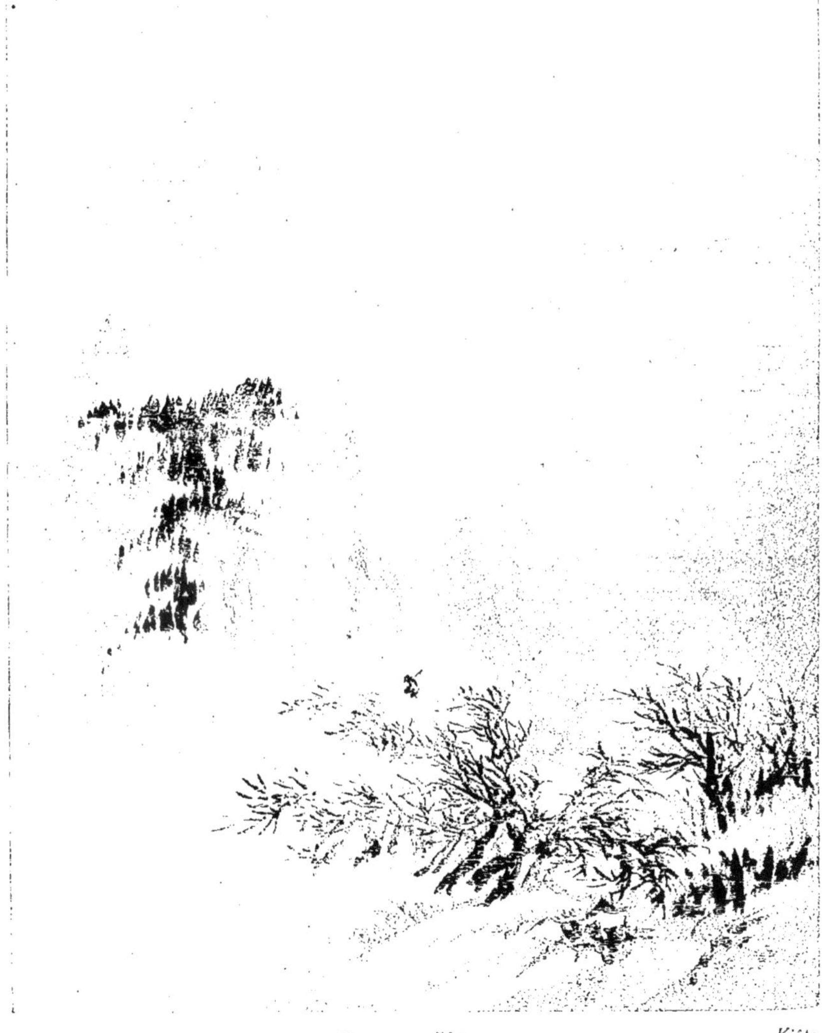

Chine,
(13e—14e siècle)

Paysage d'hiver
détail
sur soie
L. 50 cm.

Kiôto,
Inouyé

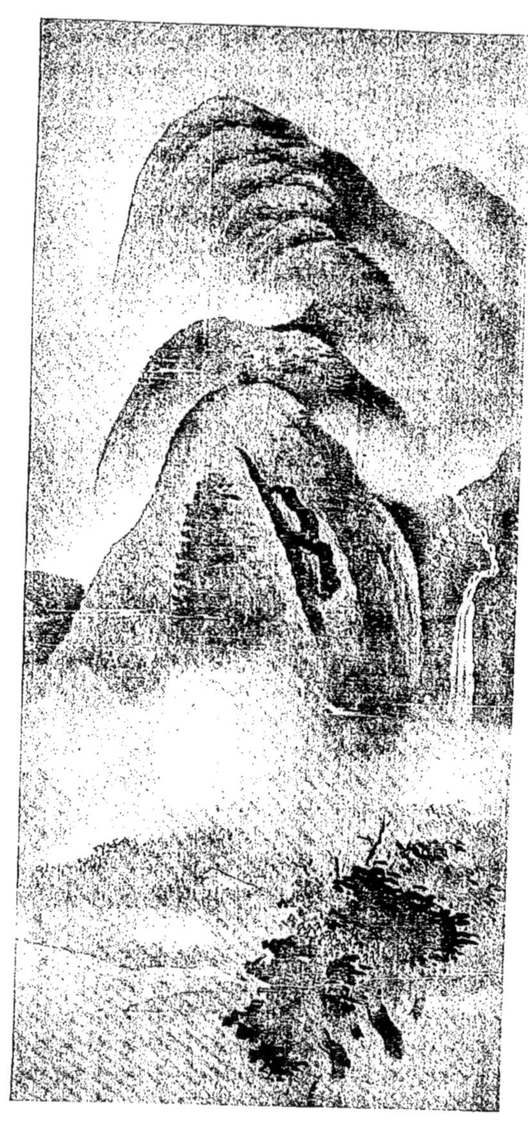

Kao Yan-houi,
Chine (13e—14e siècle)

Konchiin,
Kiôto

Paysage d'été
sur soie
H. 124 cm.

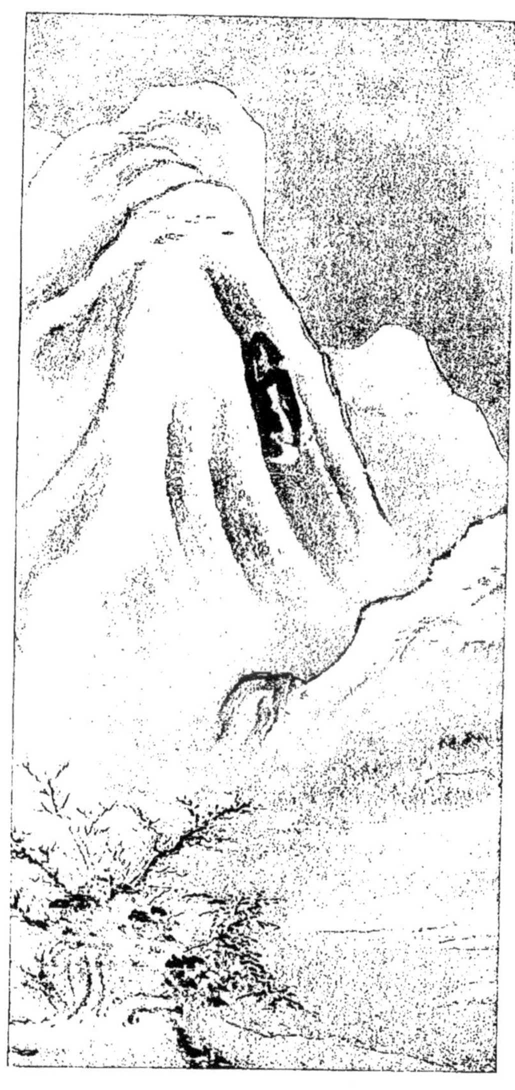

Kao Yan-houi,
Chine (13e—14e siècle)

Konchiin,
Kióto

Paysage d'hiver
sur soie
H. 124 cm.

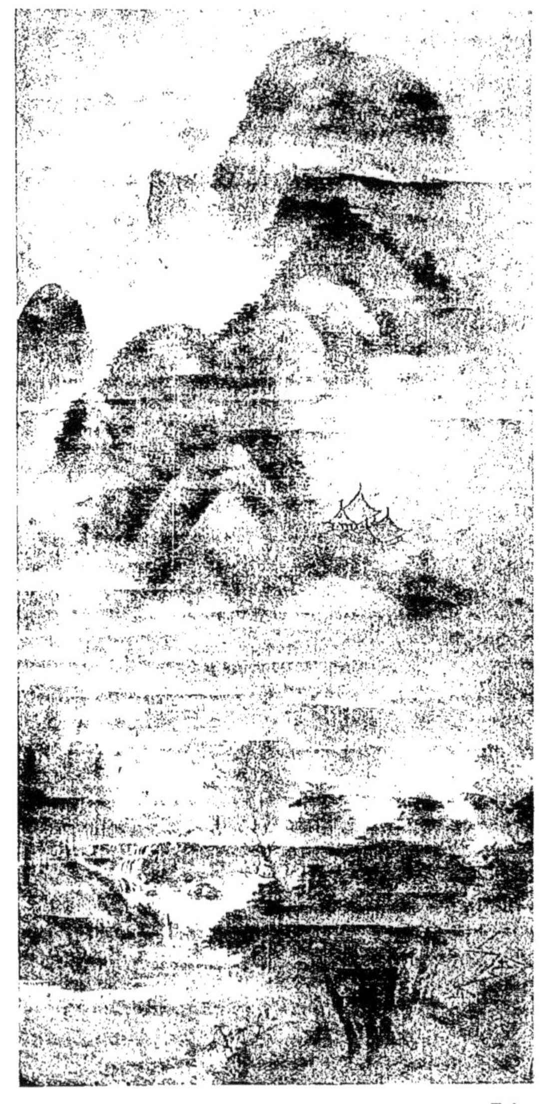

Kao Yan-houi,
Chine (13e—14e siècle)

Tôkiô,
Akimôto

Après la pluie
sur soie
H. 145 cm.

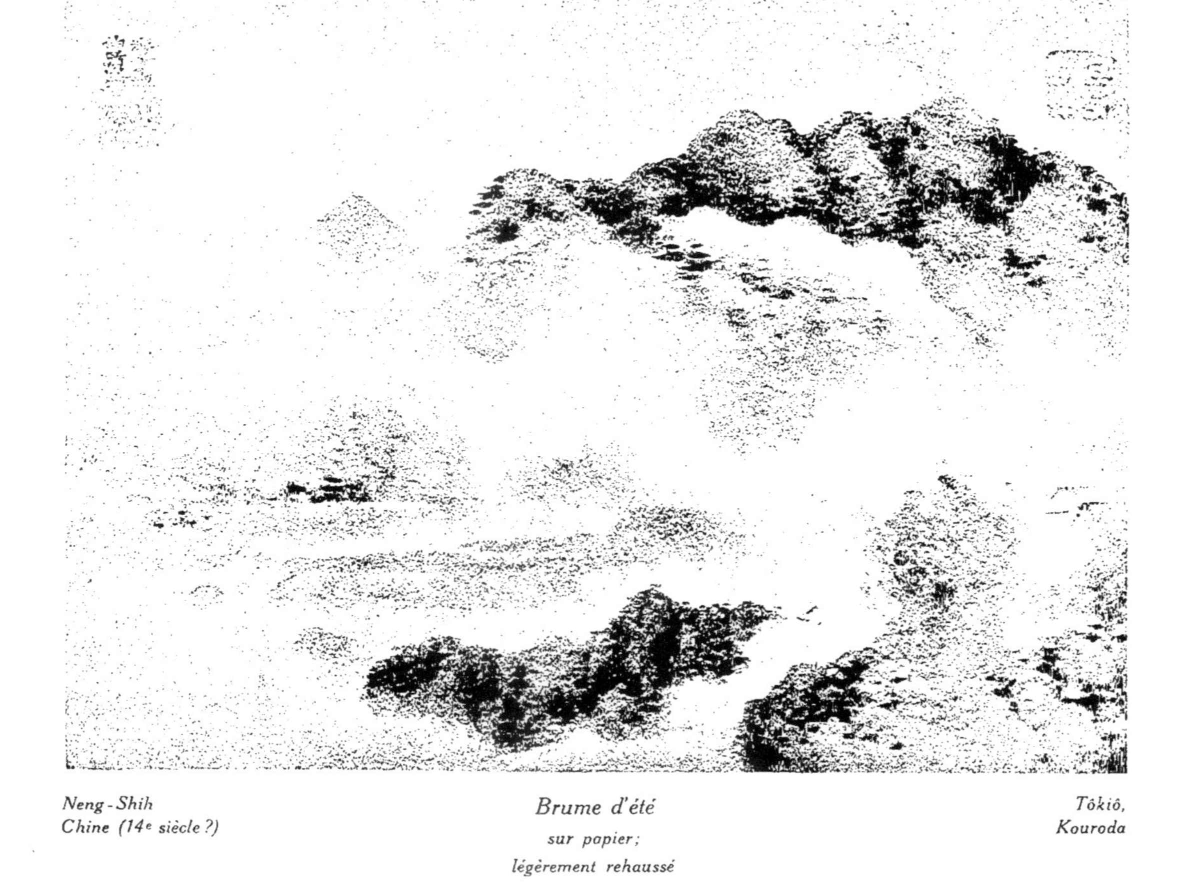

Neng-Shih
Chine (14e siècle ?)

Brume d'été
sur papier;
légèrement rehaussé

Tôkiô,
Kouroda

58

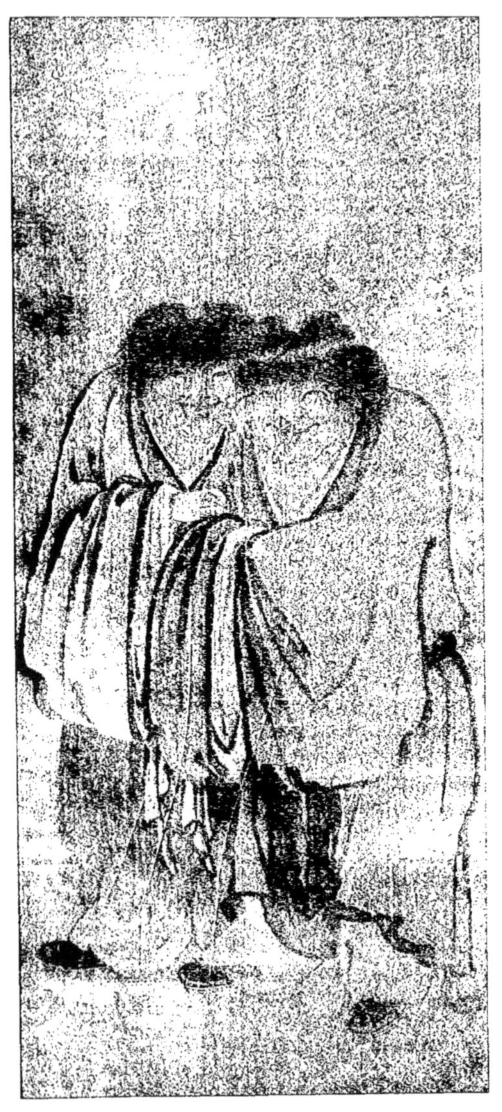

Yen-Houi, *Chine (13e siècle)* — *Han-shan et Shih-tê* — *H. 122 cm.* — *Tôkiô, Koïdé*

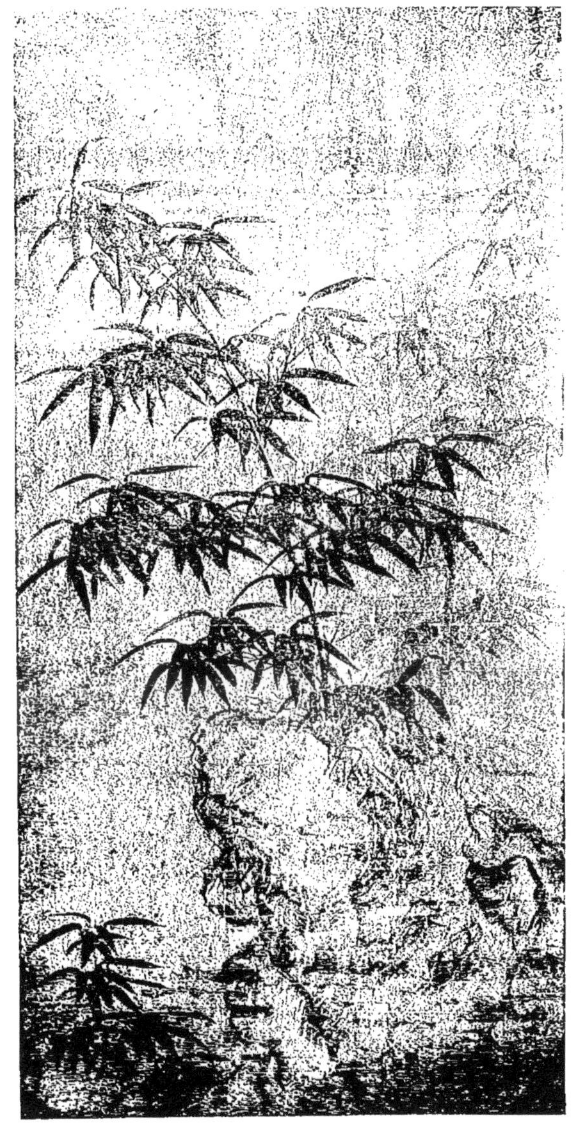

Li Youan To,
Chine (14e siècle)

Bambous
sur soie

Tôkiô?

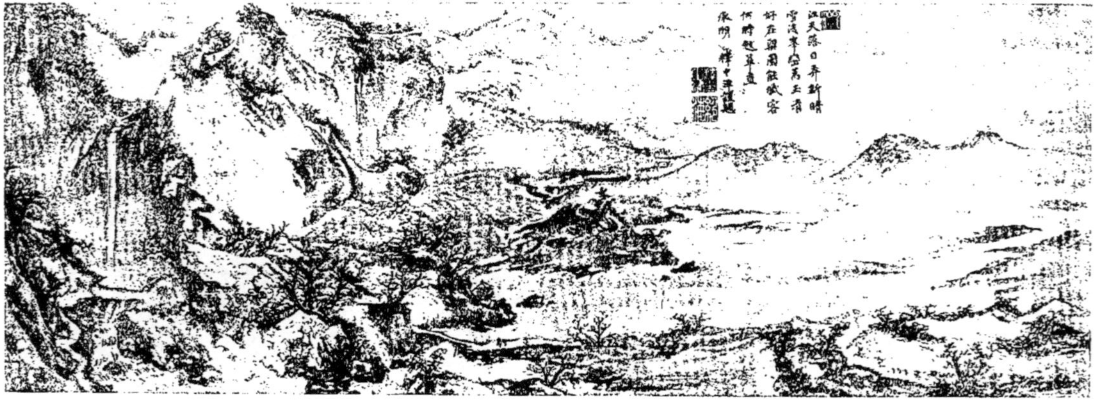

Chang Youan,
Chine (13e—14e siècle)

Paysage
sur papier
H. 35 cm.

Shôkokouji,
Kiôto

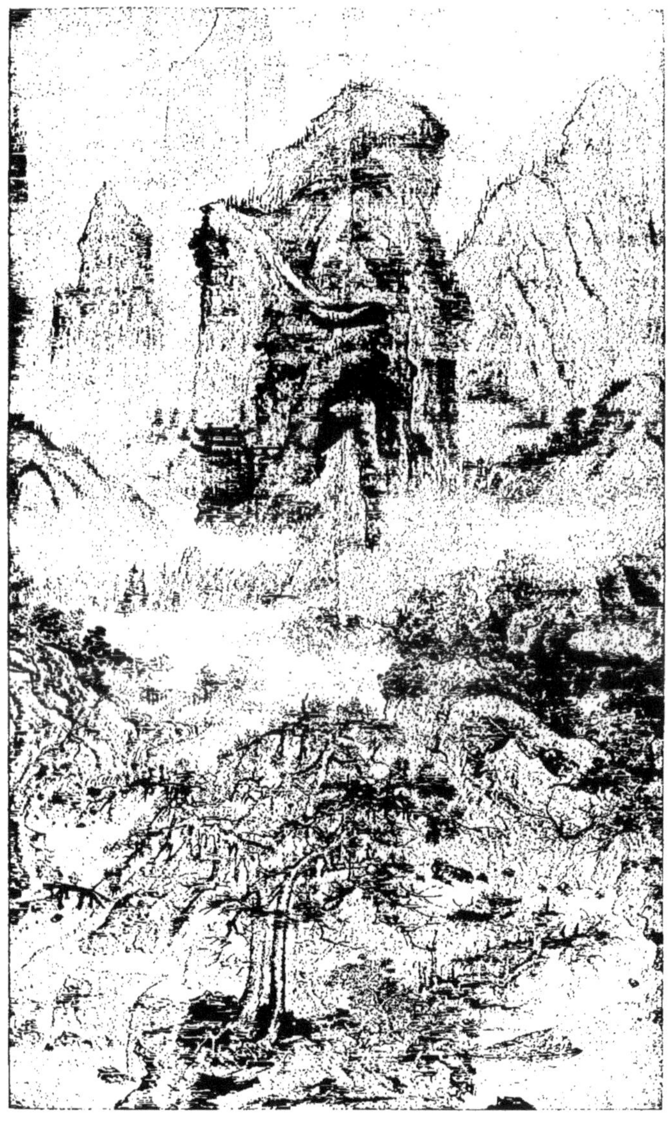

Li Tsaï,
Chine (15ᵉ siècle)

Paysage
sur soie; légèrement rehaussé
H. 140 cm.

Tôkiô,
Gheyô

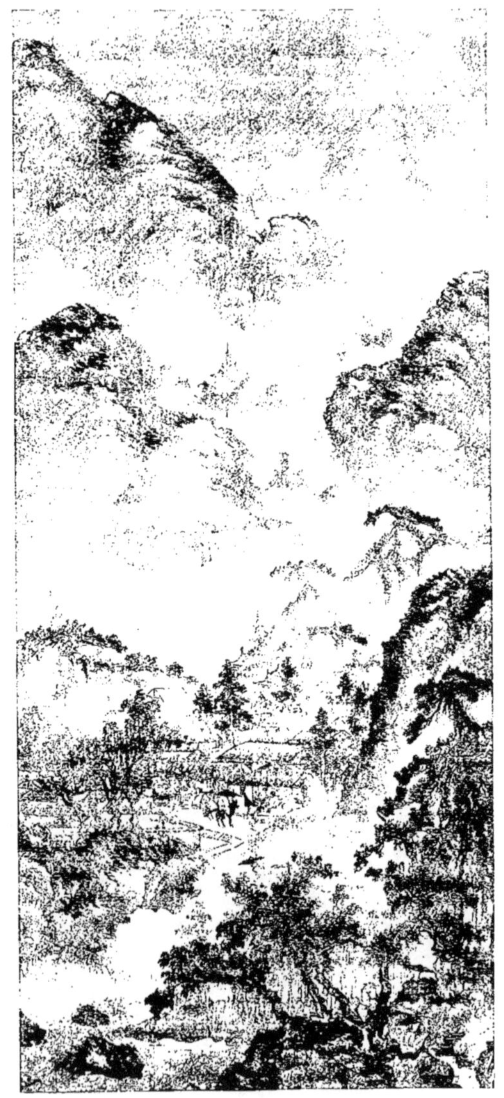

Ho T'eng,
Chine (15e siècle)

Paysage
sur soie
H. 224 cm.

Tôkiô,
Tanaka

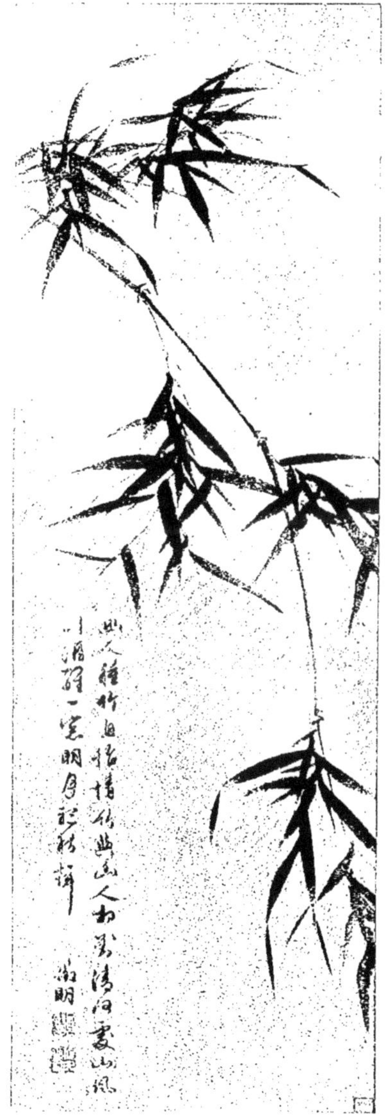

Wên Chêng-ming, *Pékin,*
Chine (1re moitié du 16e siècle) *Lo Chên-yu*

Branche de bambou

sur papier
H. 79 cm.

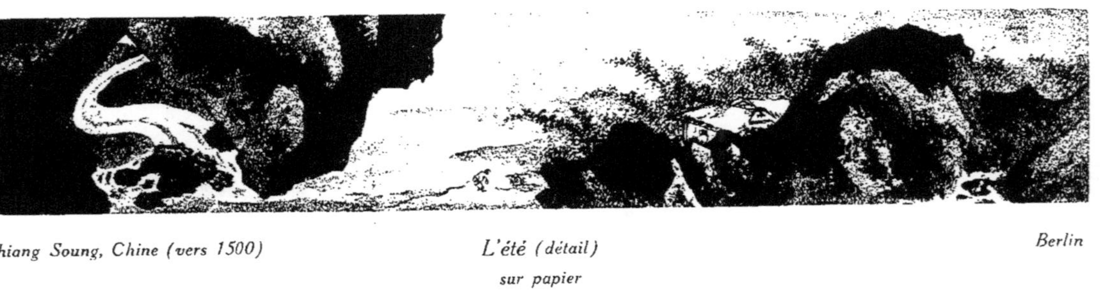

Chiang Soung, Chine (vers 1500) — *L'été (détail)* *sur papier* *H. 23 cm.* — *Berlin*

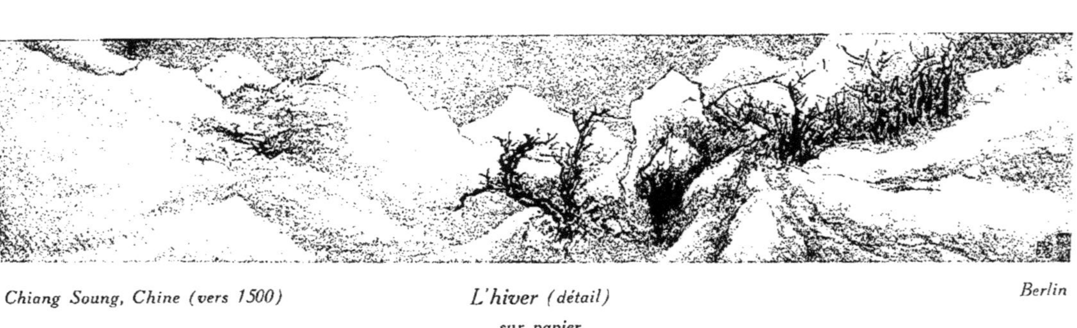

Chiang Soung, Chine (vers 1500) — *L'hiver (détail)* *sur papier* *H. 23 cm.* — *Berlin*

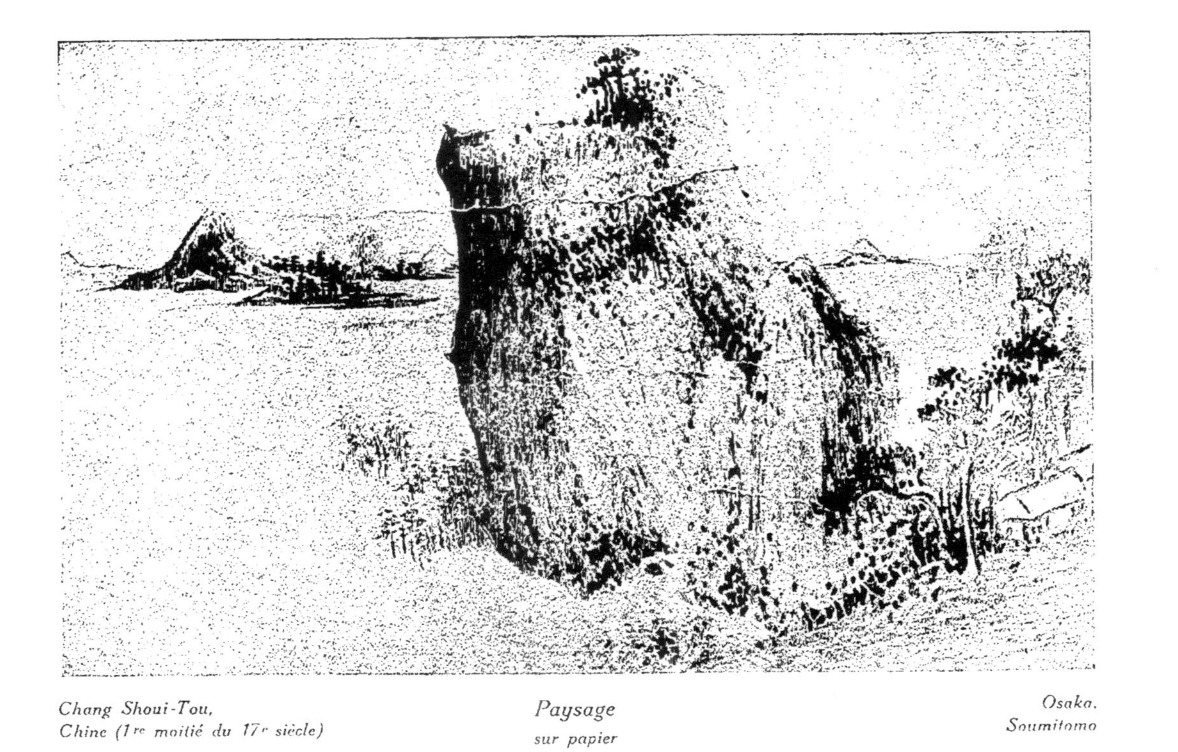

Chang Shoui-Tou,
Chine (1re moitié du 17e siècle)

Paysage
sur papier
H. 35 cm.

Osaka.
Soumitomo

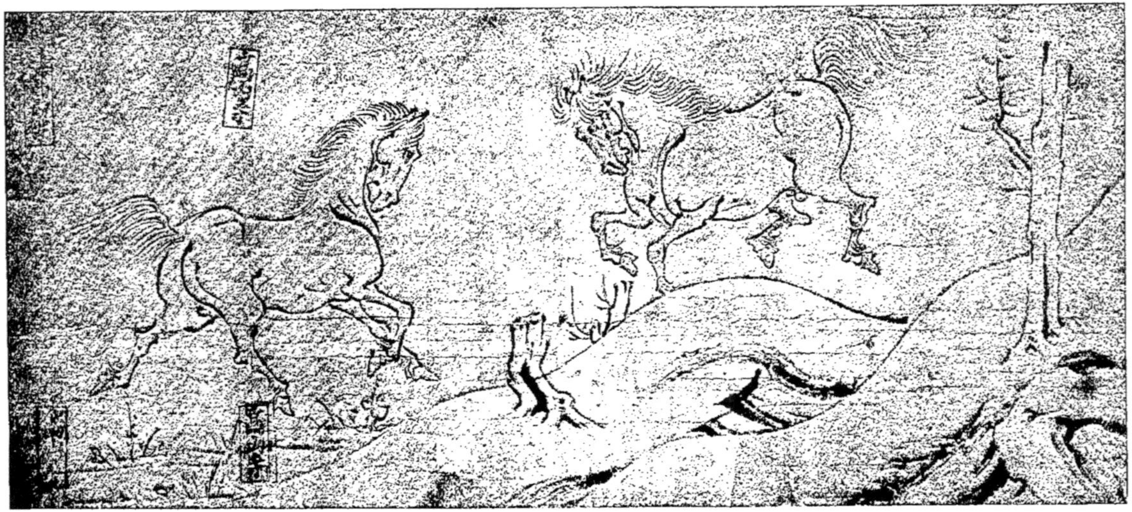

Toba Sôjô?
Japon (12e siècle)

Chevaux
(détail)
sur papier
H. 30 cm.

Kozanji,
Yamashiro

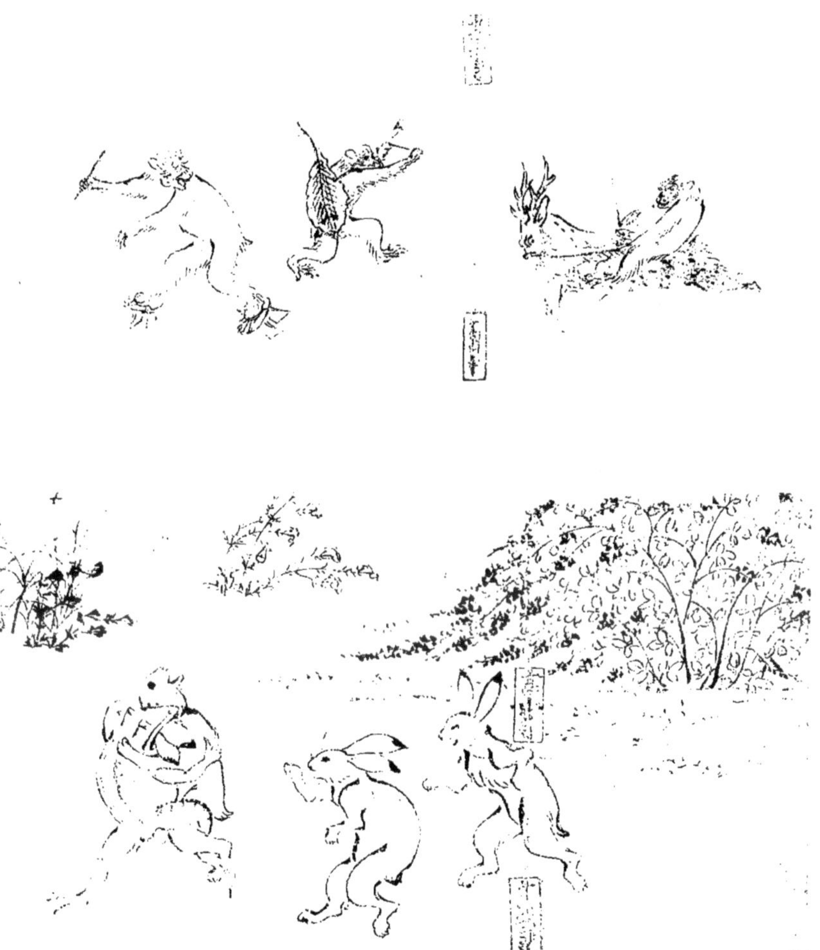

Toba Sôjô?
Japon (12e siècle)

Hommes sous forme d'animaux
(détails)
sur papier
H. 30 cm.

Kozanji,
Yamashiro

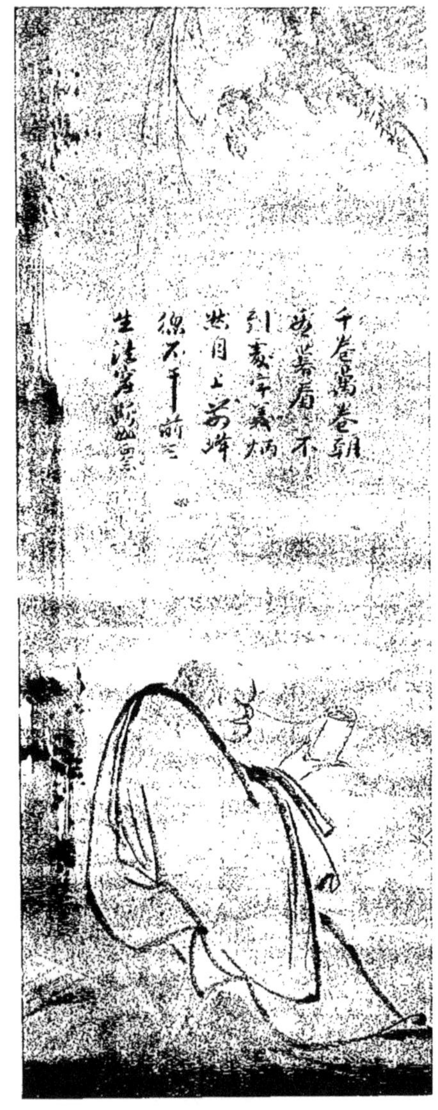

Mokouan, Japon (1317—1373) **Moine zèn** *Osaka, Ouyéno*

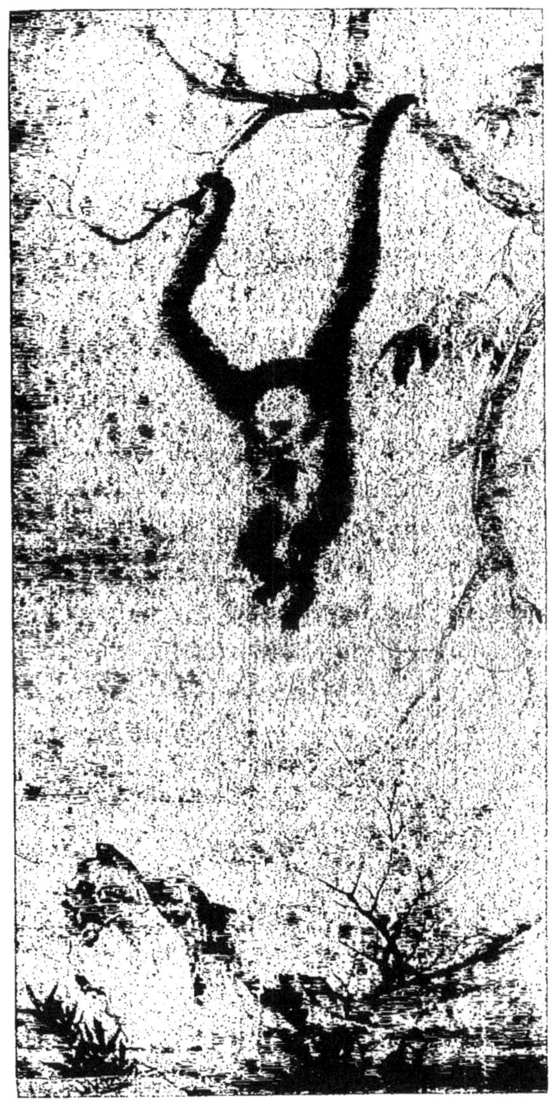

Mokouan, *Japon (1317—1373)* — *Singe* *H. 130 cm.* — *Tôkiô, Koïdé*

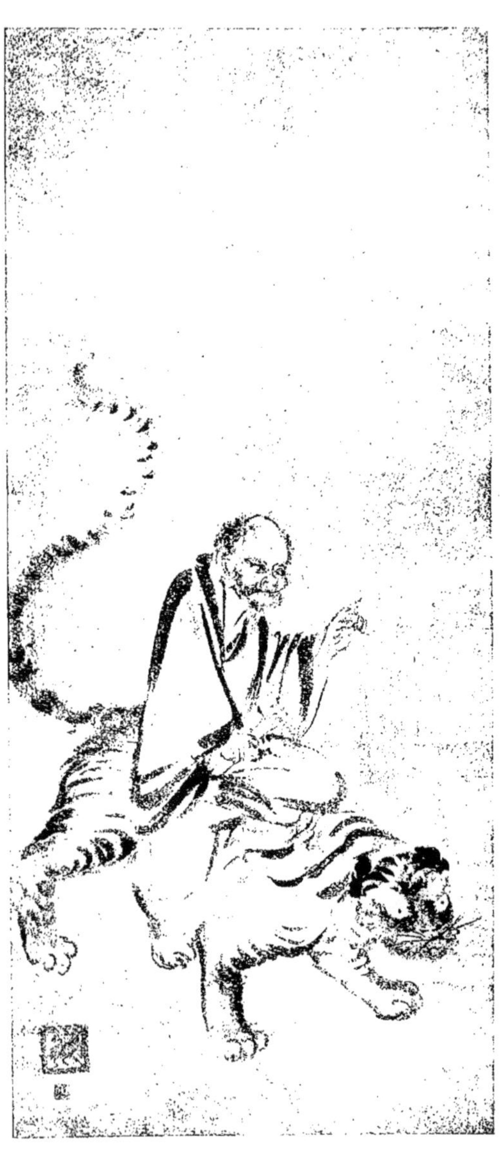

Kaô, *Japon (mort en 1345)* **Boukan** *sur papier* *Tôkiô, Gheyô*

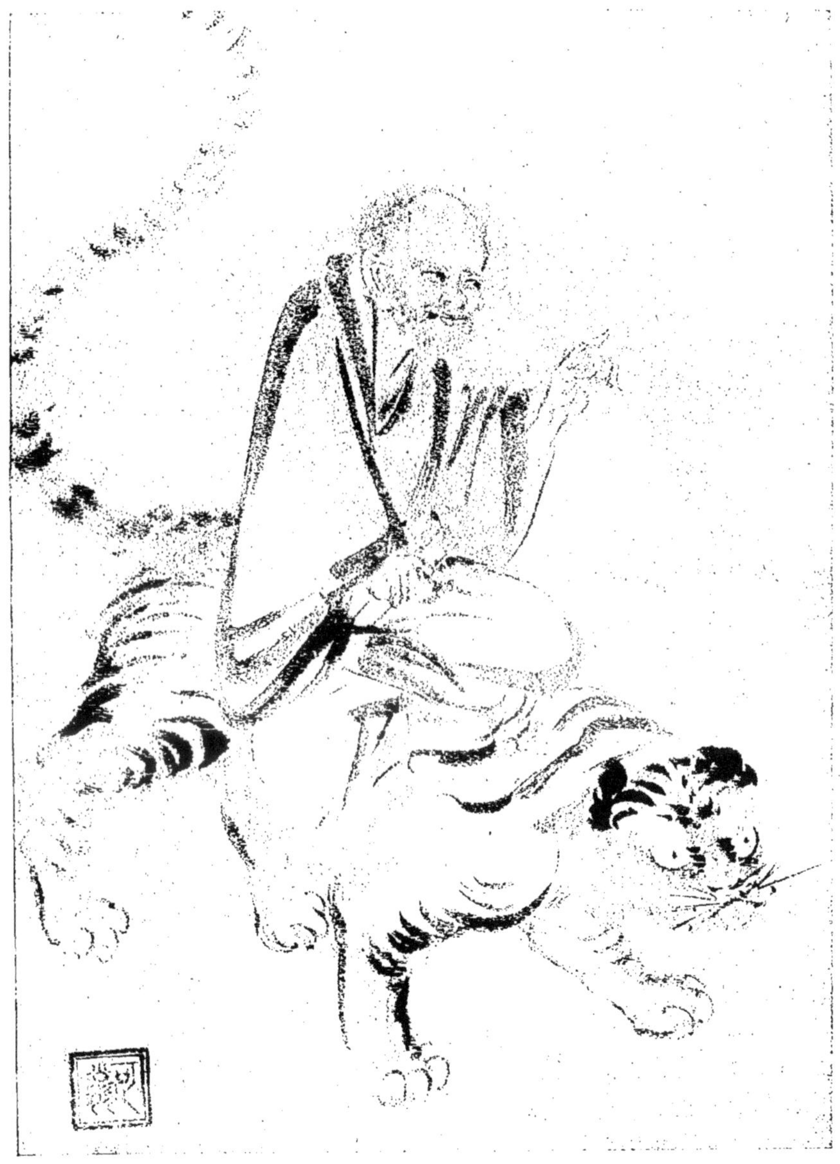

Détail de la planche 71

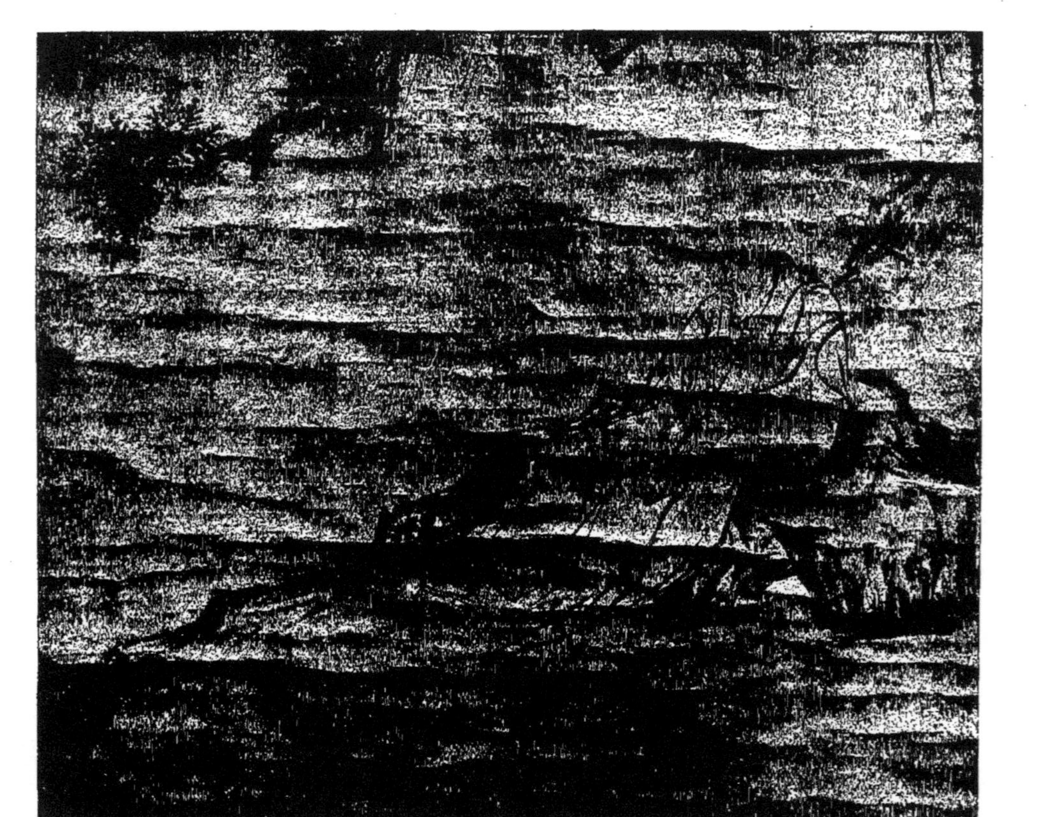

Myôchô,
Japon (1352–1413)

Shôichi Kokoushi
sur papier

Tofoukouji,
Kiôto

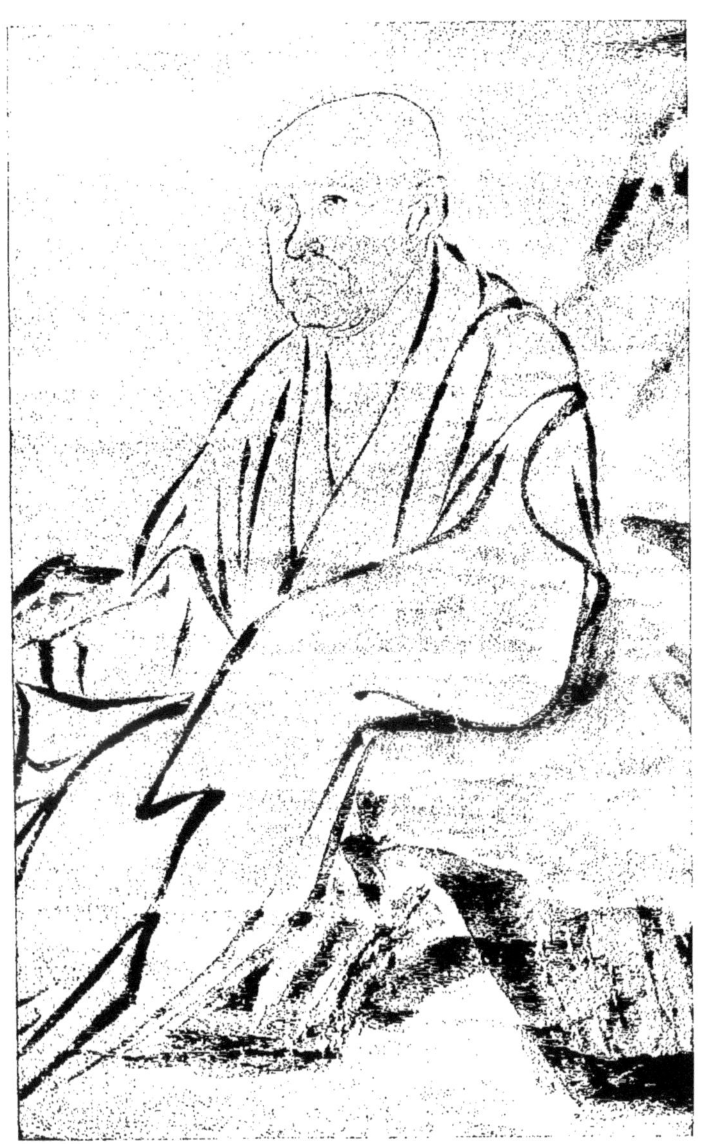

Détail de la planche 73

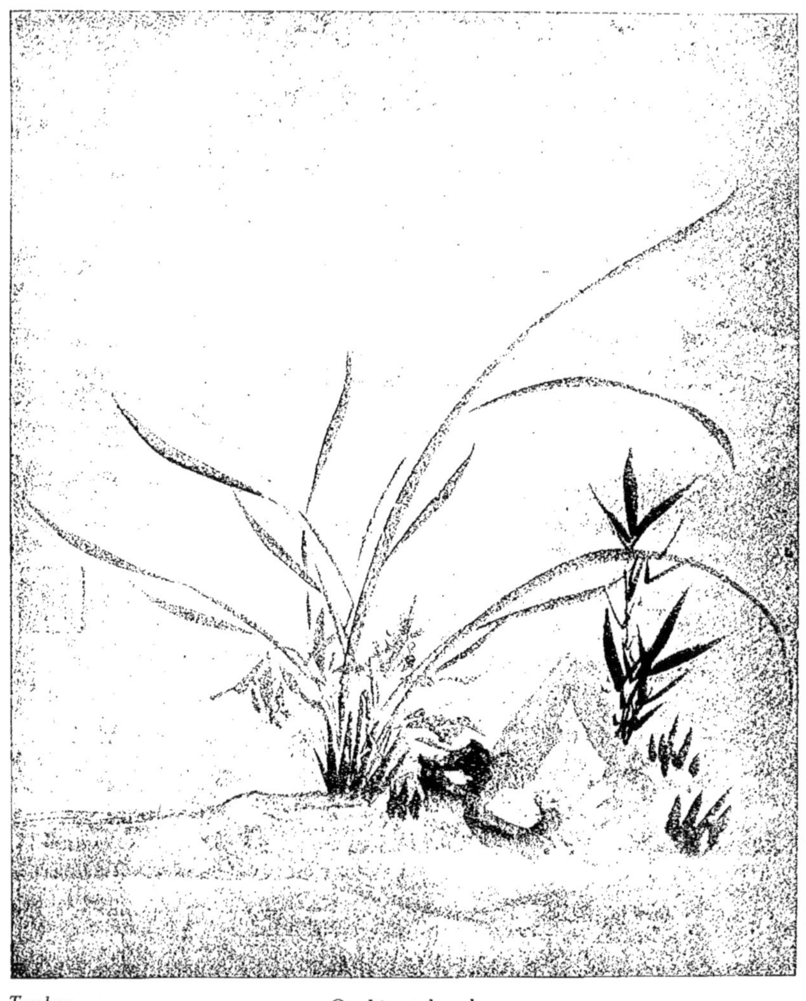

Tesshou,
Japon (14e siècle)

Orchis et bambous
sur papier

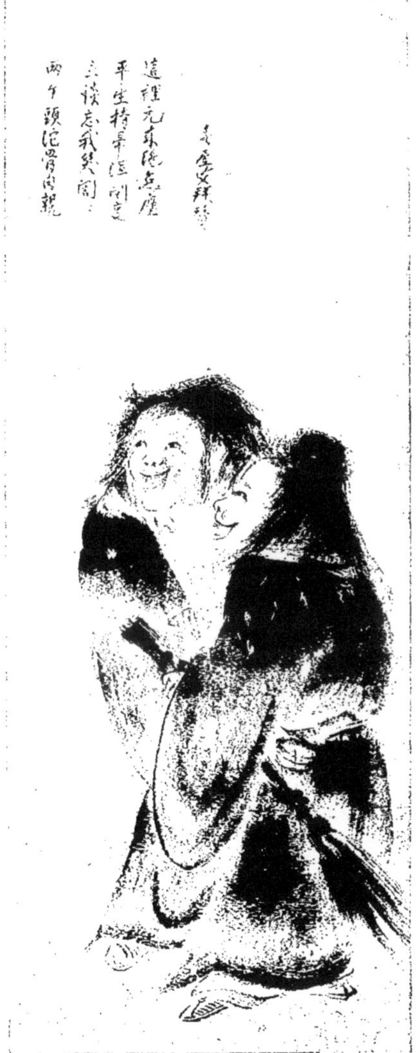

Shouboun,
Japon (mort après 1454)

Tôkiô,
Tsougarou

Han-shan et Shih-tê

sur papier

H. 100 cm.

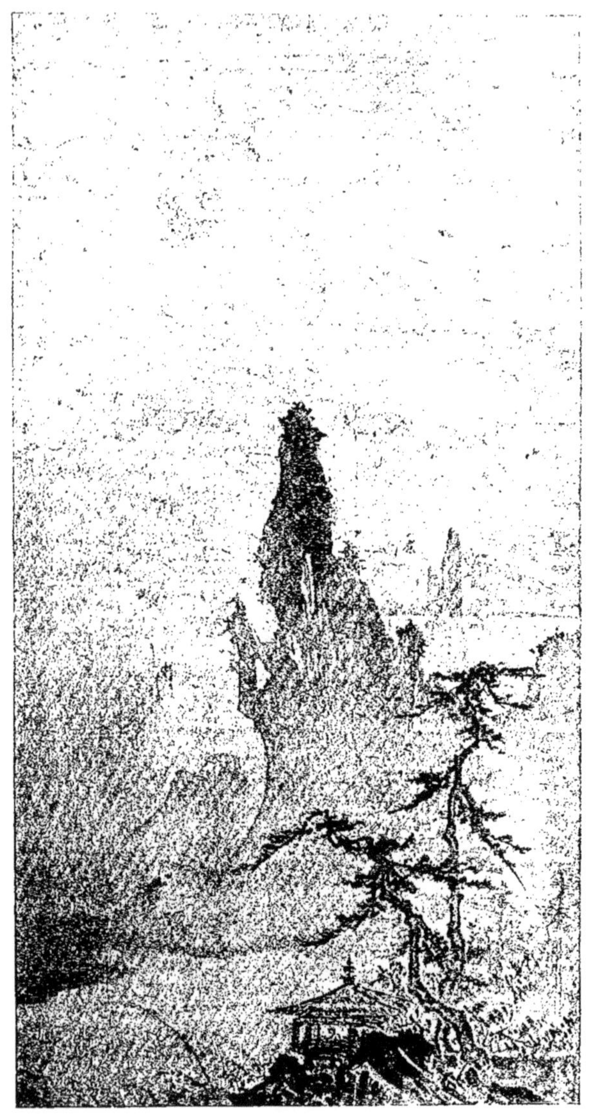

Shouboun,
Japon (mort après 1454)

Paysage
détail
sur papier; légèrement rehaussé
L. 32 cm.

Osaka,
Ouyéno

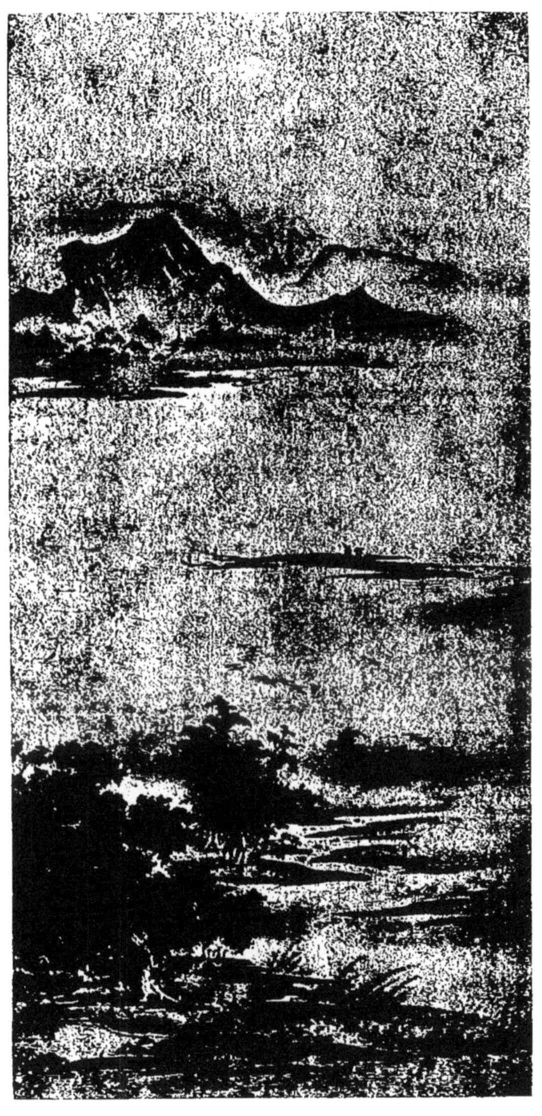

Shouboun,
Japon
(mort après 1454)

Soir d'automne
détail
légèrement rehaussé
L. 29 cm.

Osaka,
Foujita

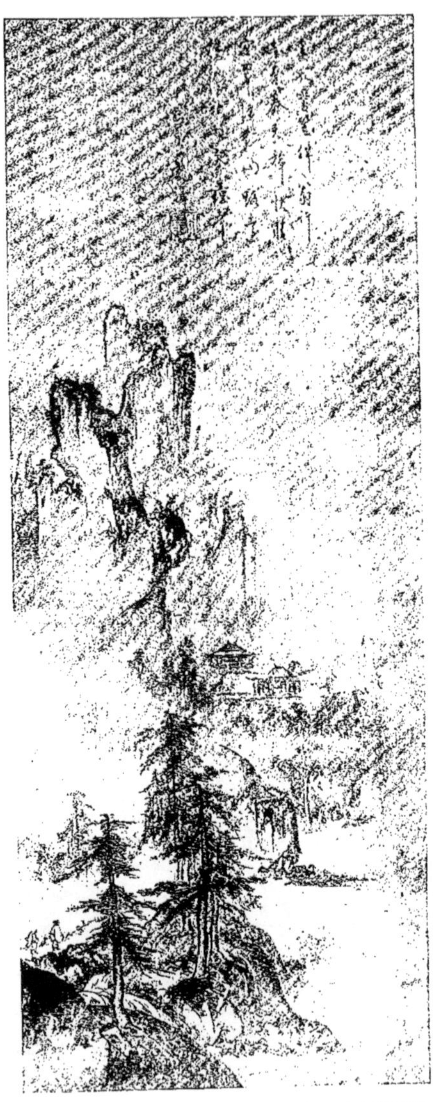

Ogouri Sôtan, Japon (15e siècle) — Paysage sur papier H. 83 cm. — Autrefois à Tôkiô. Daté

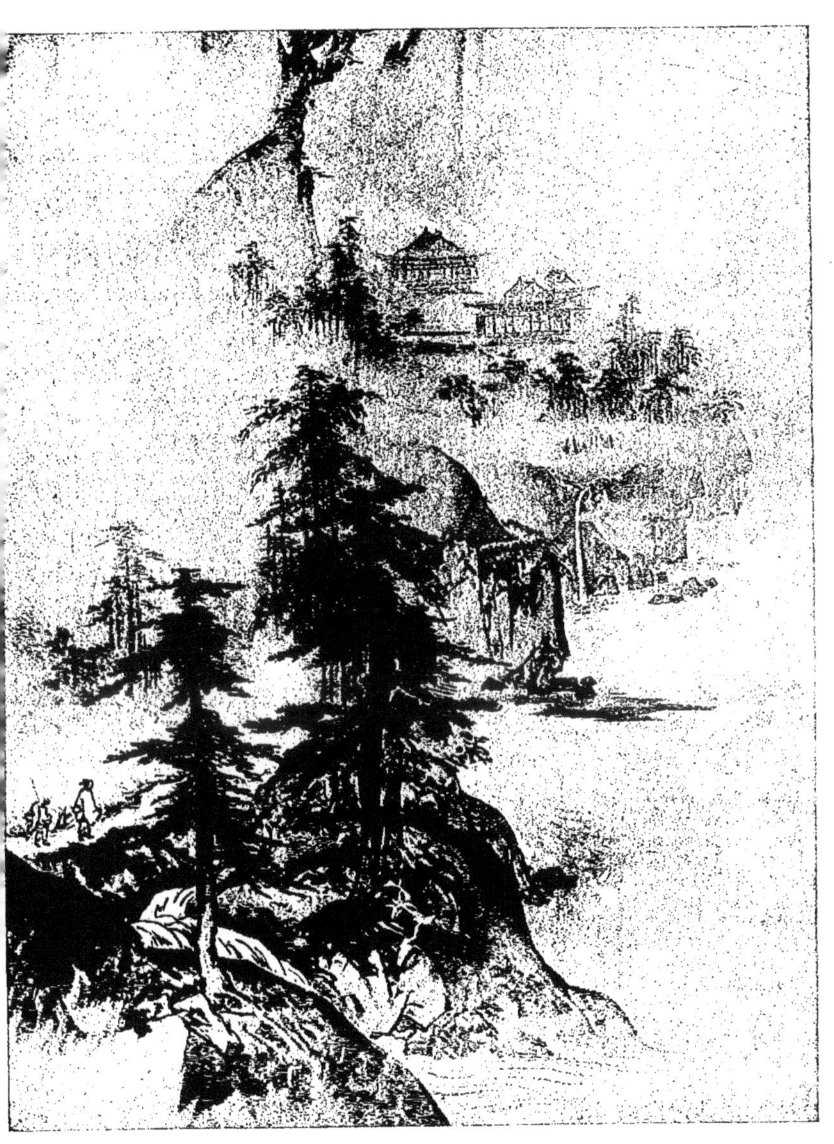

Détail de la planche 79

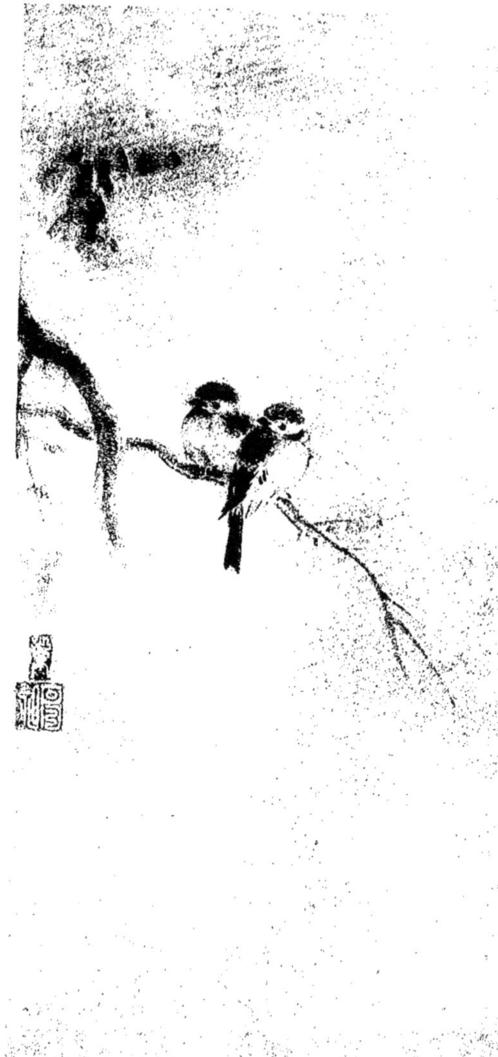

Ogouri Sôtan,
Japon (15e siècle)

Moineaux
H. 59 cm.

Tôkiô,
Gheyô

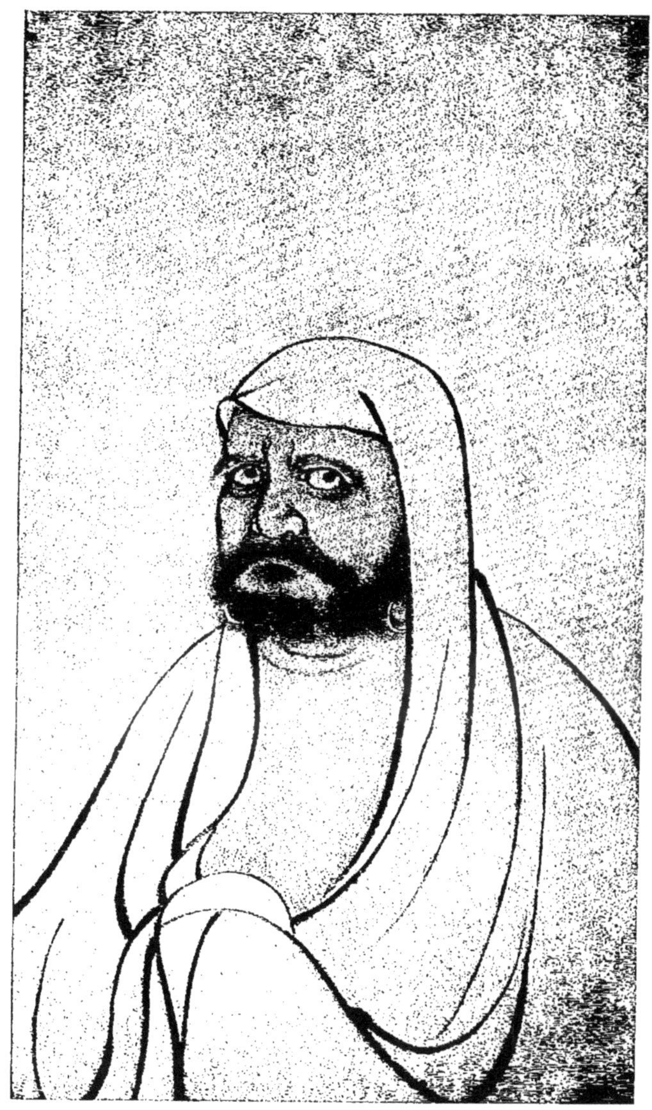

Soga Yasokou,
Japon (mort en 1483)

Dharma
sur papier; rehaussé
H. 70 cm.

Yôtokouin,
Daïtokouji, Kiôto

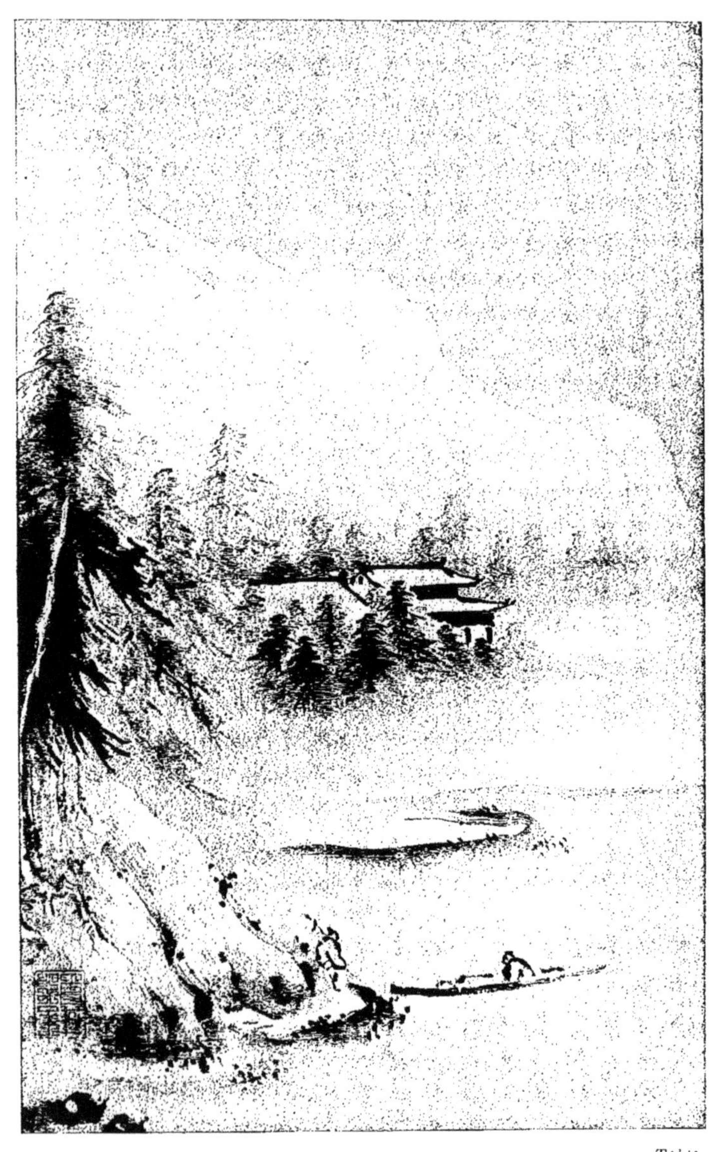

Soga Yasokou,
Japon (mort en 1483)

L'hiver
sur papier
H. 55 cm.

Tôkiô,
Tokougawa

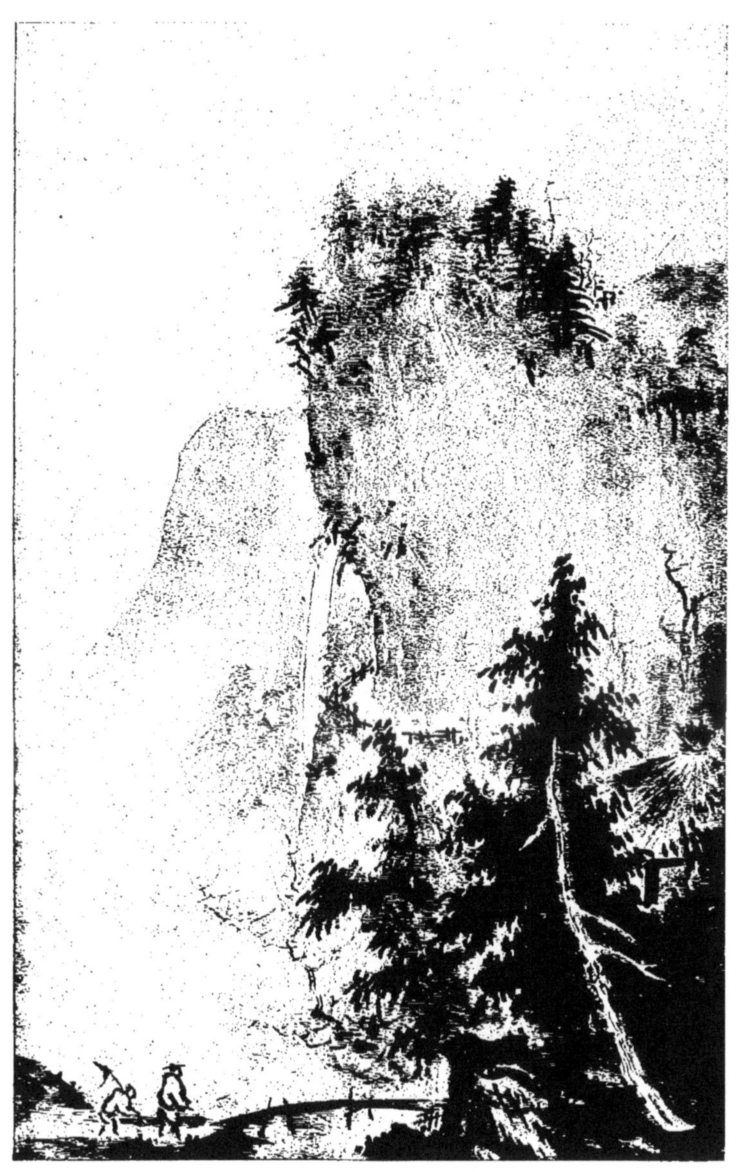

Soga Yasokou,
Japon (mort en 1483)

L'été
sur papier
H. 55 cm.

Tôkiô,
Tokougawa

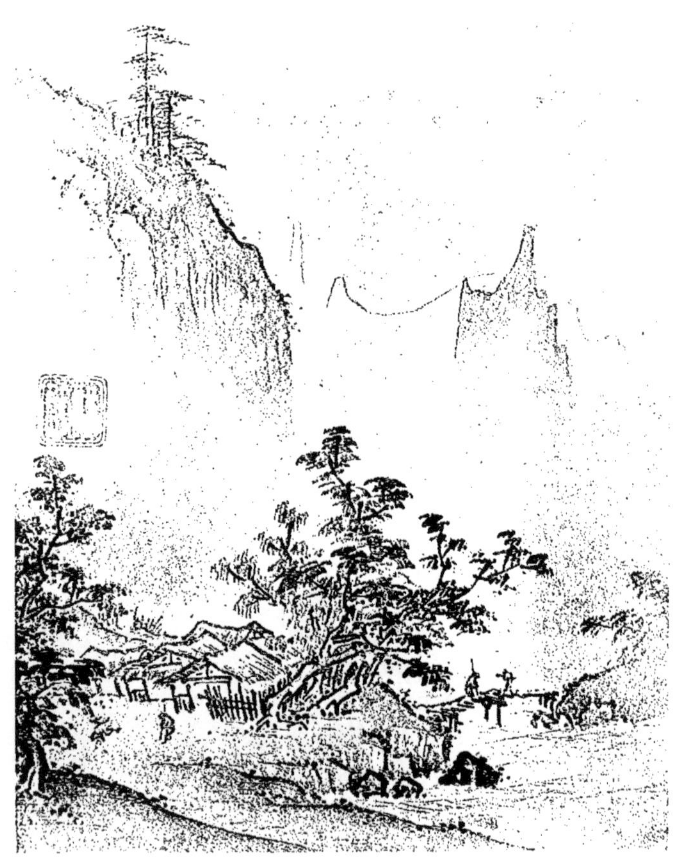

Keïshoki,
Japon (15e—16e siècle)

Paysage
sur papier ; légèrement rehaussé
H. 48 cm.

Tôkiô,
Akimoto

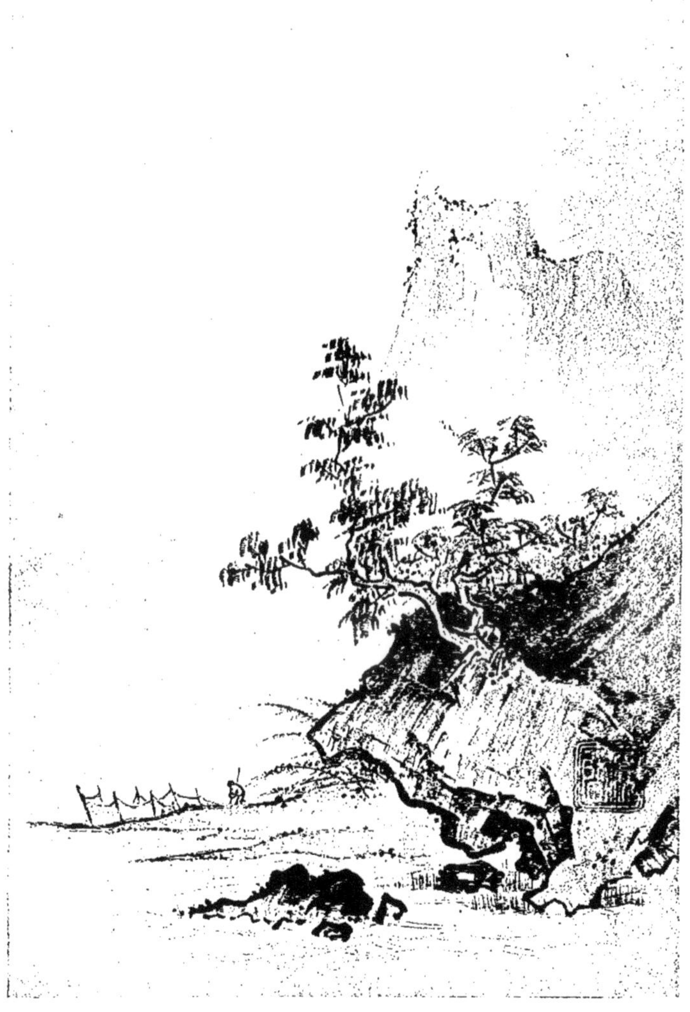

Keïshoki,
Japon (15e—16e siècle)

Paysage
sur papier ; légèrement rehaussé
H. 48 cm.

Tôkiô,
Akimoto

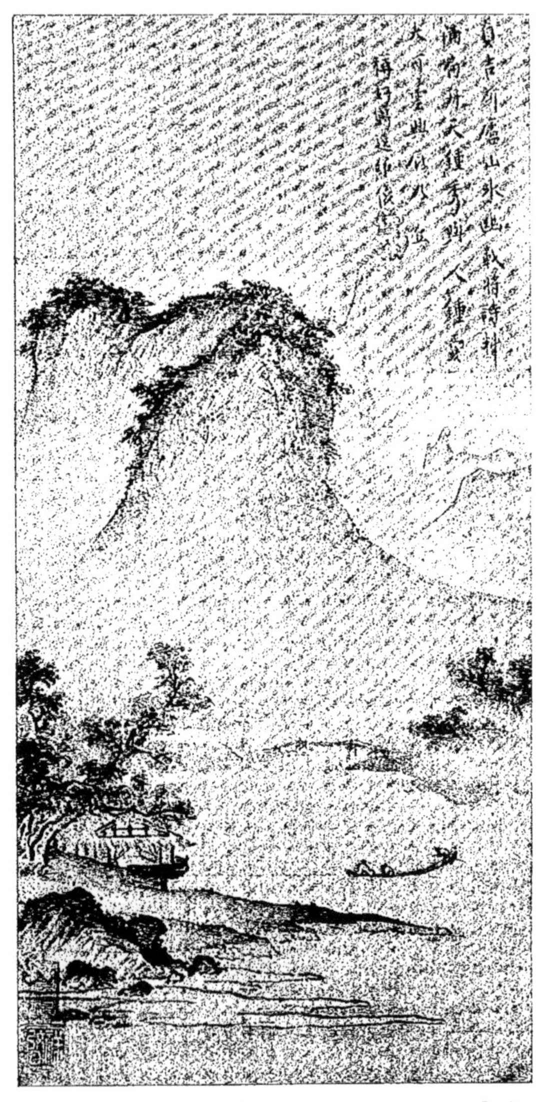

Keïshoki,
Japon (15e – 16e siècle)

Paysage
(détail)
sur papier
L. 28 cm.

Osaka,
Ouyéno

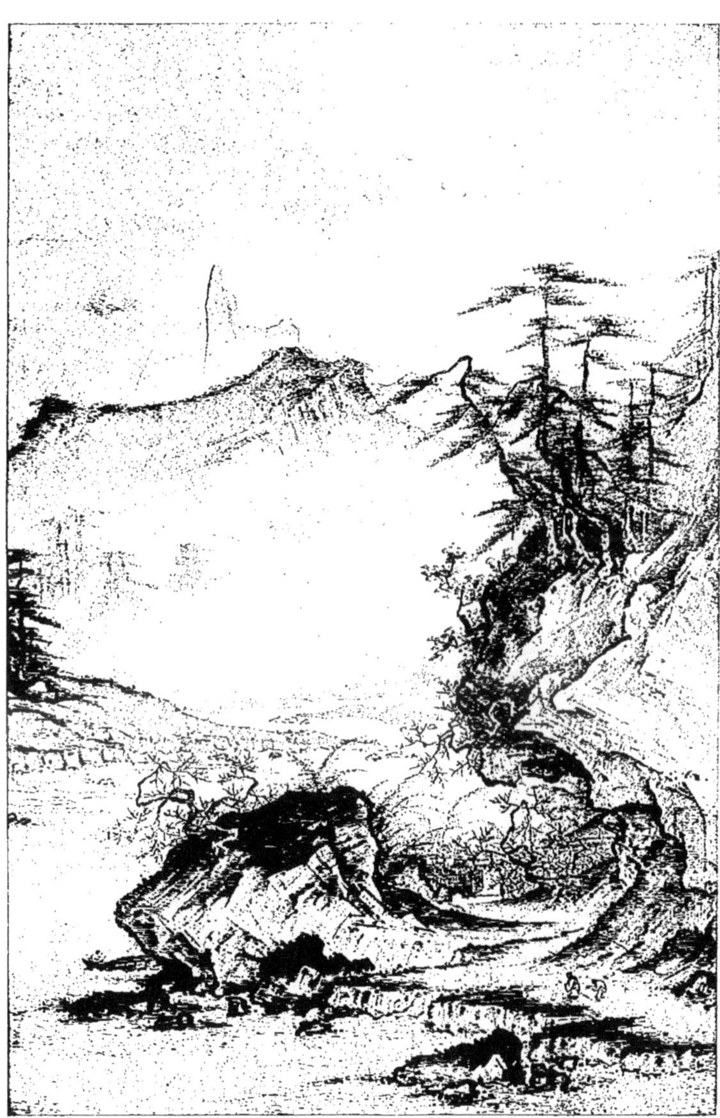

Keïshoki,
Japon (15e–16e siècle)

Paysage
sur papier
H. 61 cm.

Tôkiô,
Nezou

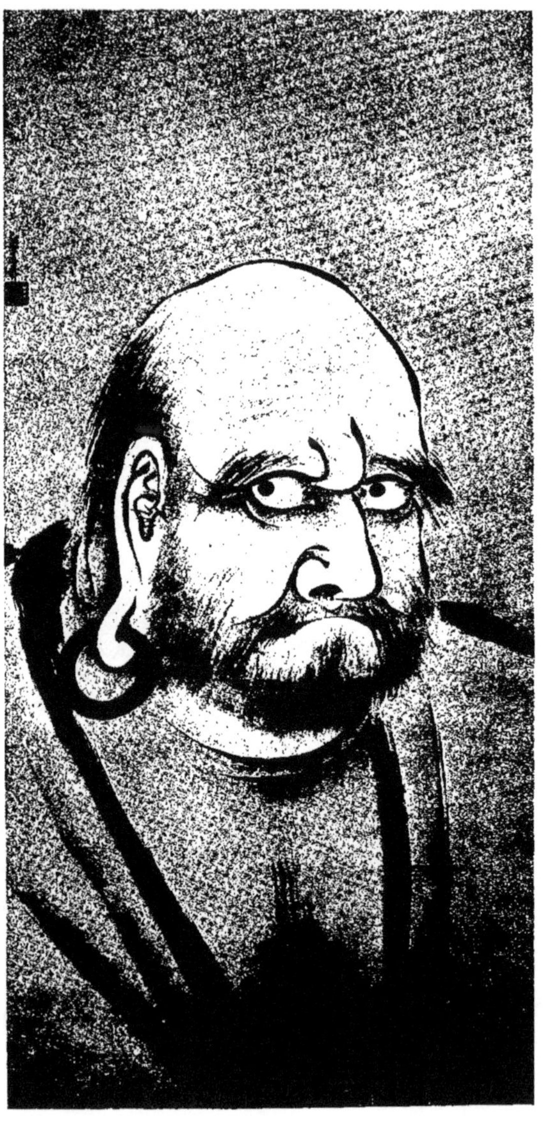

Keïshoki,
Japon (15e – 16e siècle)

Dharma
sur papier
H. 95 cm.

Nanzenji,
Kiôto

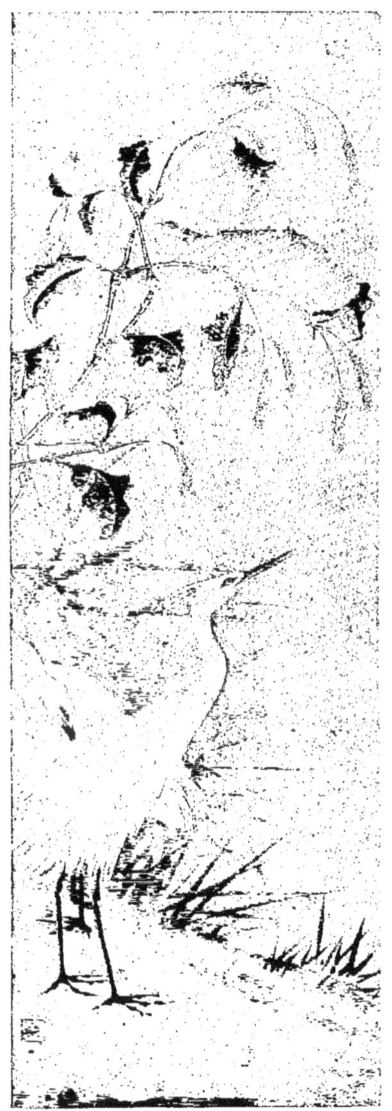

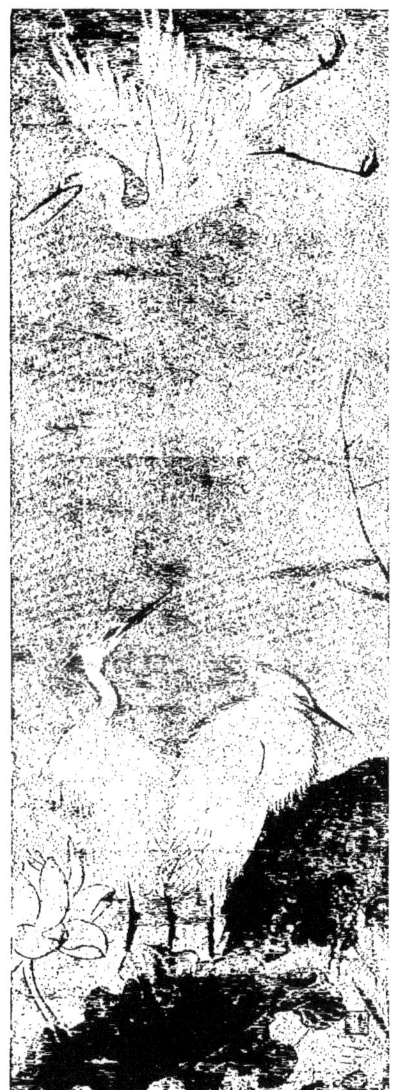

Nôami,
Japon (15e siècle)

Hérons
sur papier
H. 105 cm.

Berlin

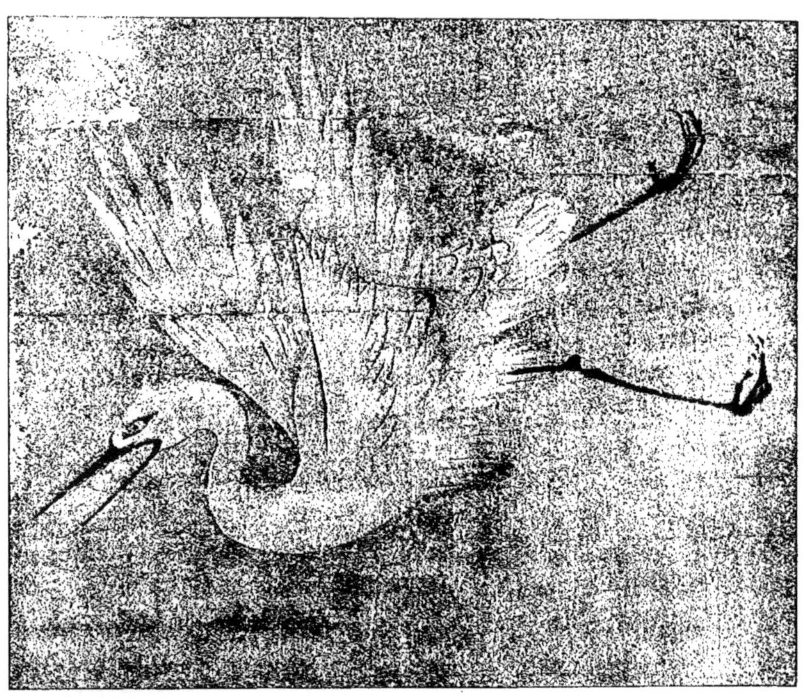

Détail de la planche 90

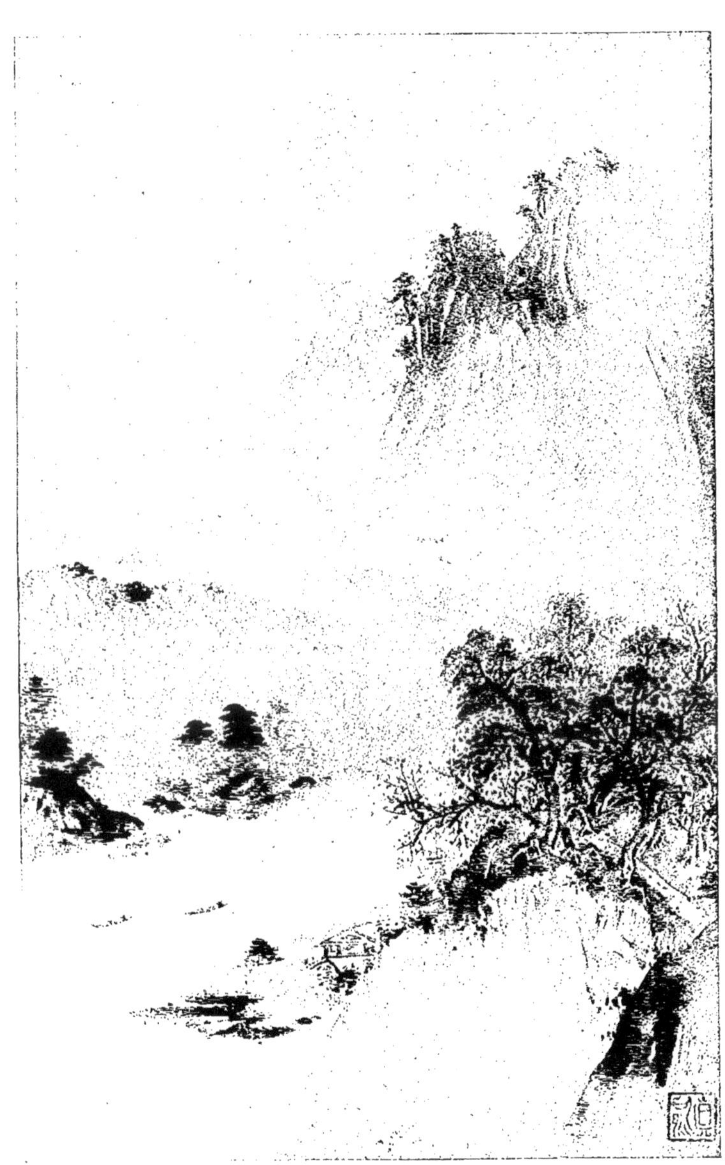

Nôami,
Japon (15e siècle)

Paysage
sur papier
H. 46 cm.

Osaka,
Foujita

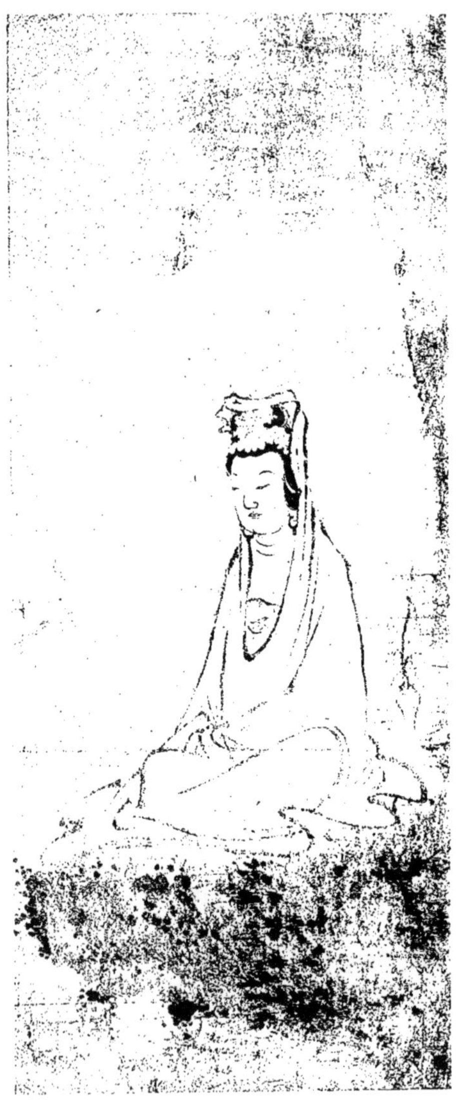

Gheiami,
Japon (15e siècle)

Kwannon
sur papier
H. 88 cm.

Tenjouan,
Kiôto

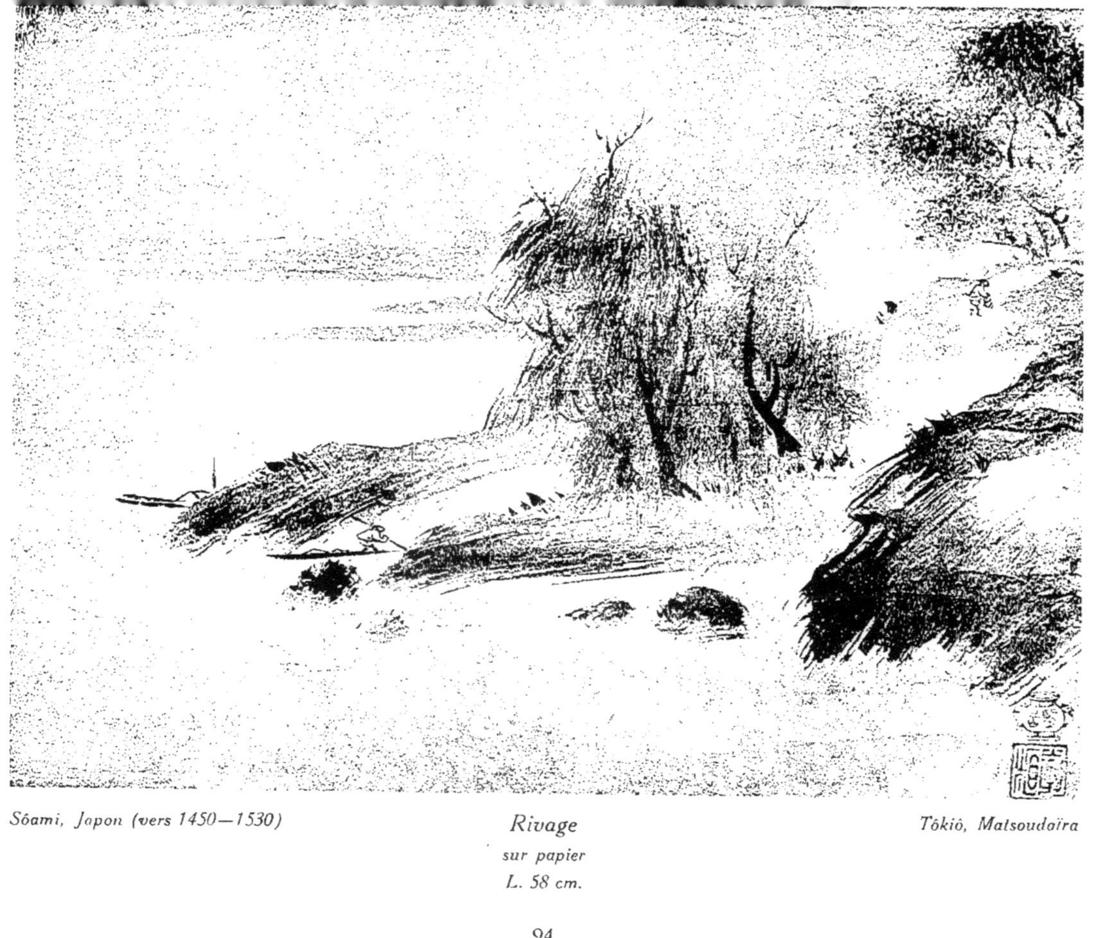

Sôami, Japon (vers 1450—1530) — *Rivage* — *Tôkiô, Matsoudaïra*

sur papier

L. 58 cm.

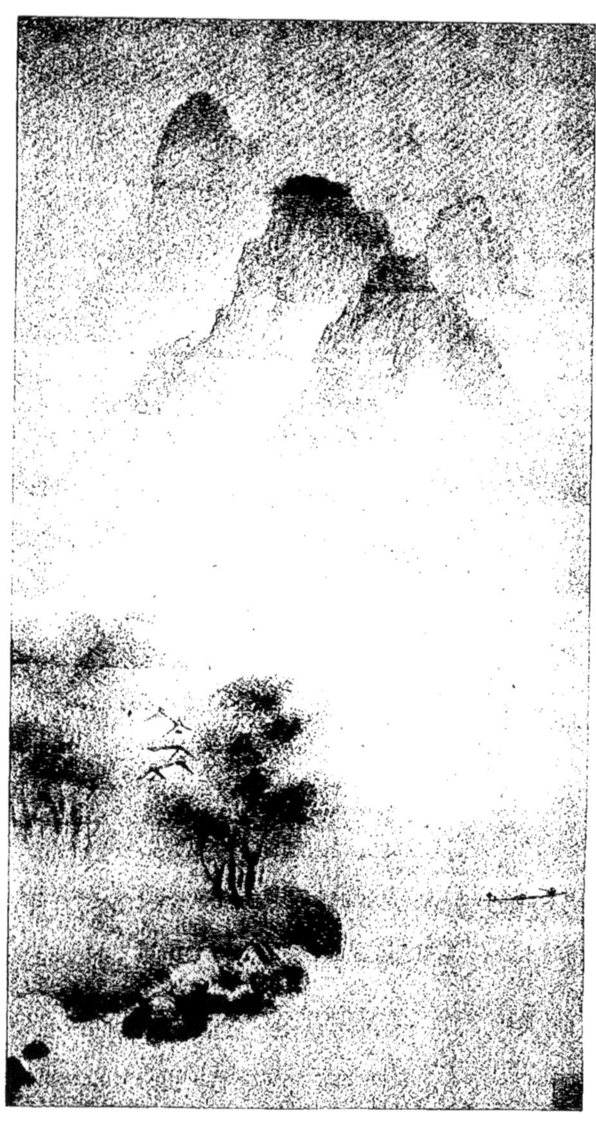

Sôami,
Japon (vers 1450—1530)

Paysage
sur papier
H. 79 cm., 5

Tôkiô,
Abé

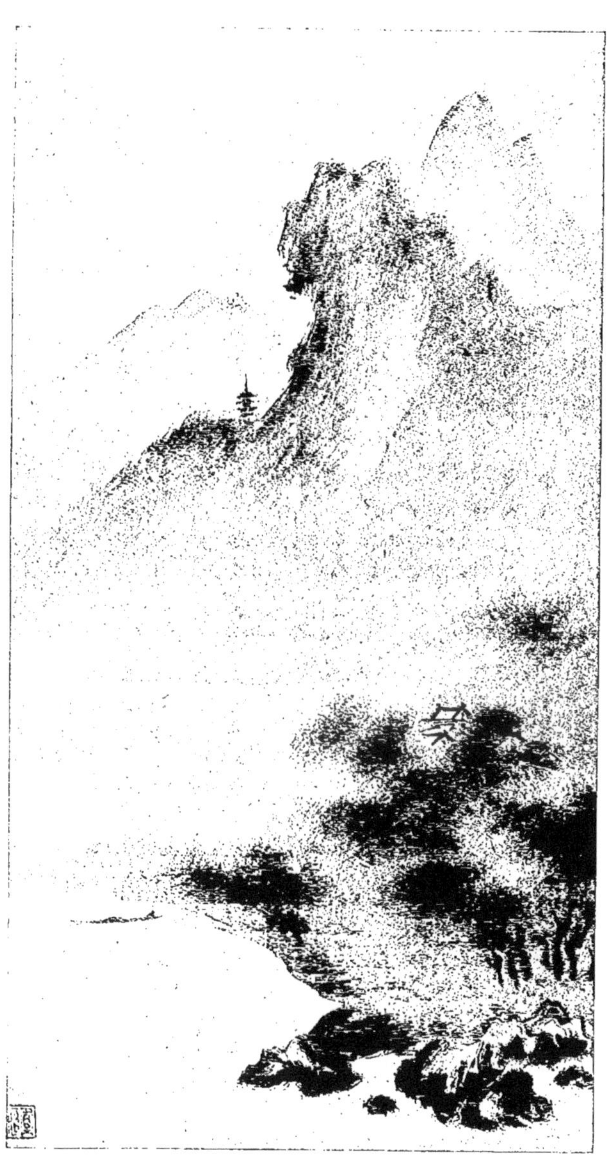

Sôami,
Japon (vers 1450—1530)

Paysage
sur papier
H. 79 cm.

Tôkiô,
Abé

Sôami,
Japon (vers 1450—1530)

Paysage
sur papier
H. 86 cm.

Daïsenin,
Kiôto

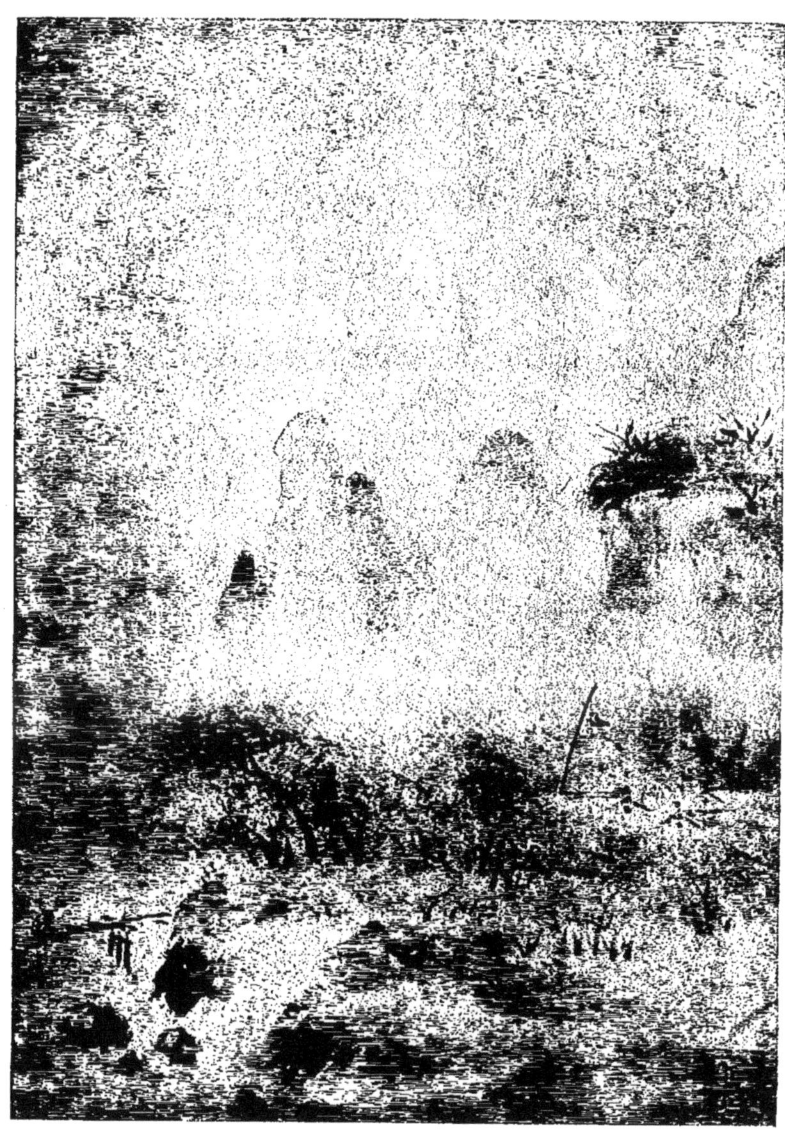

Sôami,
Japon (vers 1450—1530)

Paysage
sur papier
H. 86 cm.

Daïsenin,
Kiôto

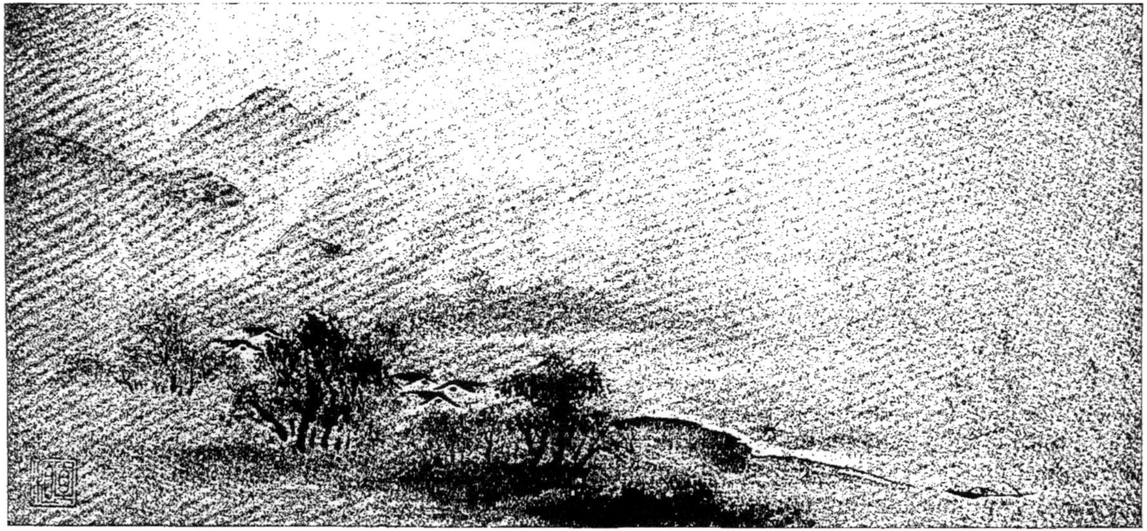

Sôami, Japon (vers 1450—1530) *La pluie* *sur papier* *Tôkiô, Foukouoka*

99

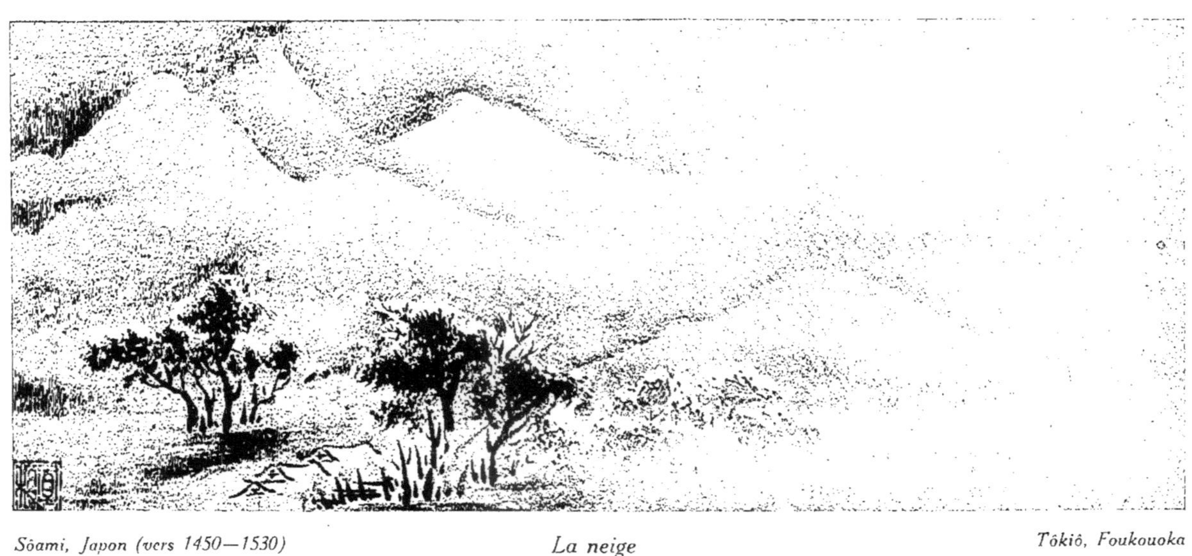

Sôami, Japon (vers 1450—1530) — *La neige* — *Tôkiô, Foukouoka*

sur papier

100

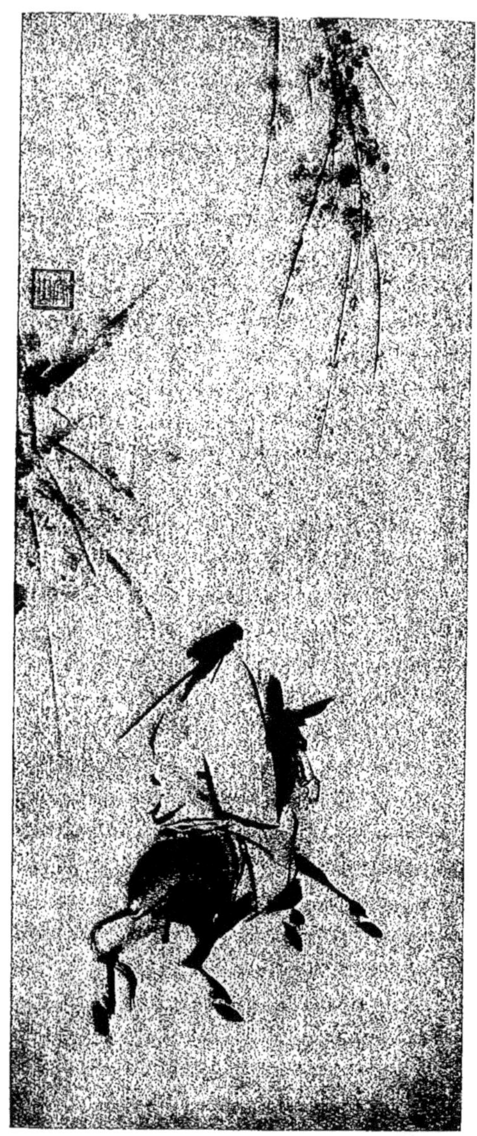

Ashikaga Yoshimitsou? *Tôkiô,*
Japon *Akimoto*

Le poète Sou Toung-po

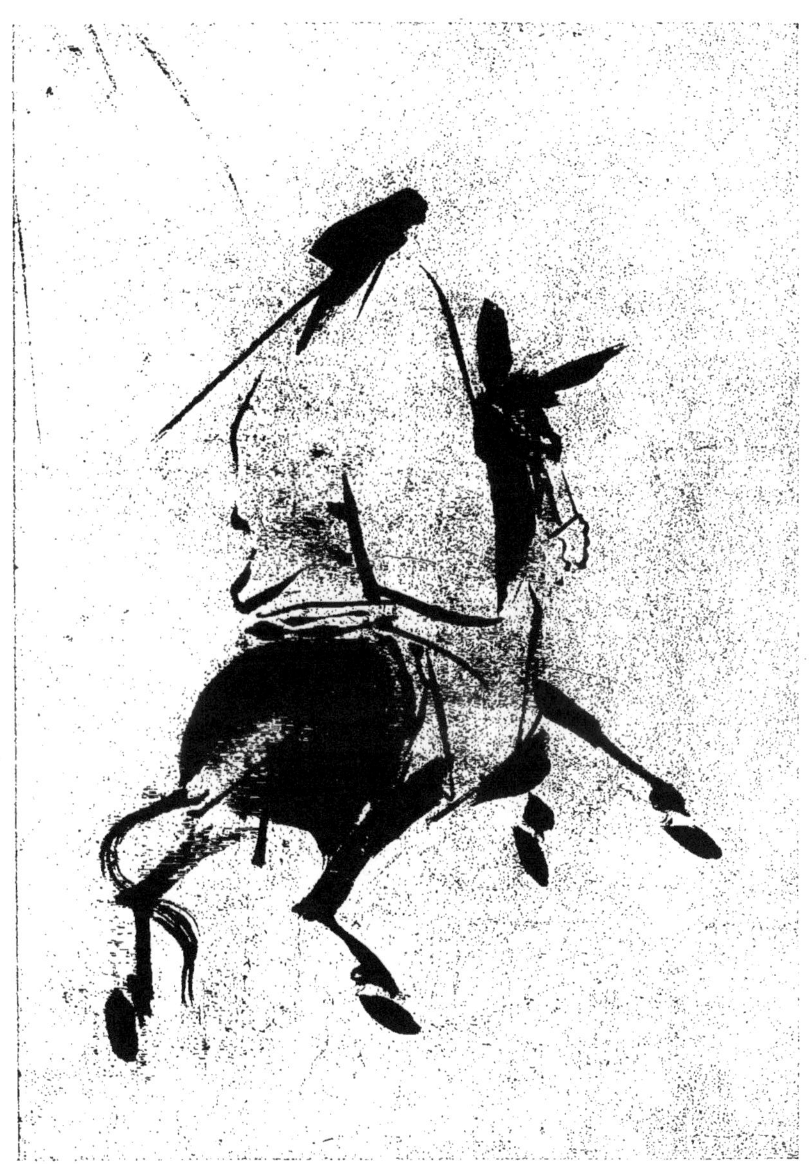

Détail de la planche 101

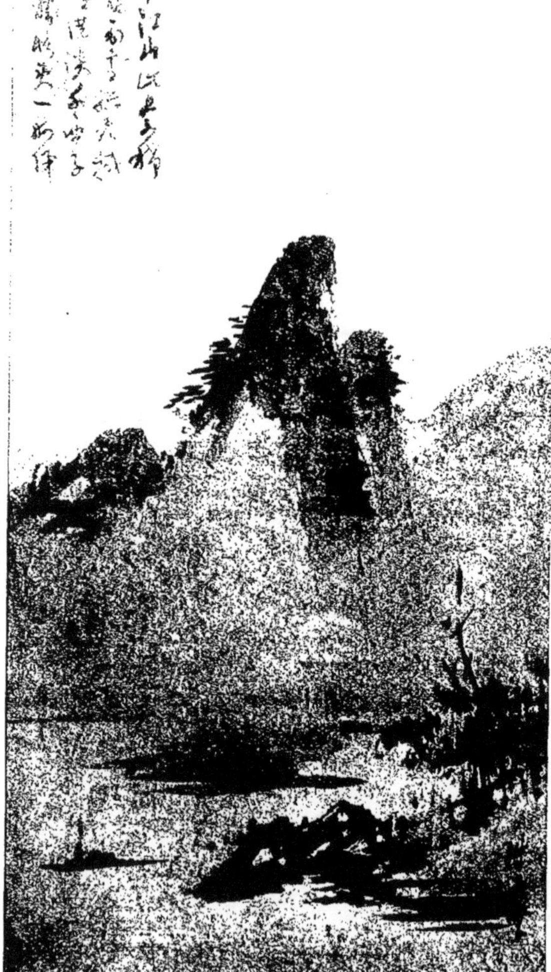

Shoukô,
Japon (2e moitié du 15e siècle)

Tôkiô,
Inouyé

Paysage
sur papier
H. 45 cm.

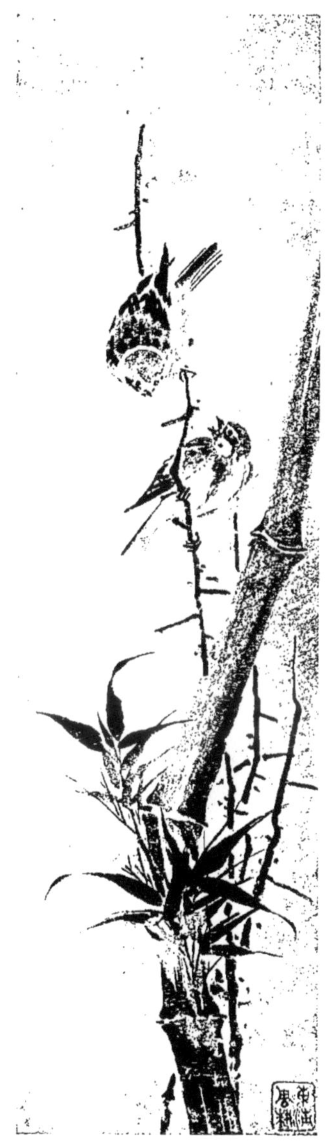

Shoukô, *Osaka, Ouyéno*
Japon (2e moitié du 15e siècle)
Moineaux sur un bambou
sur papier
H. 62 cm.

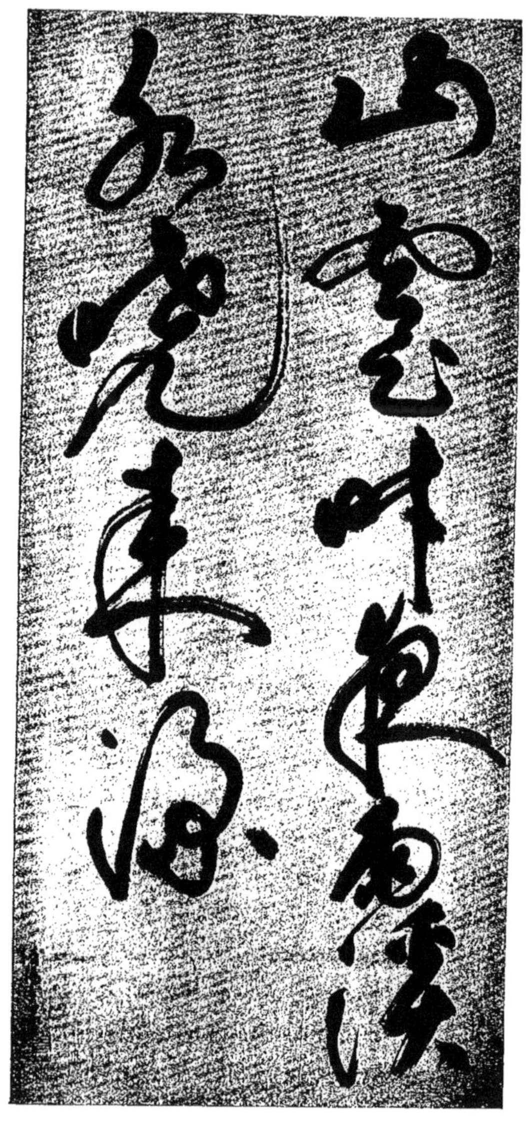

Sesshou,
Japon (1420—1506)

Tôkiô,
Misogouchi

Calligraphie

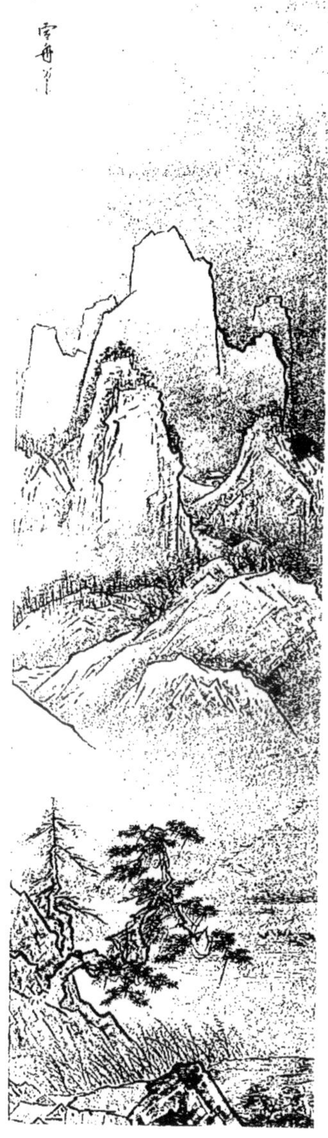

Sesshou,
Japon (1420—1506)

Tôkiô,
Kanaka

Paysage
sur papier

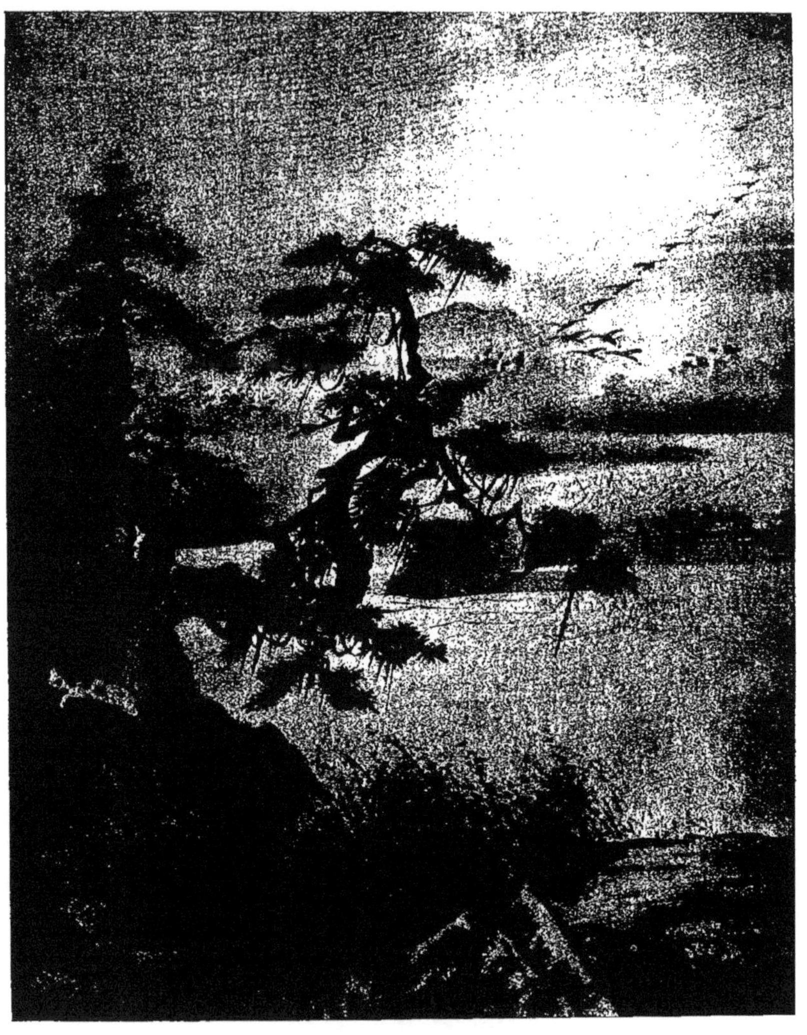

Détail de la planche 106

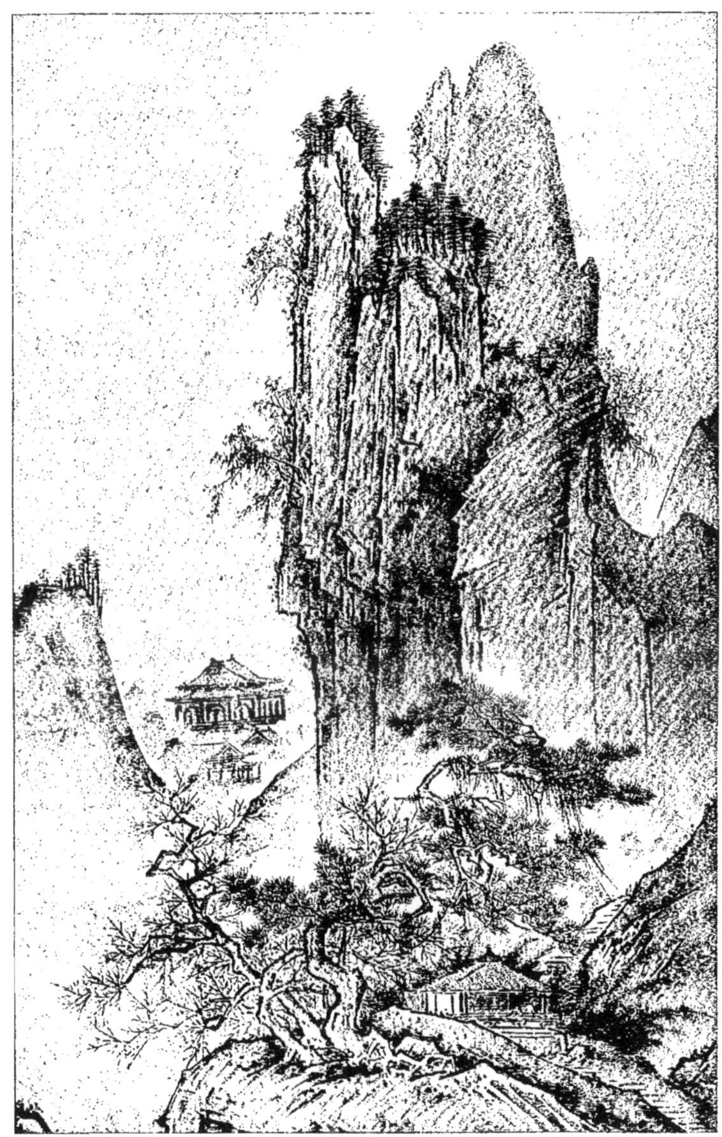

Sesshou,
Japon (1420—1506)

Le printemps
légèrement rehaussé
H. 70 cm.

Tôkiô,
Kouroda

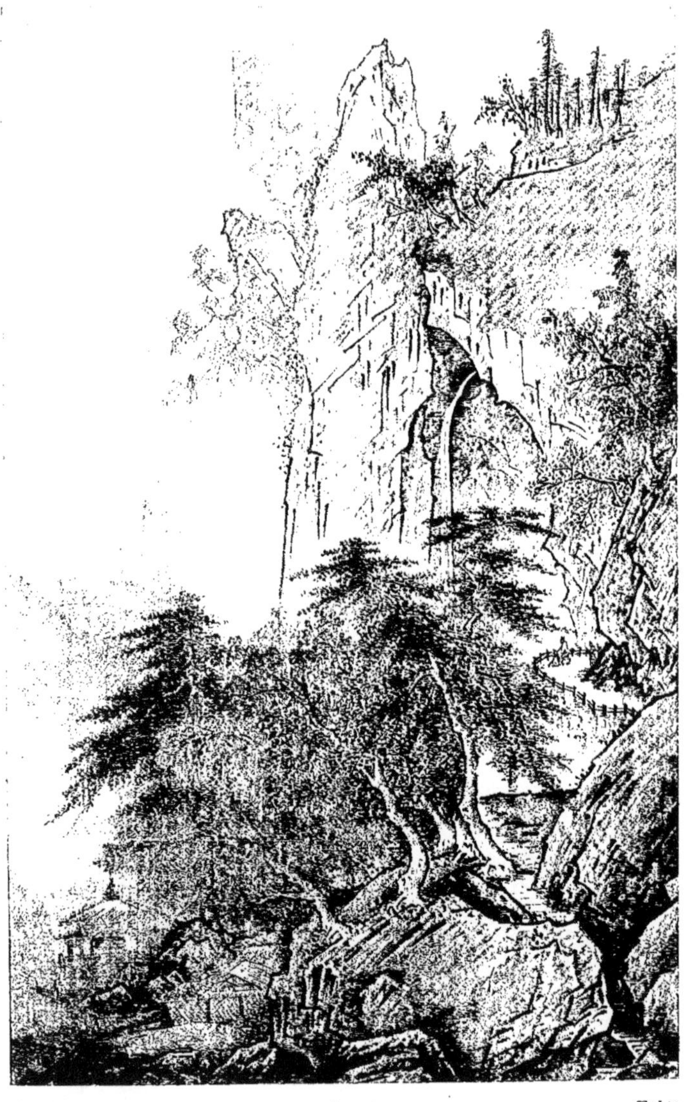

Sesshou,
Japon (1420—1506)

L'été
légèrement rehaussé
H. 70 cm.

Tôkiô,
Kouroda

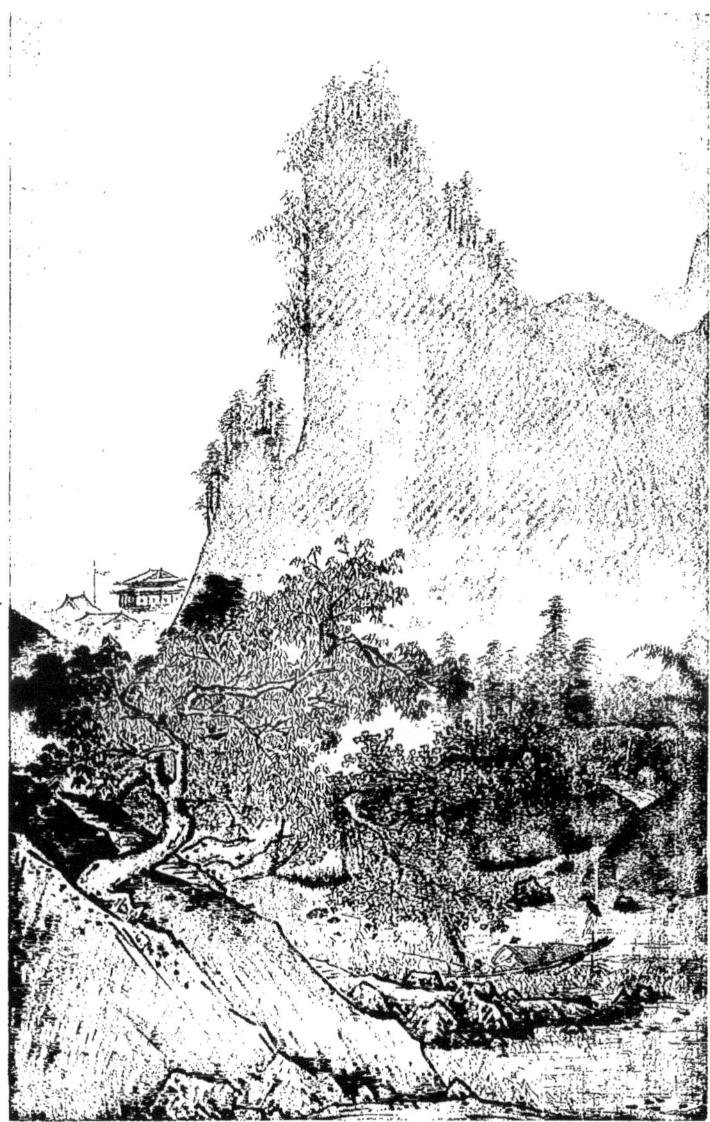

Sesshou,
Japon (1420—1506)

L'automne
légèrement rehaussé
H. 70 cm.

Tôkiô,
Kouroda

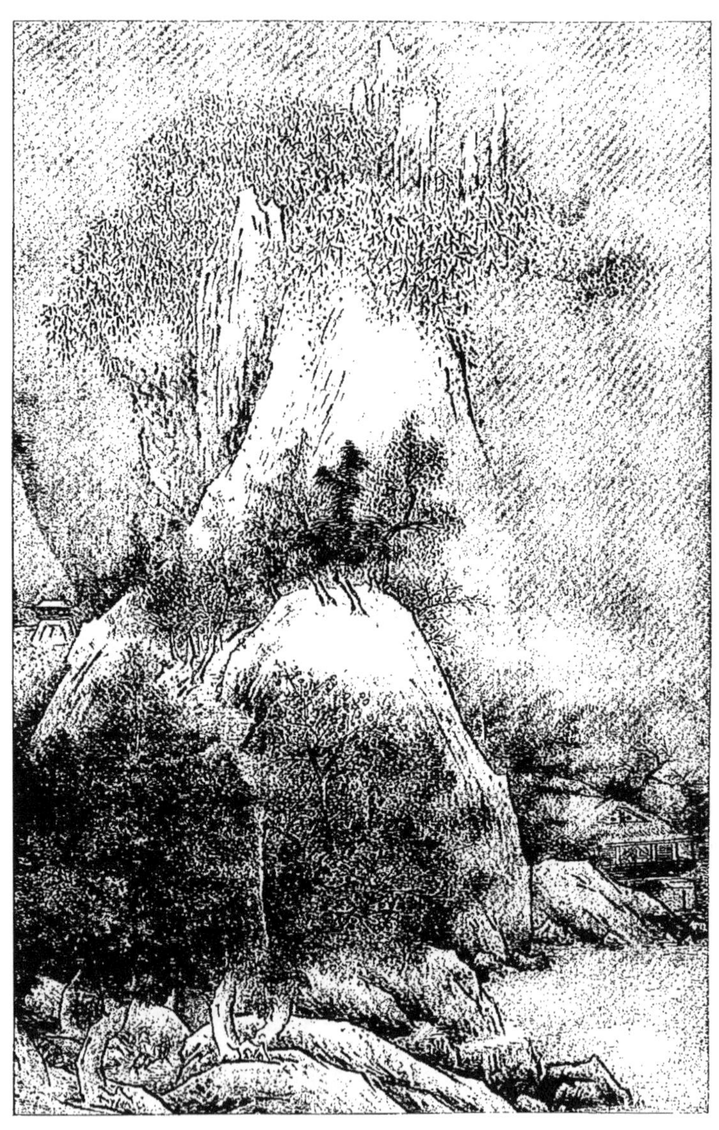

Sesshou,
Japon (1420—1506)

L'hiver
légèrement rehaussé
H. 70 cm.

Tôkiô,
Kouroda

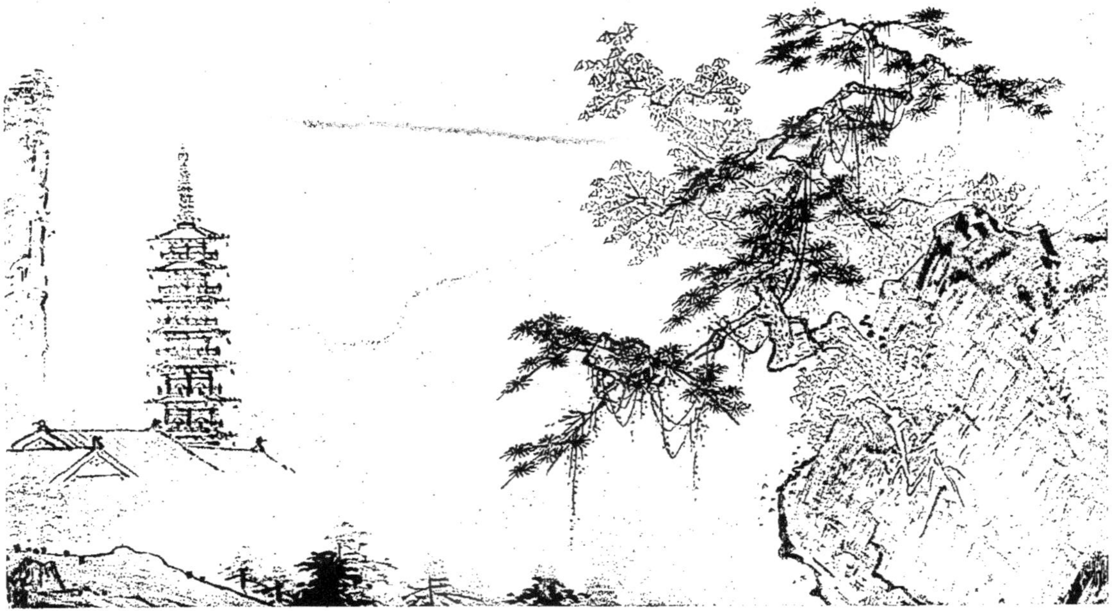

Sesshou, Japon (1420–1506) *Tôkiô, Môri*

Paysage (détail)

sur papier; légèrement rehaussé

H. 38 cm.

112

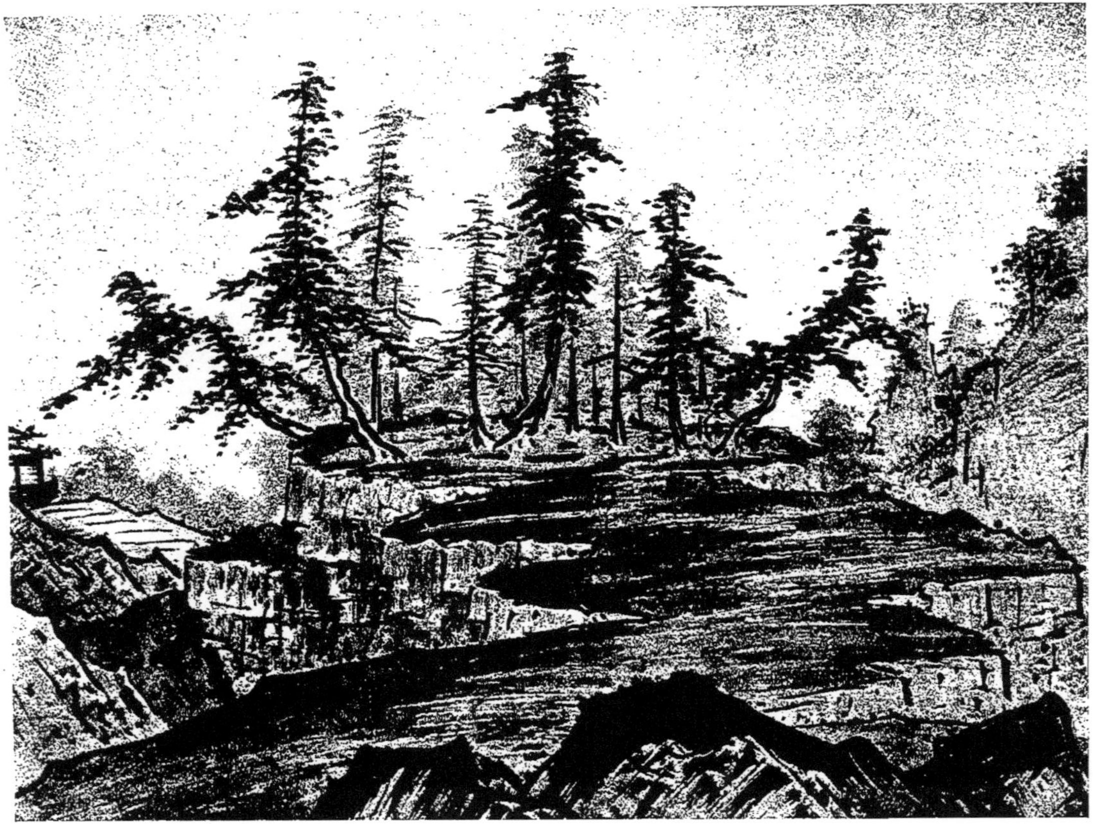

Sesshou, Japon (1420—1506) *Paysage (détail)* *Tôkiô, Môri*

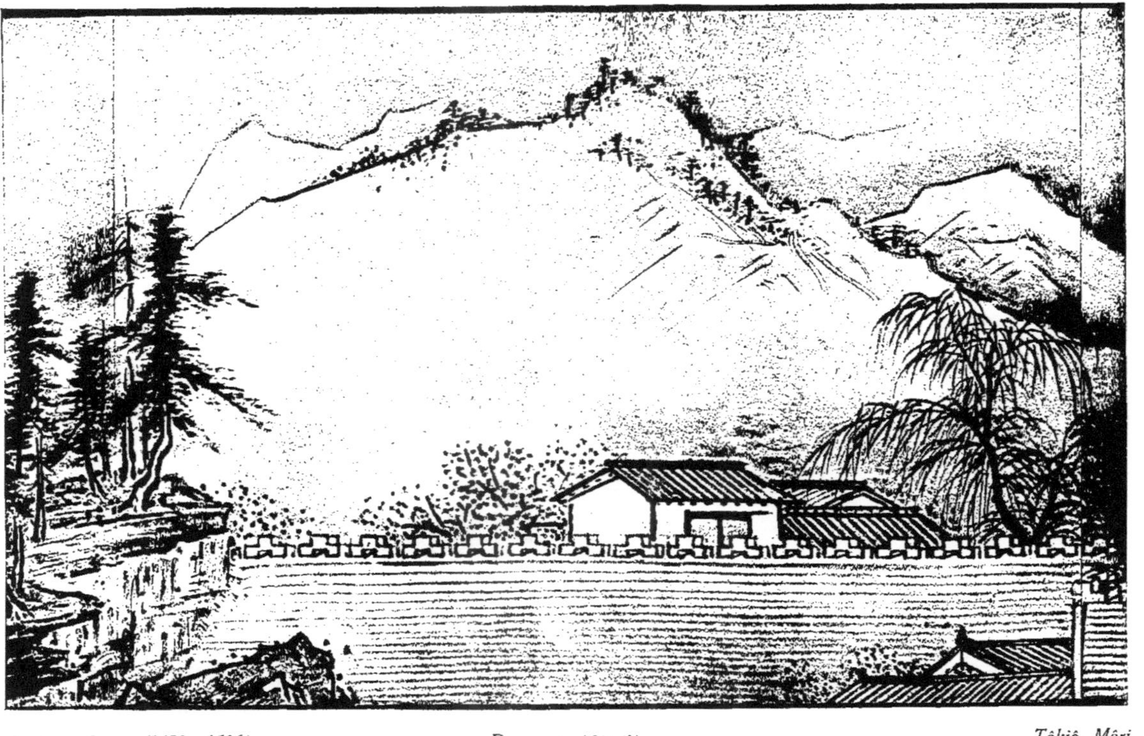

Sesshou, Japon (1420—1506) — *Paysage (détail)* — *Tôkiô, Môri*

sur papier; légèrement rehaussé

H. 38 cm.

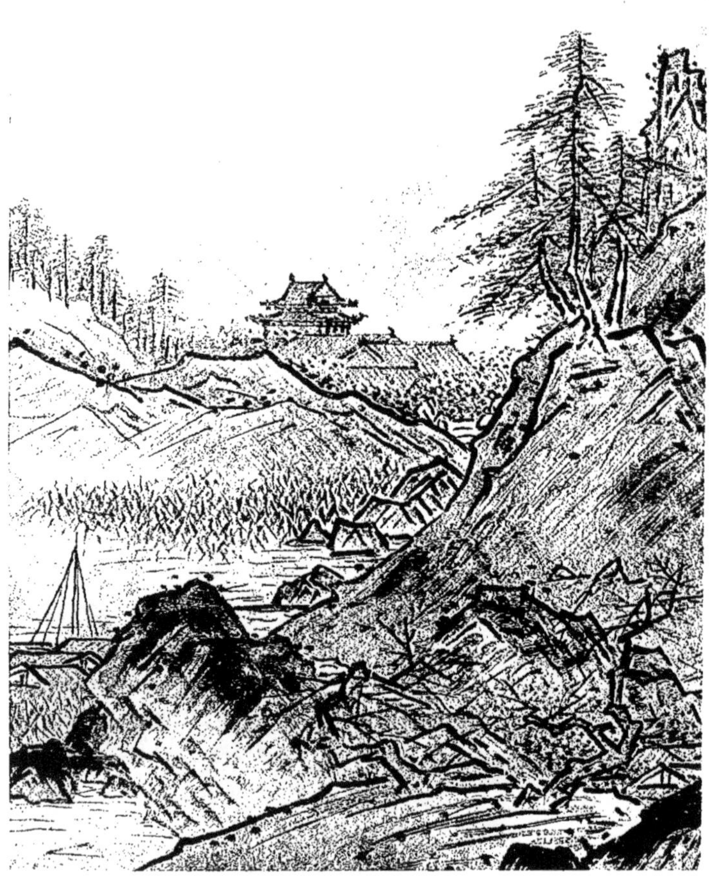

Sesshou,
Japon (1420—1506)

L'été
sur papier
H. 45 cm.

Manshouin,
Kiôto

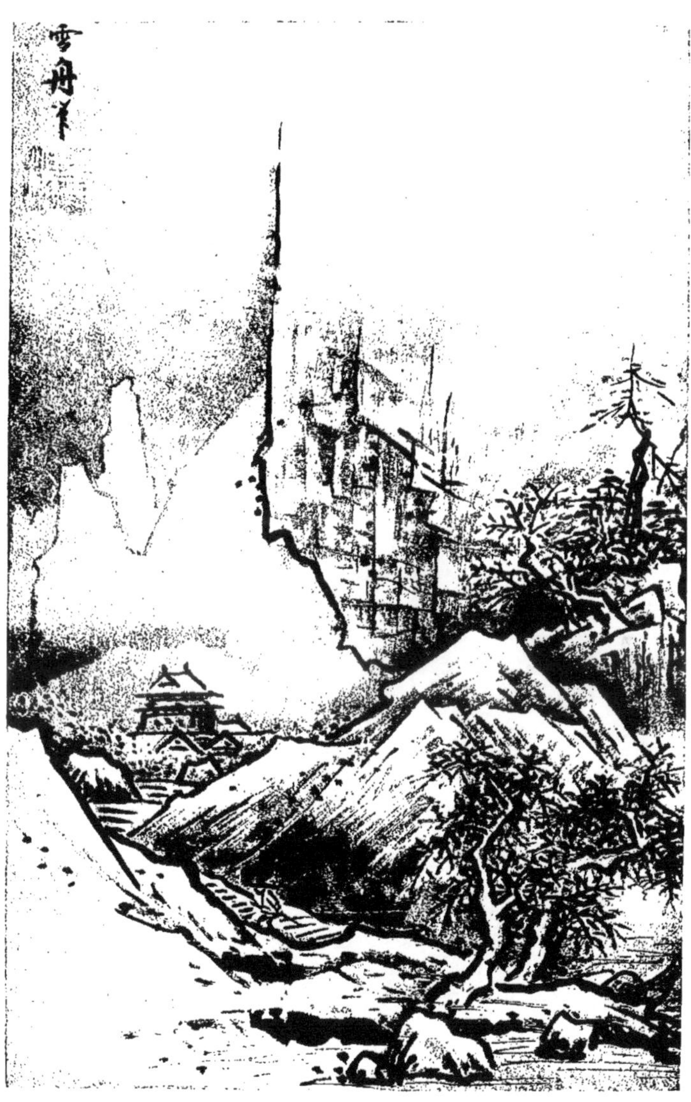

Sesshou,
Japon (1420—1506)

L'hiver
sur papier
H. 45 cm.

Manshouin,
Kiôto

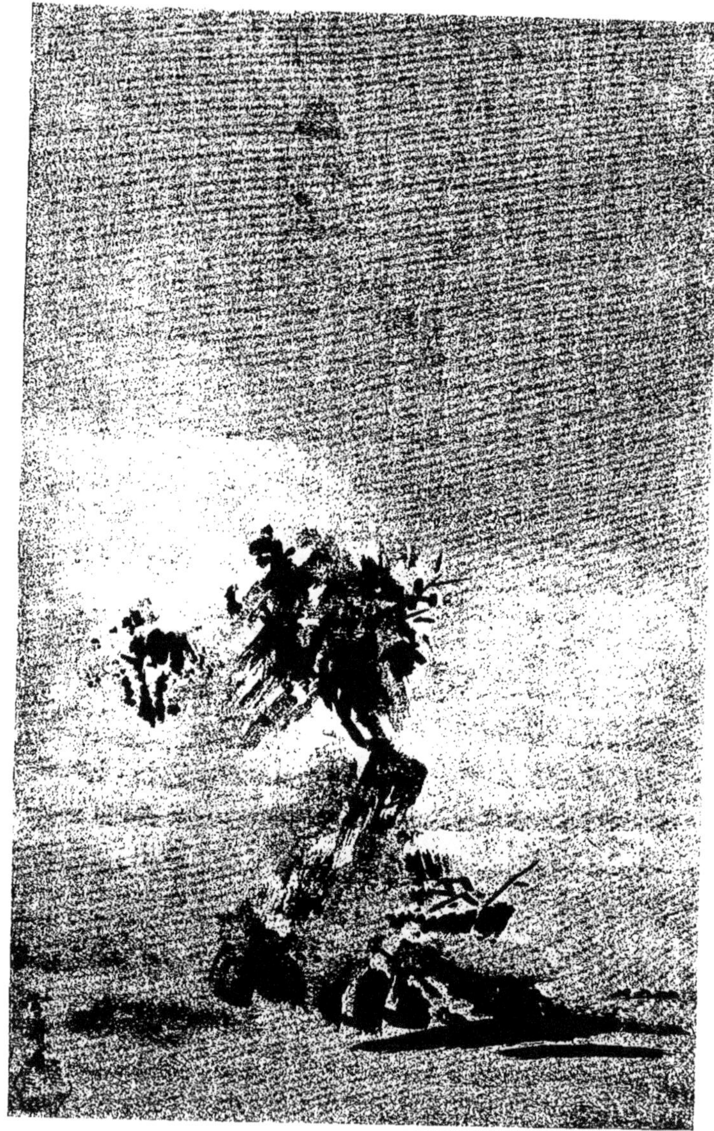

Sesshou,
Japon (1420—1506)

Paysage *(détail)*
sur papier
H. 32 cm.

Tôkiô,
Musée

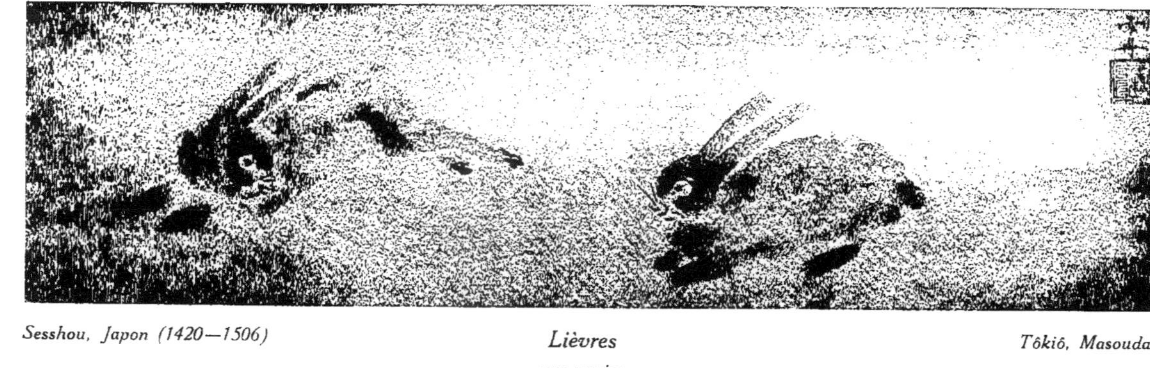

Sesshou, Japon (1420—1506) — **Lièvres** — *Tôkiô, Masouda*

sur papier

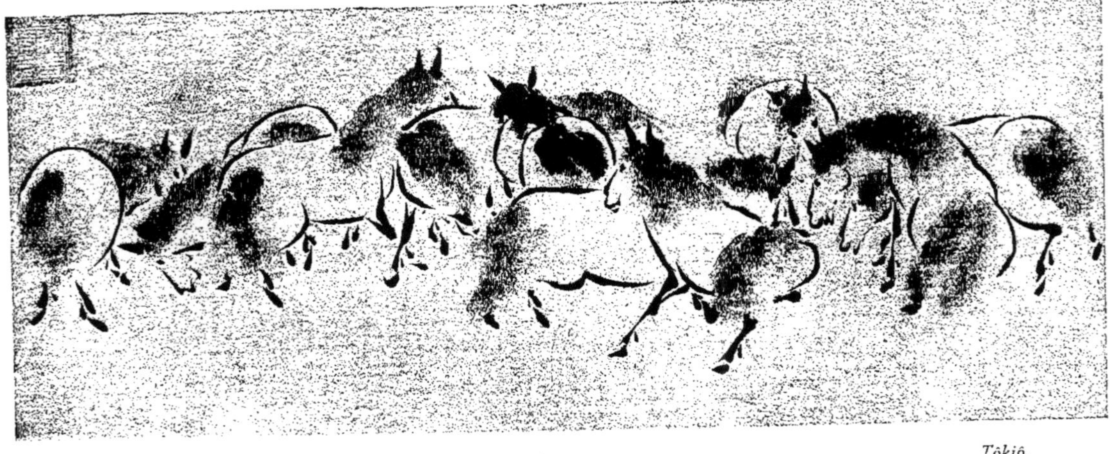

Sesshou. Japon (1420—1506)

Chevaux
sur papier

Tôkiô,
Académie des Beaux-Arts

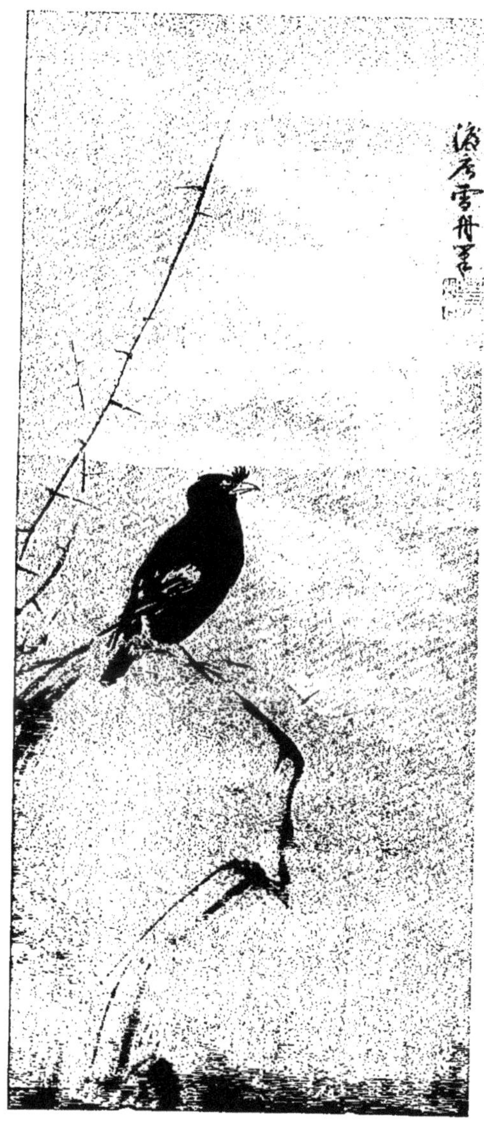

Sesshou,
Japon (1420—1506)

Étourneau
sur papier
H. 77 cm.

Corée,
Miyabé

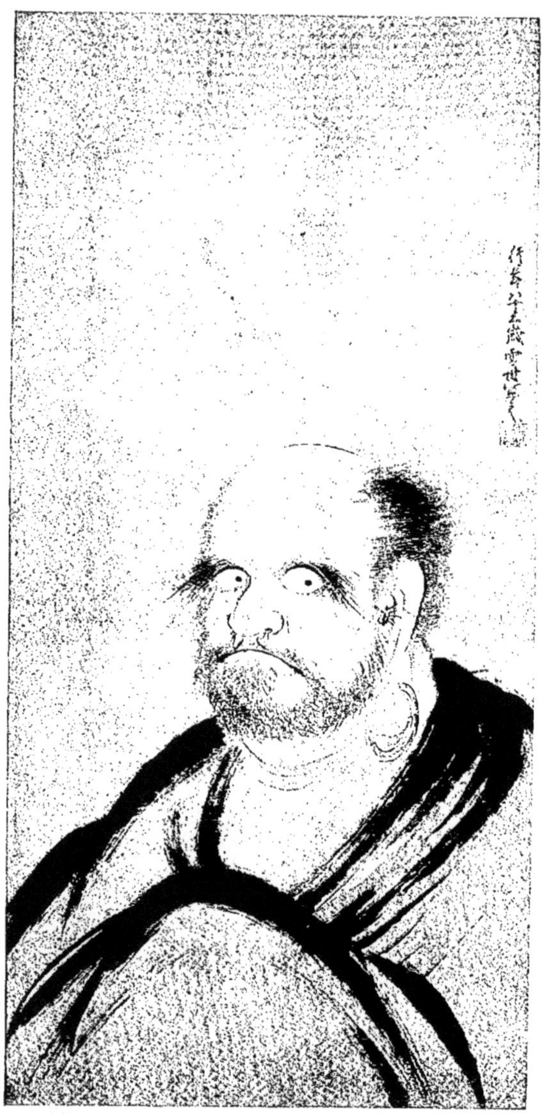

Sesshou,
Japon (1420—1506)

Dharma
sur papier
H. 115 cm.

Tôkiô,
Satakė

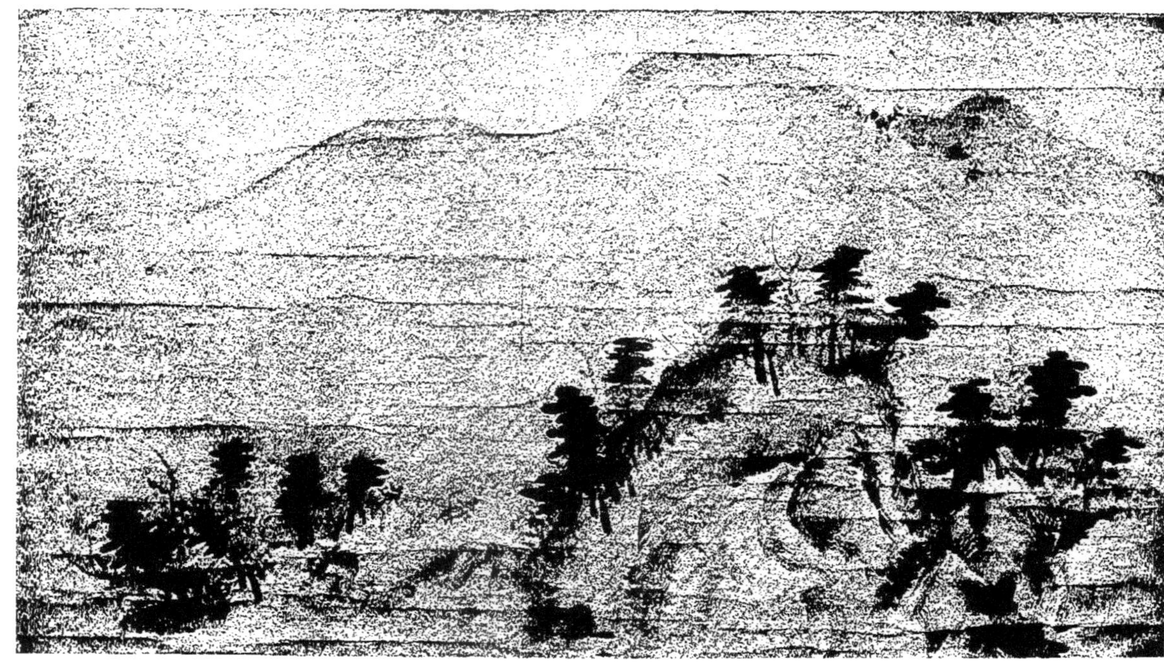

Sesson, Japon (vers 1480–1560) *Paysage* *Konchiin, Kiôto*

sur papier

L. 102 cm.

122

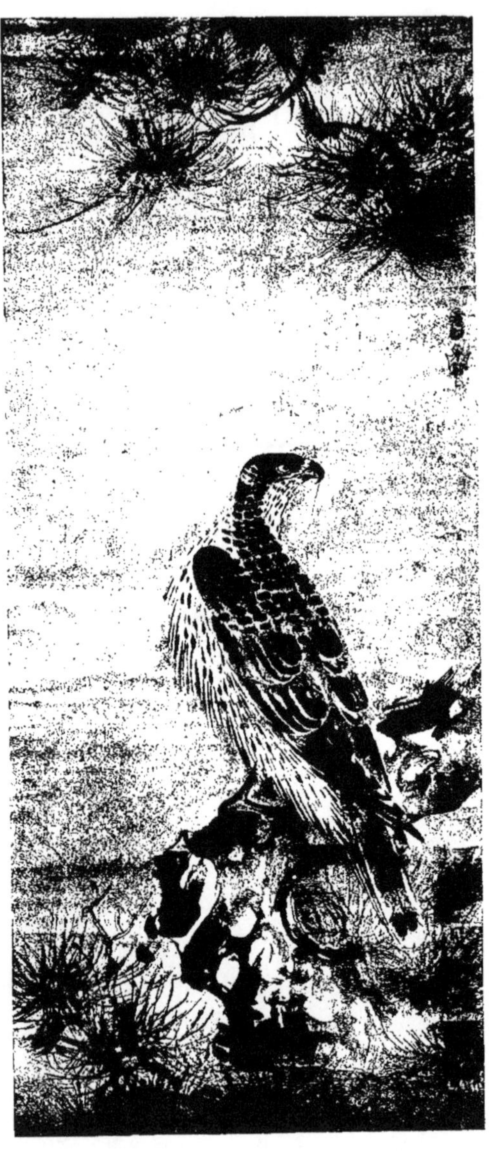

Sesson,
Japon (vers 1480-1560)

Faucon
sur papier
H. 127 cm.

Manshouin,
Kiôto

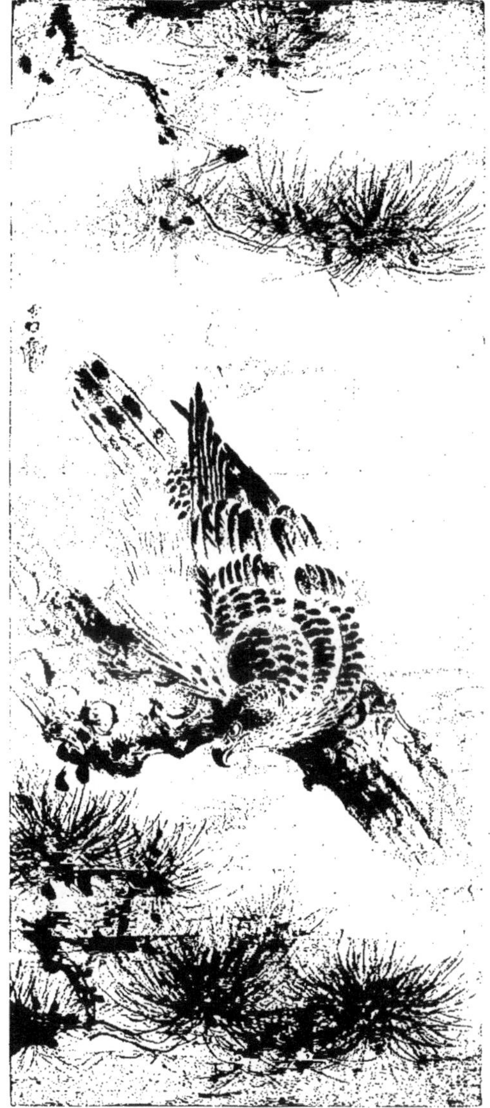

Sesson,
Japon (vers 1480-1560)

Faucon
sur papier
H. 127 cm.

Manshouin,
Kiôto

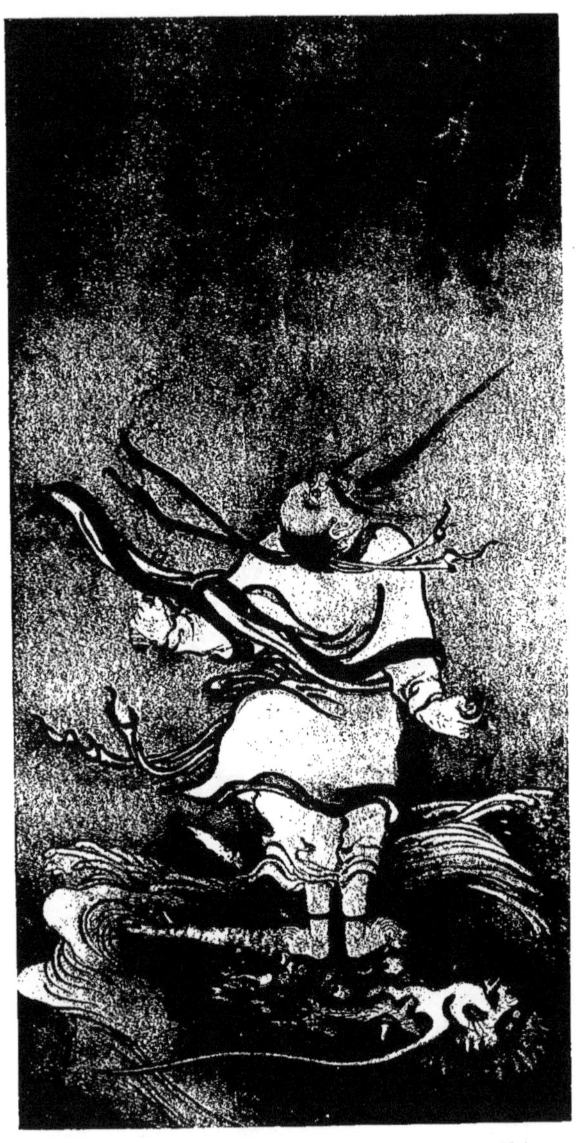

Sesson,
Japon (vers 1480-1560

LouToung-Pin
sur papier
H. 121 cm.

Tôkiô,
Masouda

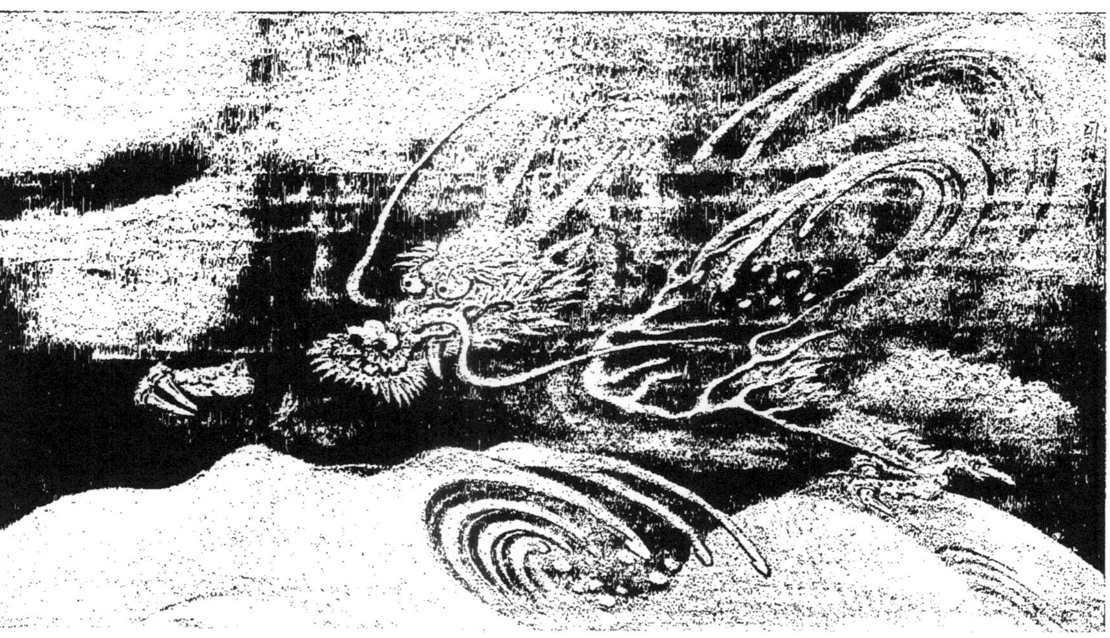

Sesson,
Japon (vers 1480—1560)

Dragon
sur papier

Tôkiô?

Sesson, Japon (vers 1480—1560) — *La tempête* — Tôkiô, Satake

sur papier; légèrement rehaussé

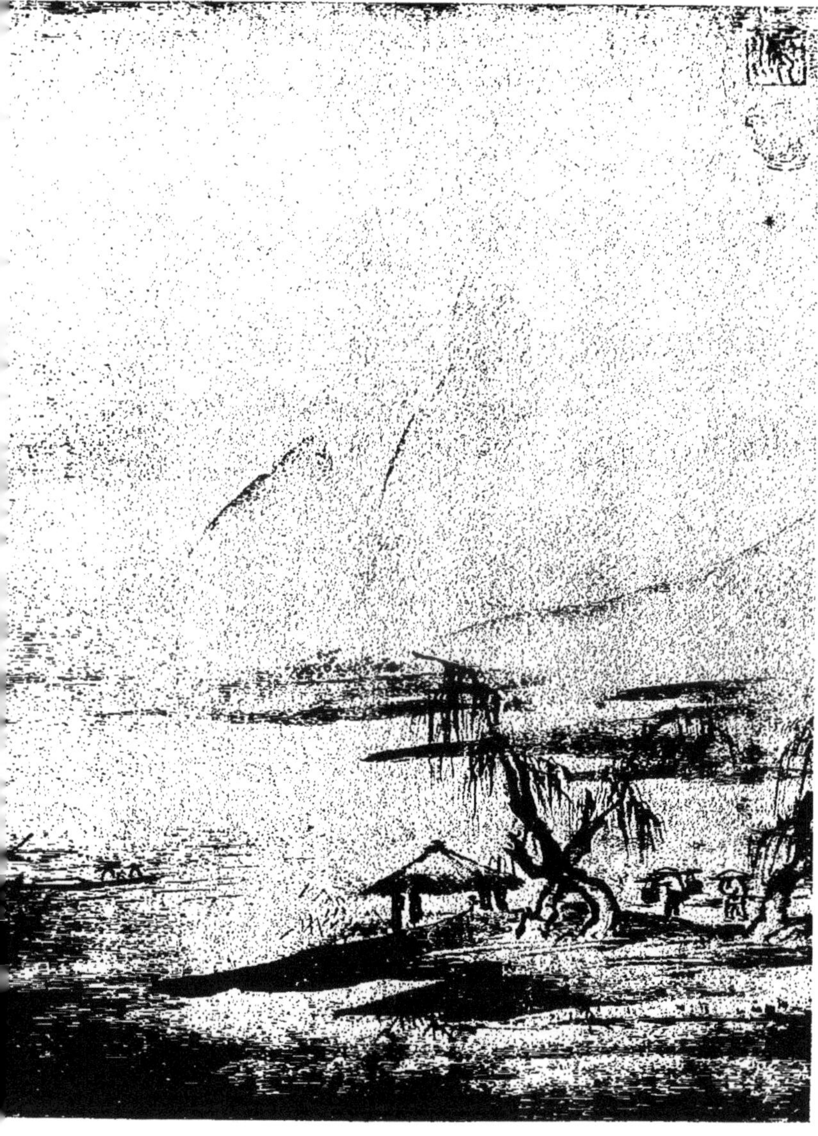

…ên,
…on (15e siècle)

Rivage
sur papier
H. 38 cm.

Tôkiô,
Foukouoka

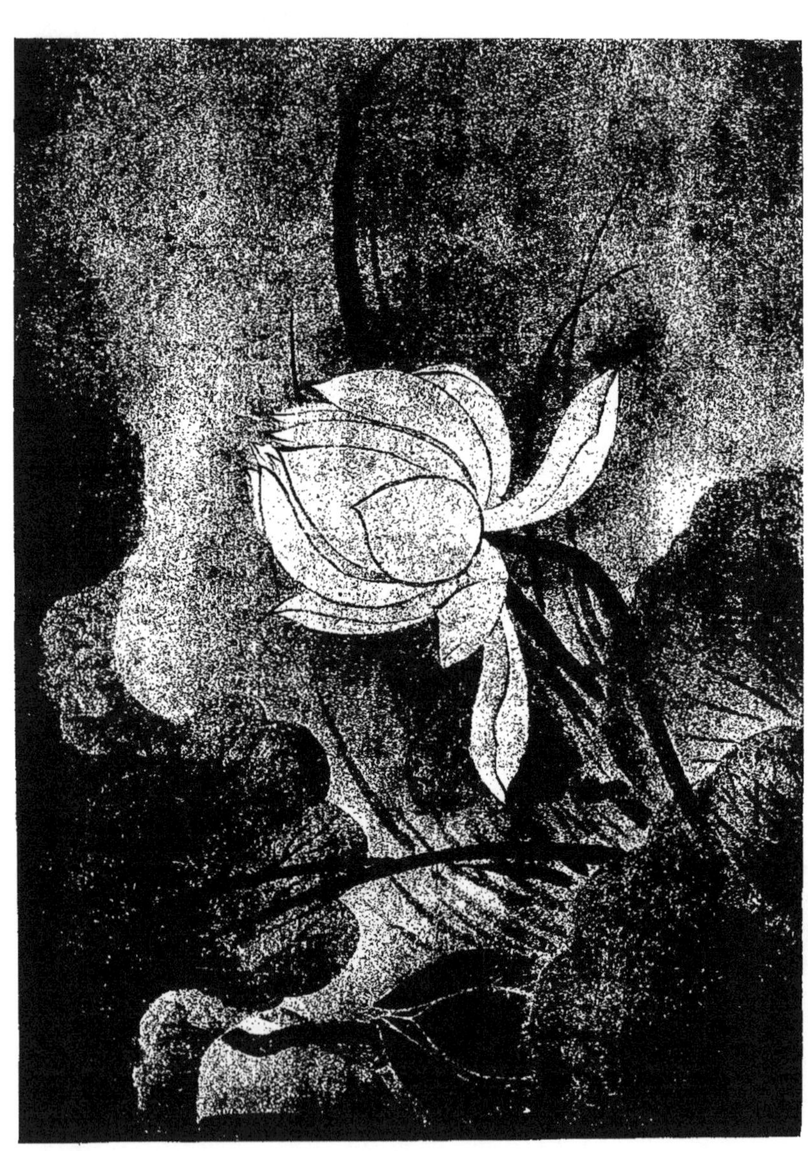

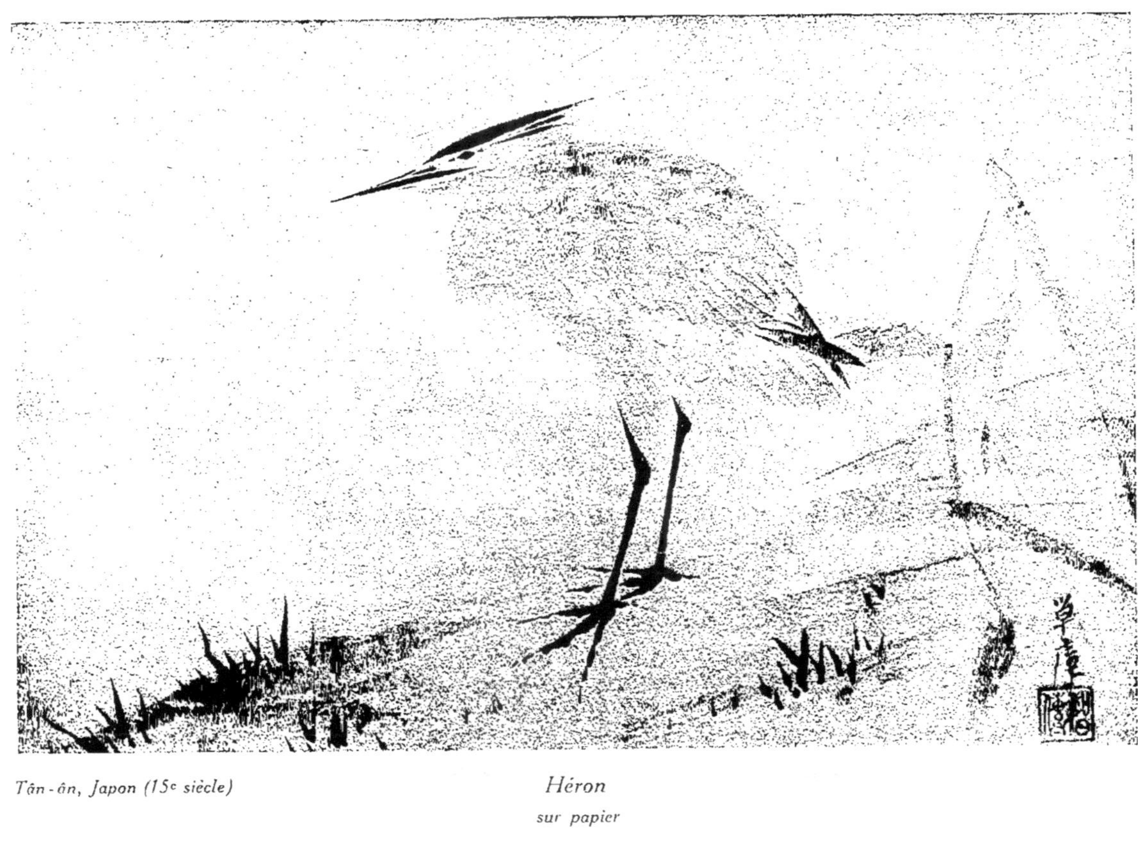

Tân-ân, Japon (15e siècle)

Héron

sur papier

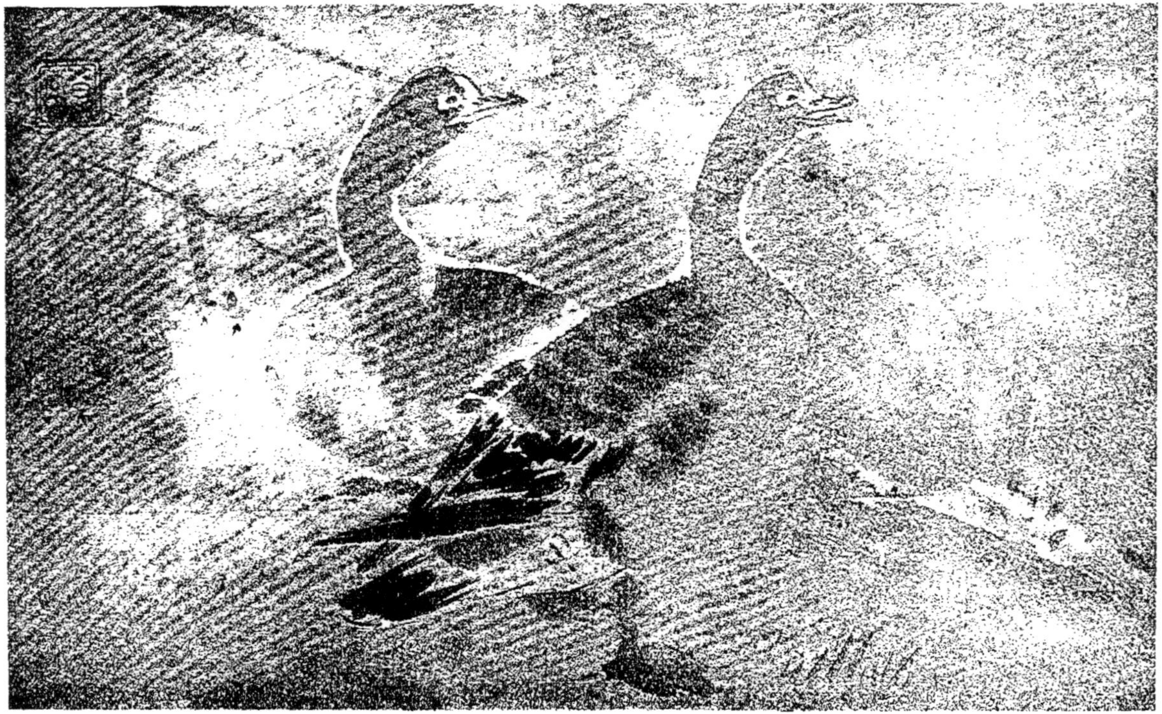

Ryôfou, Japon (15e siècle) *Oies sauvages* *Tôkiô, Foukouoka*

sur papier

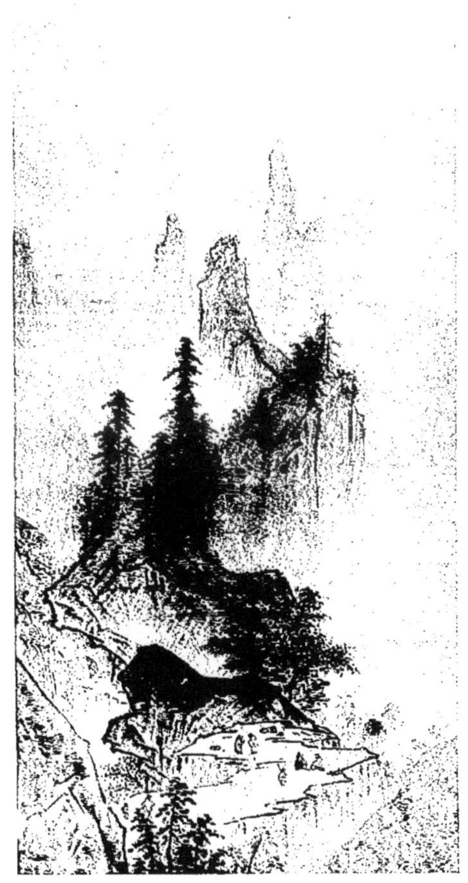

Shougetsou, *Yokohama,*
Japon (15e 16e siècle) *Hara*

Paysage

sur papier; légèrement rehaussé
H. 82 cm.

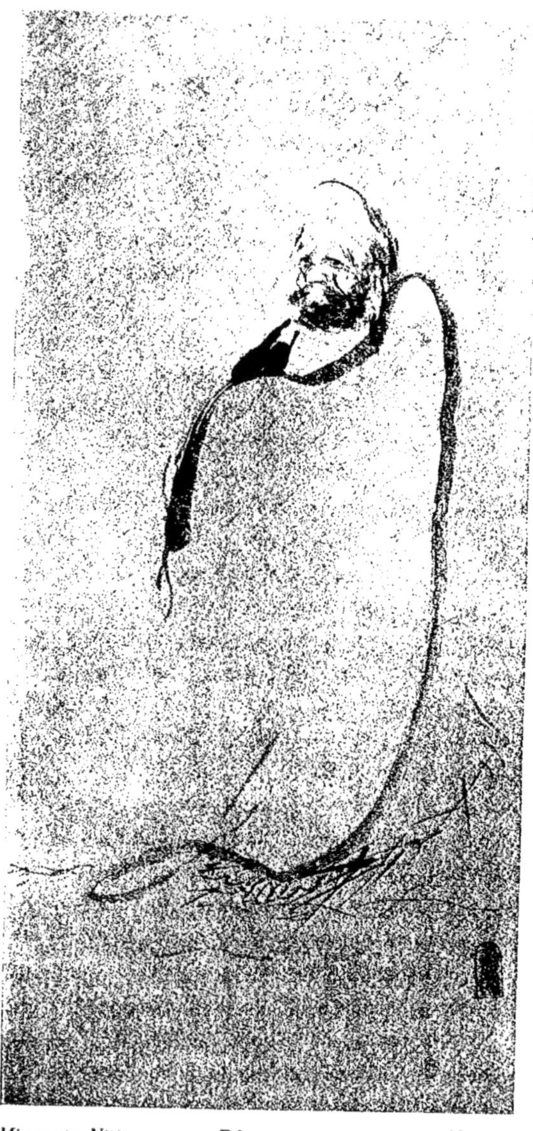

Miyamoto Nitên,
Japon (1582–1645)

Dharma
sur papier
H. 112 cm.

Nagoya,
Tokougawa

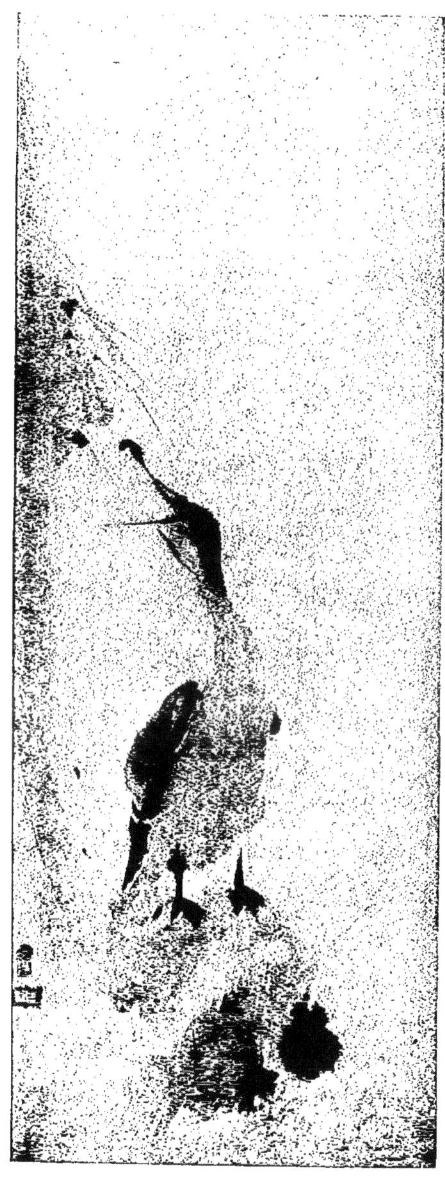

Miyamoto Nitên, Japon (1582-1645)

Pélican

sur papier

H. 135 cm.

Tôkiô, Matsoudaïra

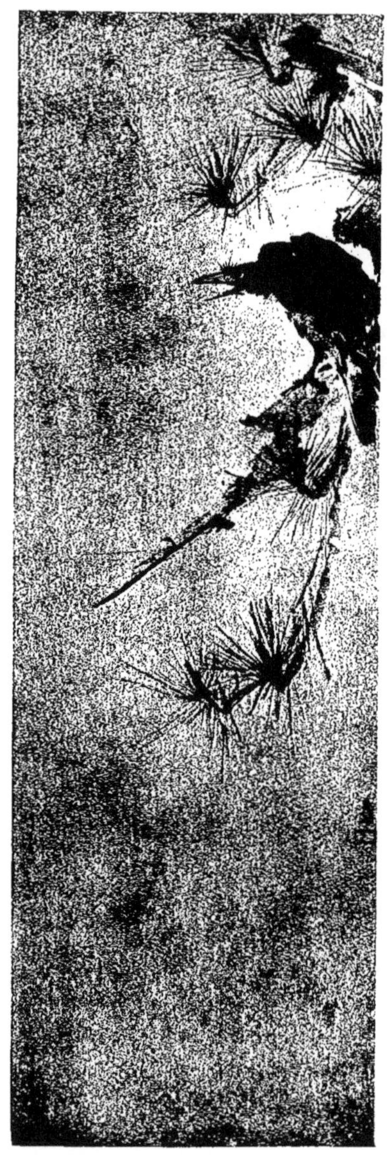

Miyamoto Nitên, *Tôkiô,*
Japon (1582—1645) *Matsoudaïra*

Corneille
sur papier
H. 135 cm.

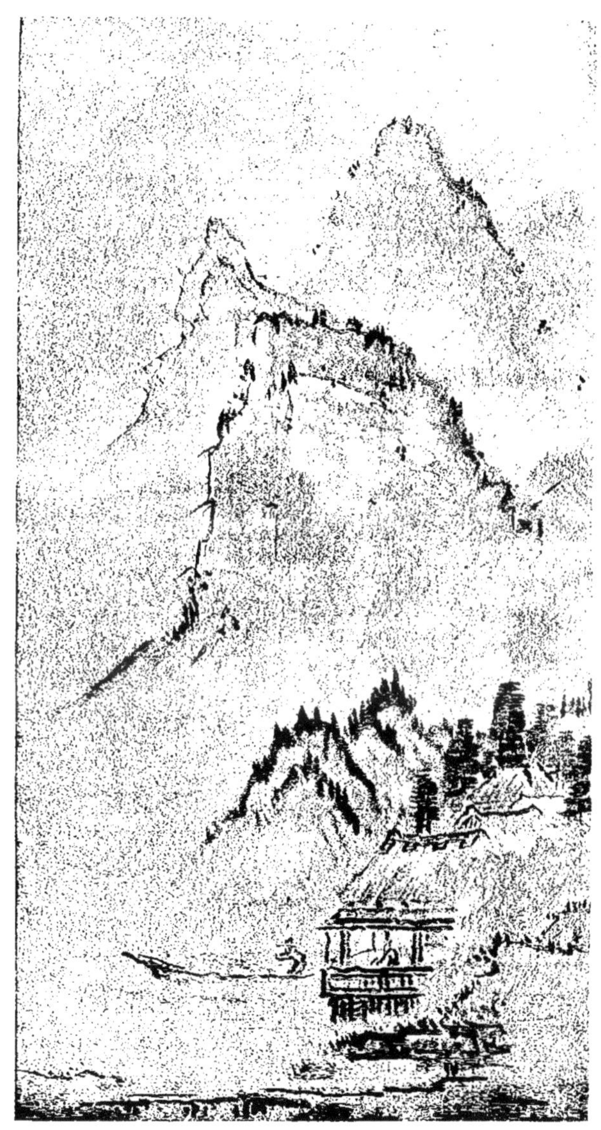

Miyamoto Nitên
Japon (1582–1645)

Paysage
sur papier

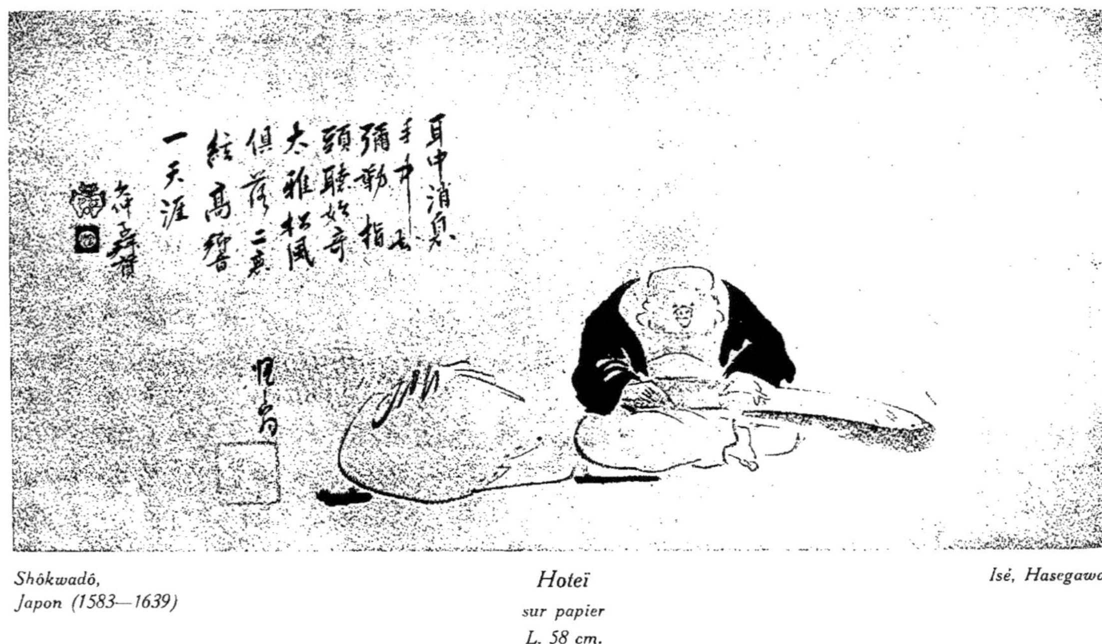

Shôkwadô,
Japon (1583—1639)

Hoteï
sur papier
L. 58 cm.

Isé, Hasegawa

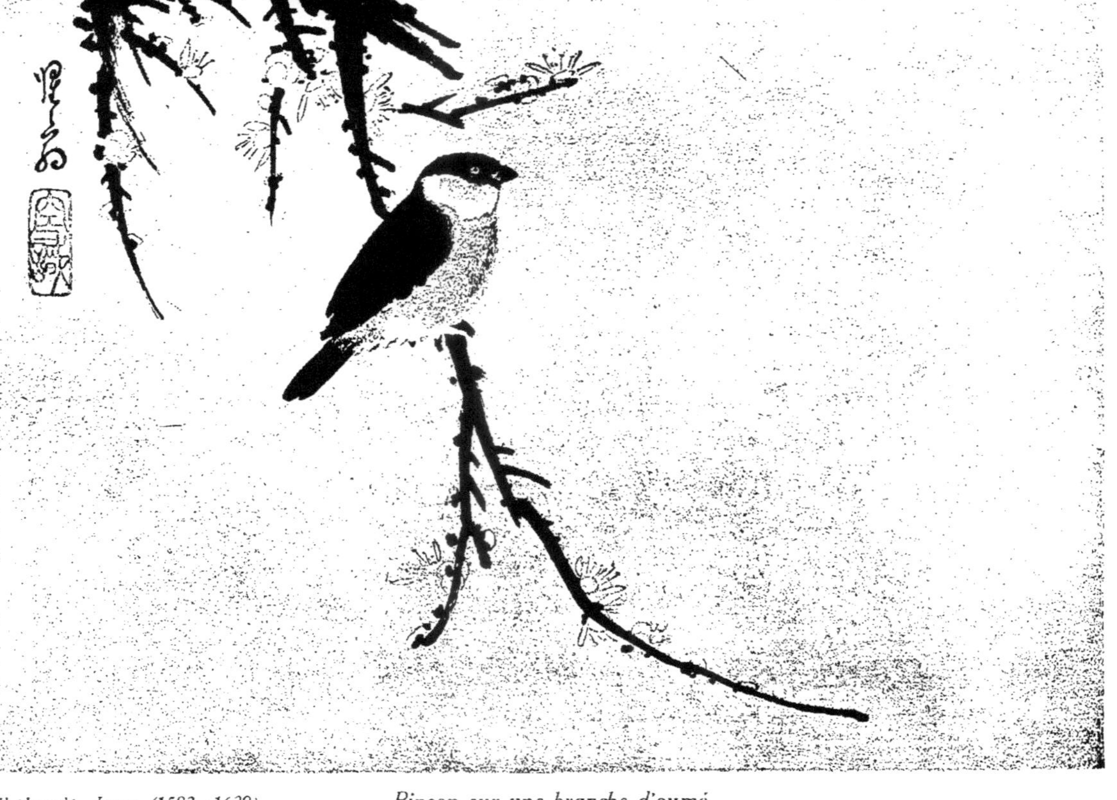

Shôkwadô, Japon (1583–1639)

Pinson sur une branche d'oumé

sur papier

légèrement rehaussé

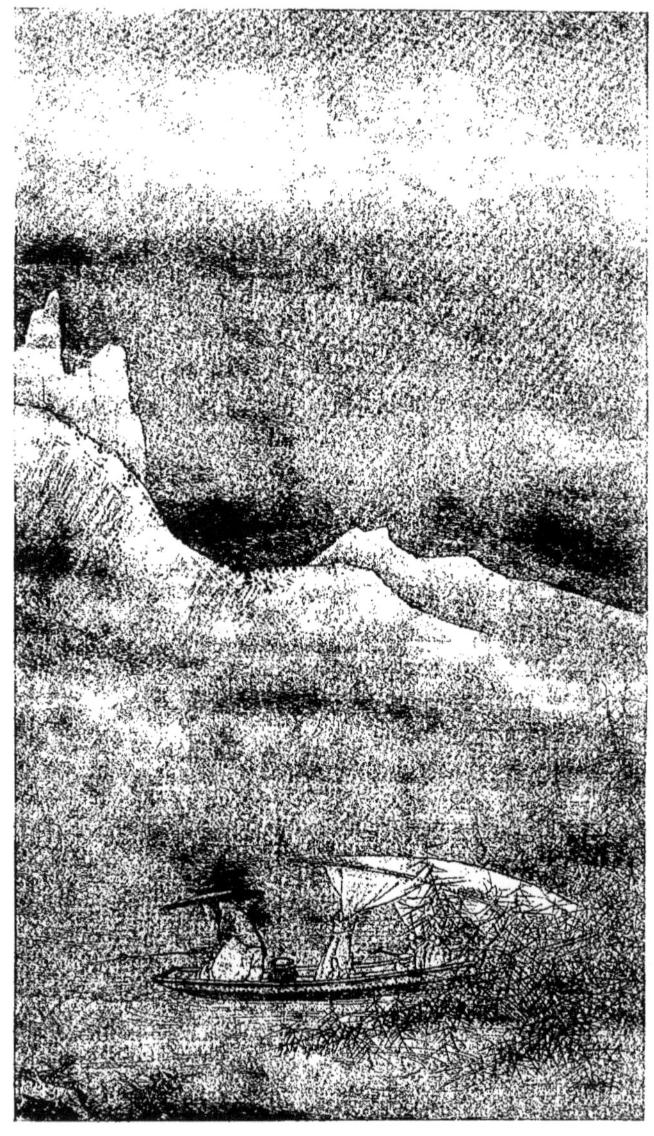

Kano Masanobou, *Tôkiô.*
Japon (1454 - début du 16e siècle) *Akimoto*

La pèche

sur papier; légèrement rehaussé

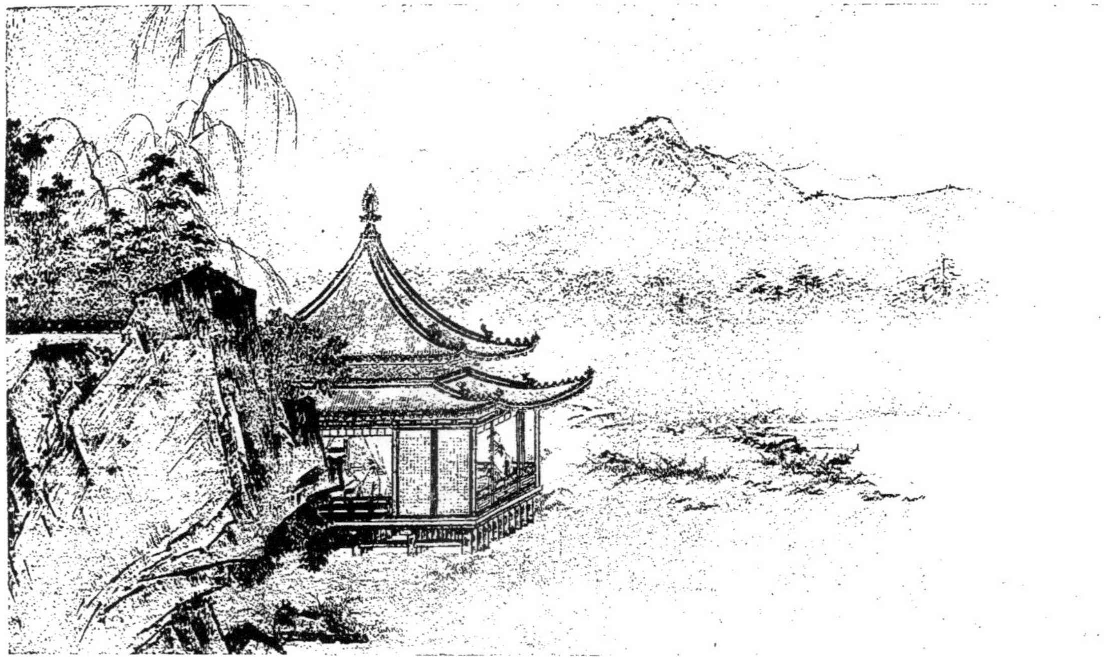

Kano Motonobou, Japon (1476—1559) *Konchiin, Kiôto*

Paysage d'automne

sur papier; légèrement rehaussé

T. 132 cm.

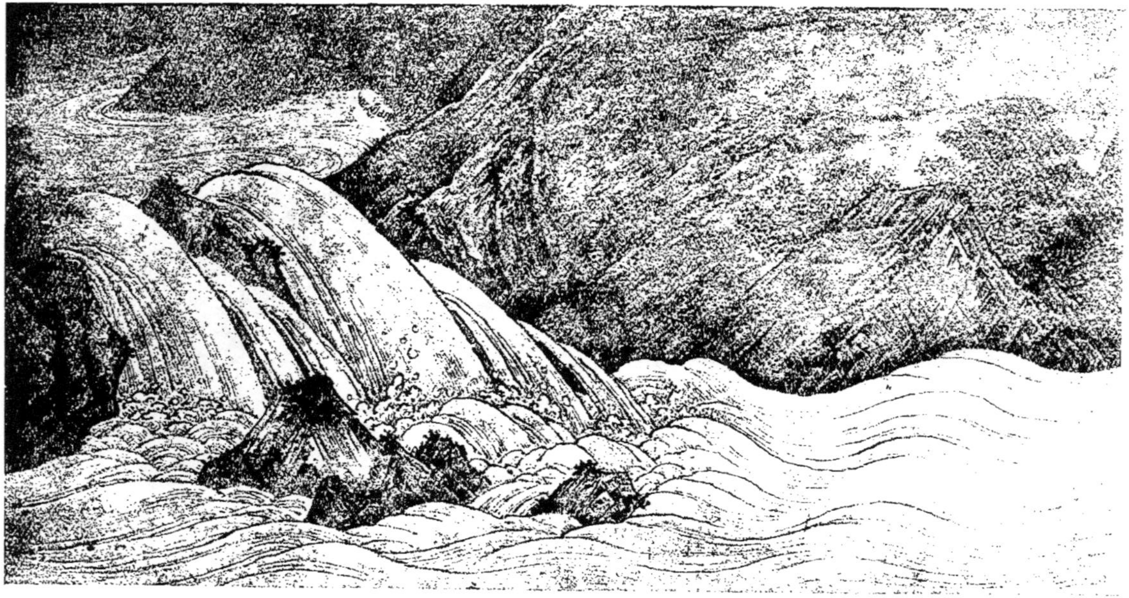

Kano Motonobou, Japon (1476—1559)

Cascade

sur papier

légèrement rehaussé

Tôkiô, Akimoto

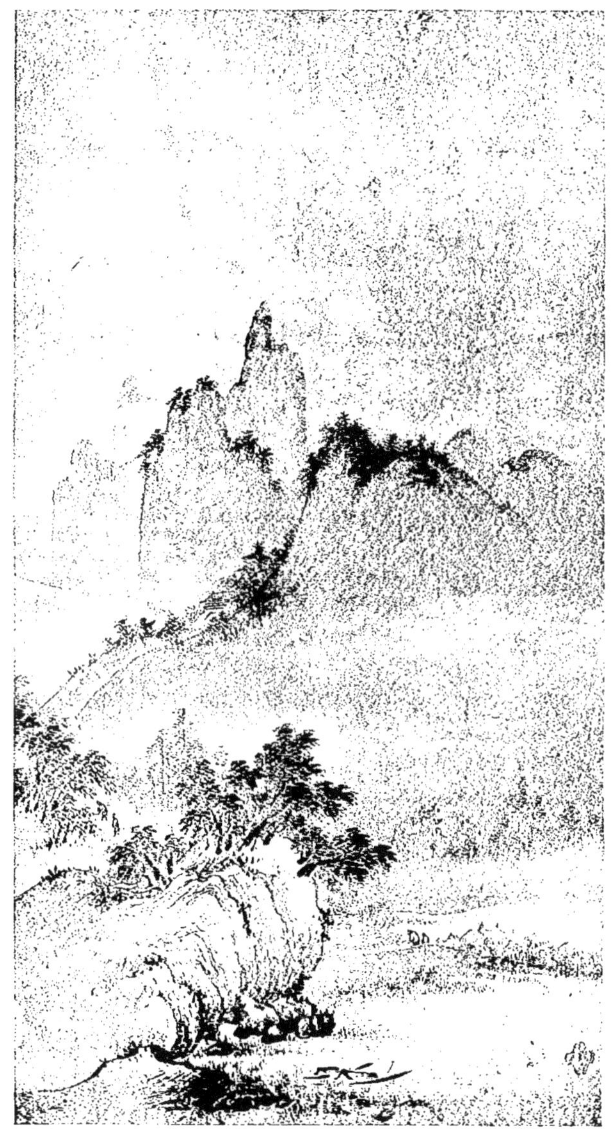

Kano Motonobou,
Japon (1476—1559)

Paysage
sur papier
H. 85 cm.

Tôkaïan,
Kiôto

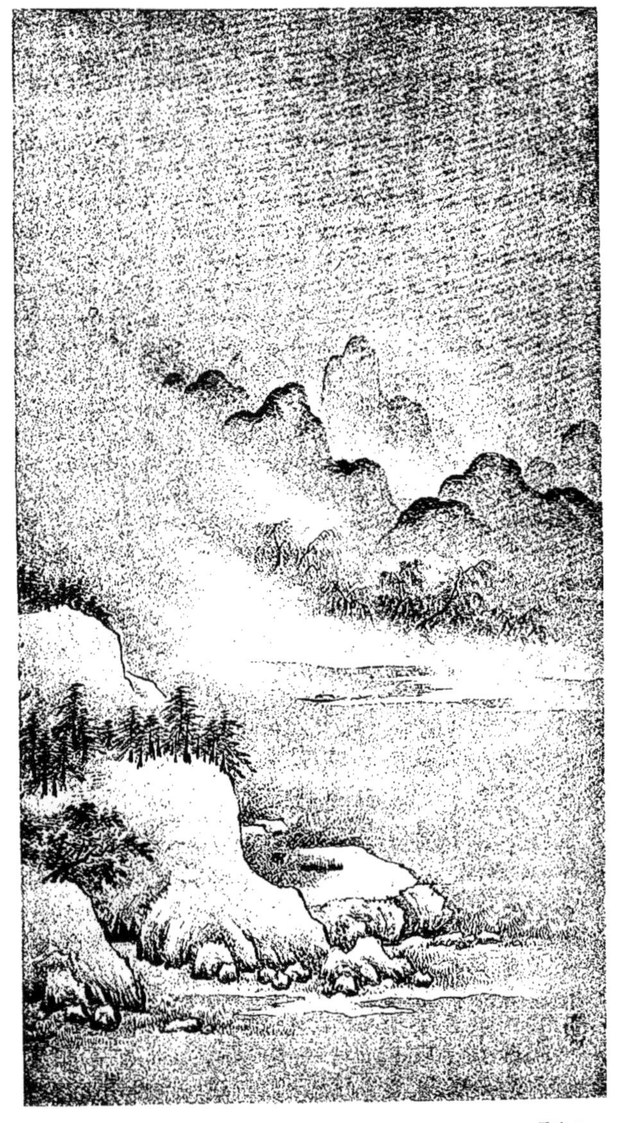

Kano Motonobou,
Japon (1476—1559)

Tempête de neige
sur papier
H. 85 cm.

Tôkaïan,
Kiôto

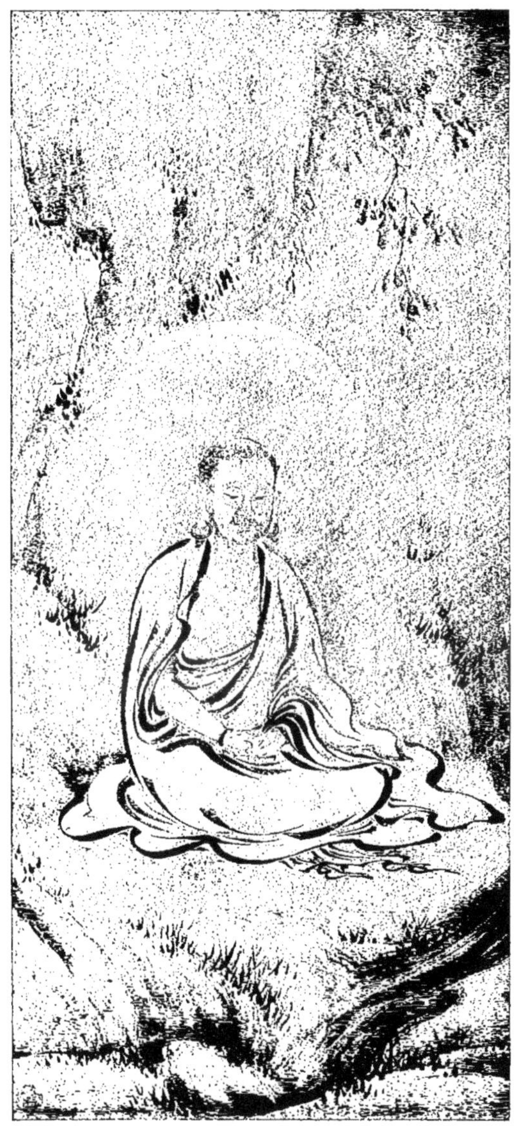

Kano Motonobou,
Japon (1476—1559)

Çakia
sur papier

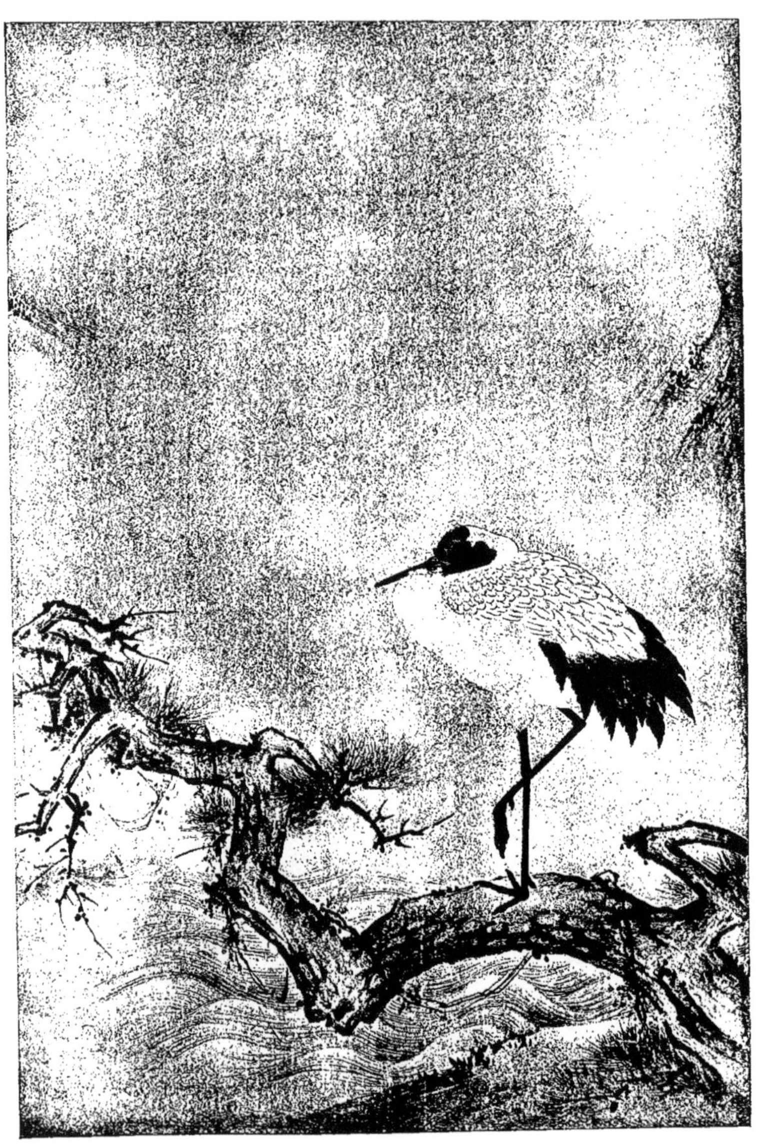

Kano Motonobou,
Japon (1476—1559)

Grue
sur papier; légèrement rehaussé
H. 175 cm.

Reiounin,
Kiôto

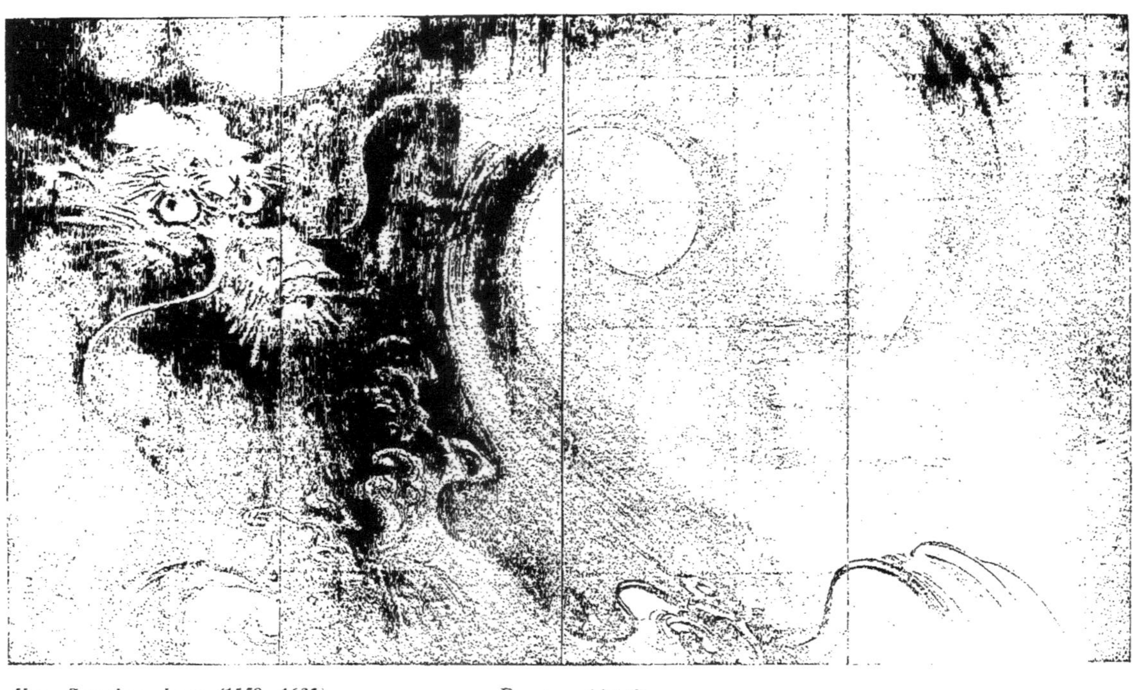

Kano Sanrakou, Japon (1558—1635)

Dragon *(détail)*
sur papier
H. 135 cm.

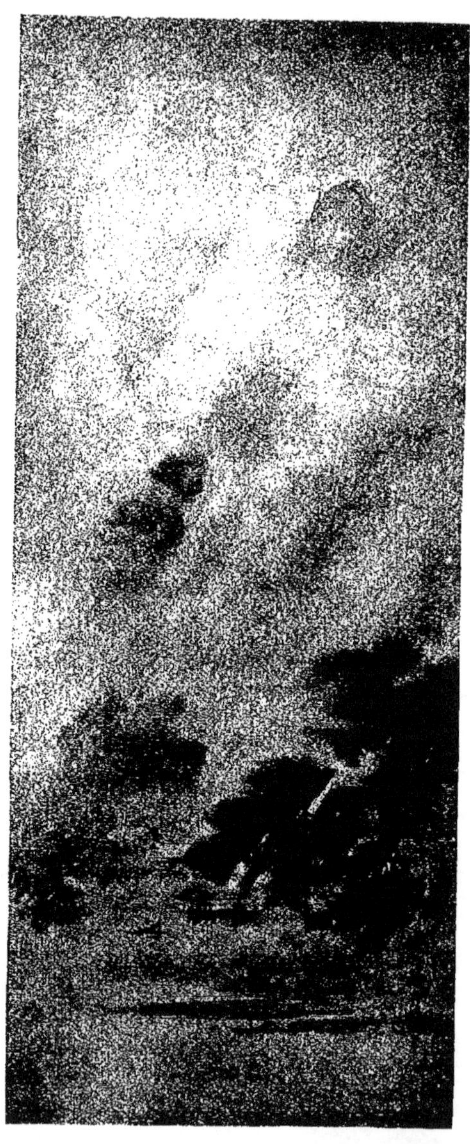

Kano Tanyou,
Japon (1601-1675)

L'averse
sur soie

Tôkiô,
Koubo

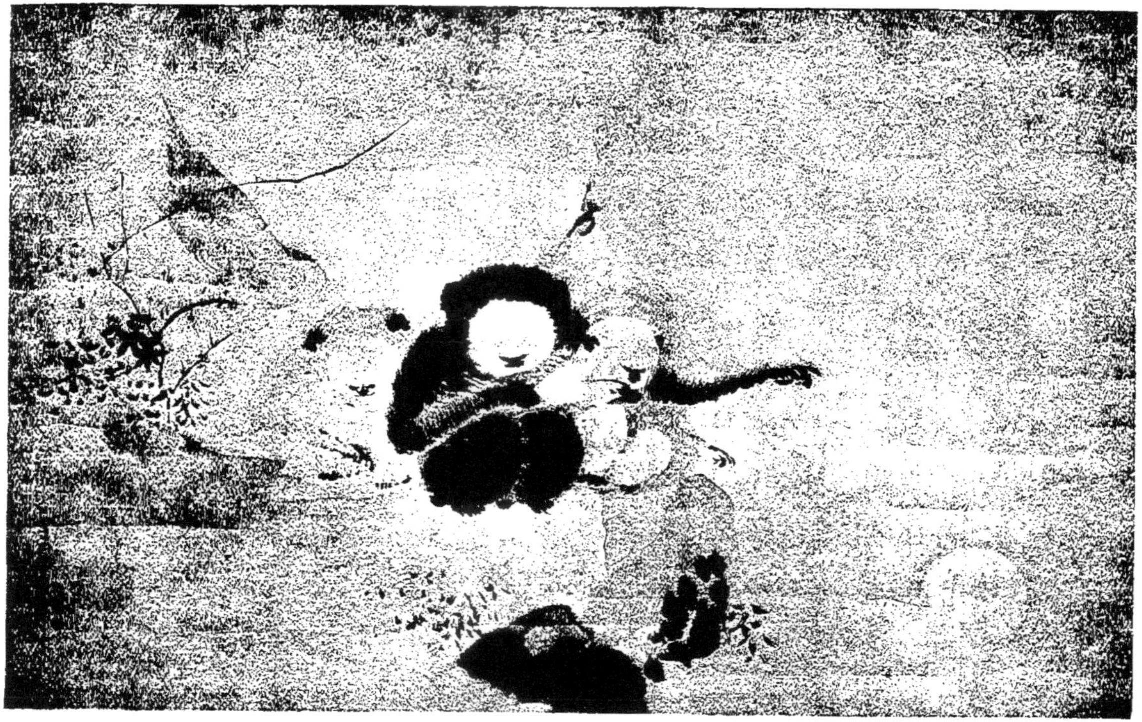

Morikaghé, Japon (17e siècle) — ***Singes et la lune*** — *Tôkiô, Mizogouchi*

sur papier; légèrement rehaussé

L. 58 cm.

148

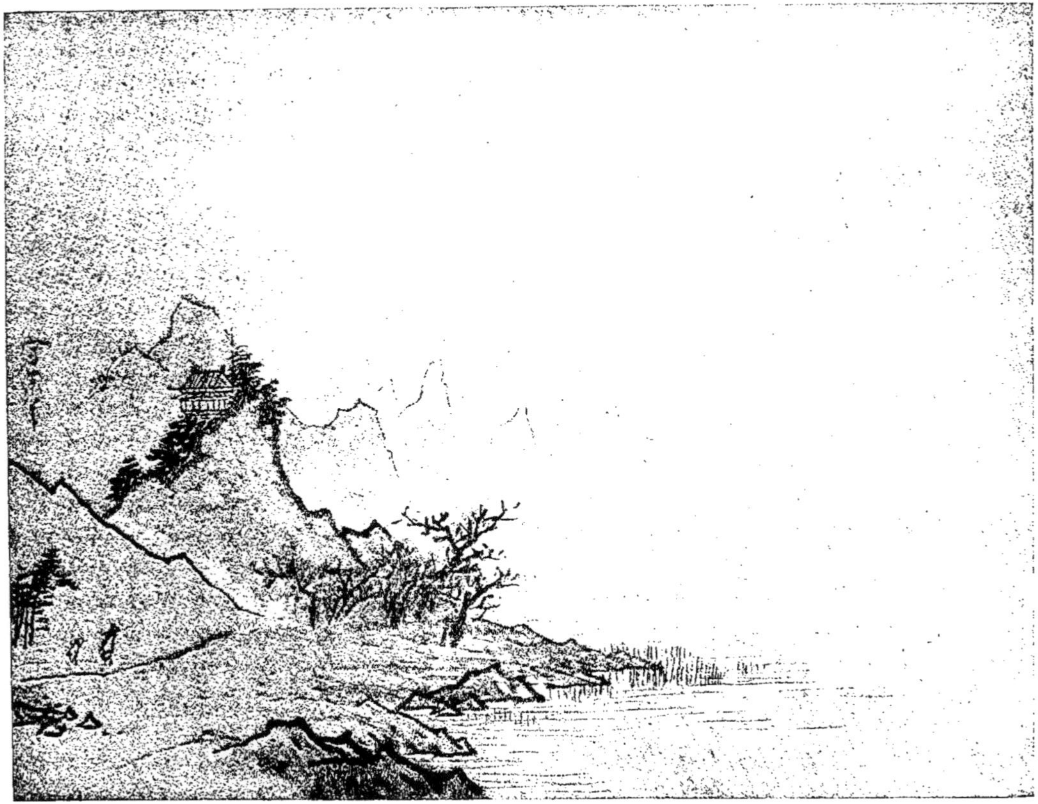

Morikaghé, Japon (17e siècle) Paysage *Tôkiô, Foukouoka*

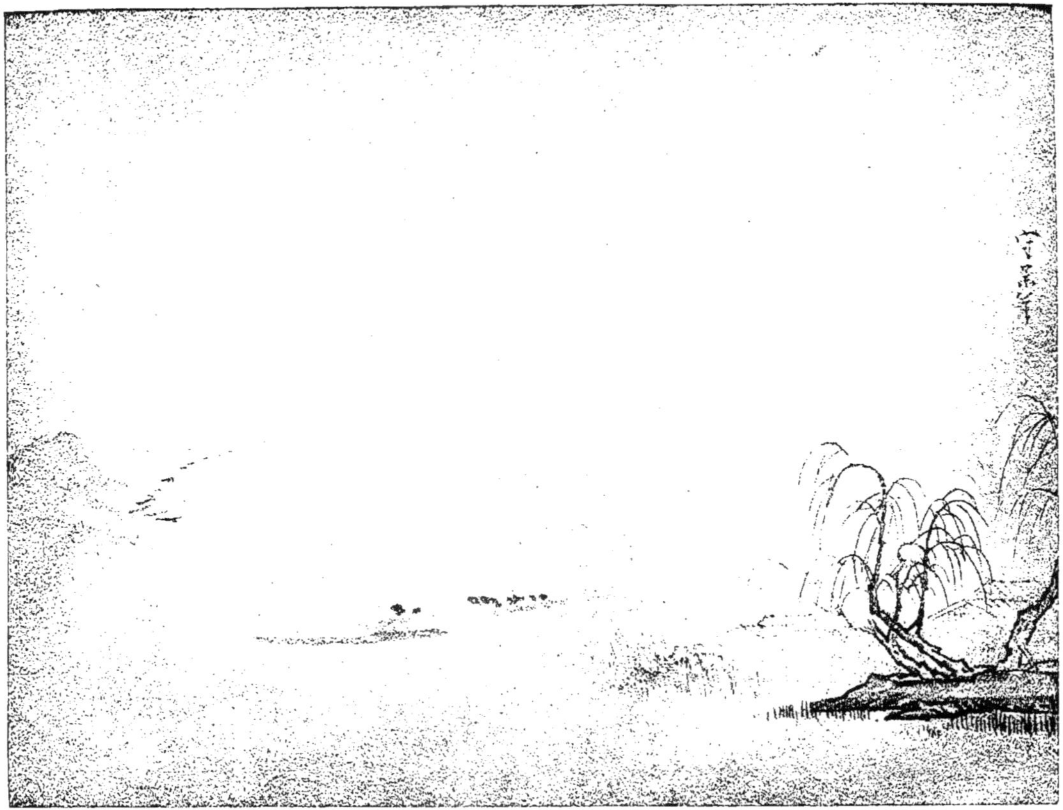

Morikaghé, Japon (17e siècle) — *Paysage* — *Tôkiô, Foukouoka*

sur papier

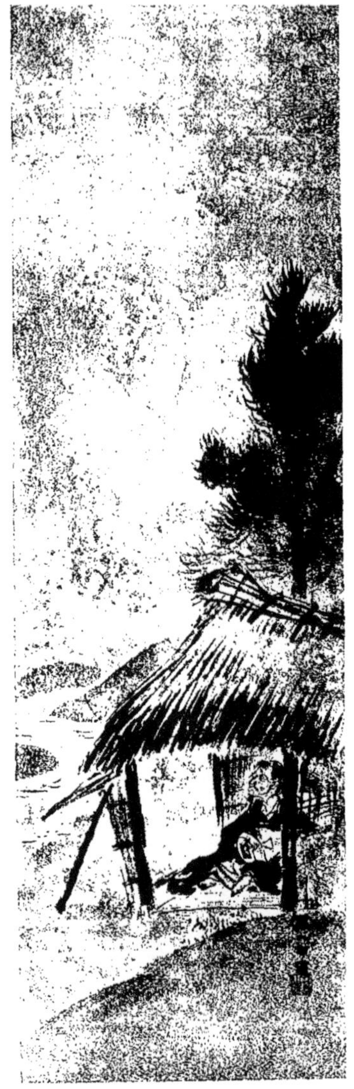

Hanabousa Itchô, *Matsousaka, Isé*
Japon (1652—1724) *Ozou*
Le musicien aveugle Semimarou
sur soie; légèrement rehaussé
H. 102 cm

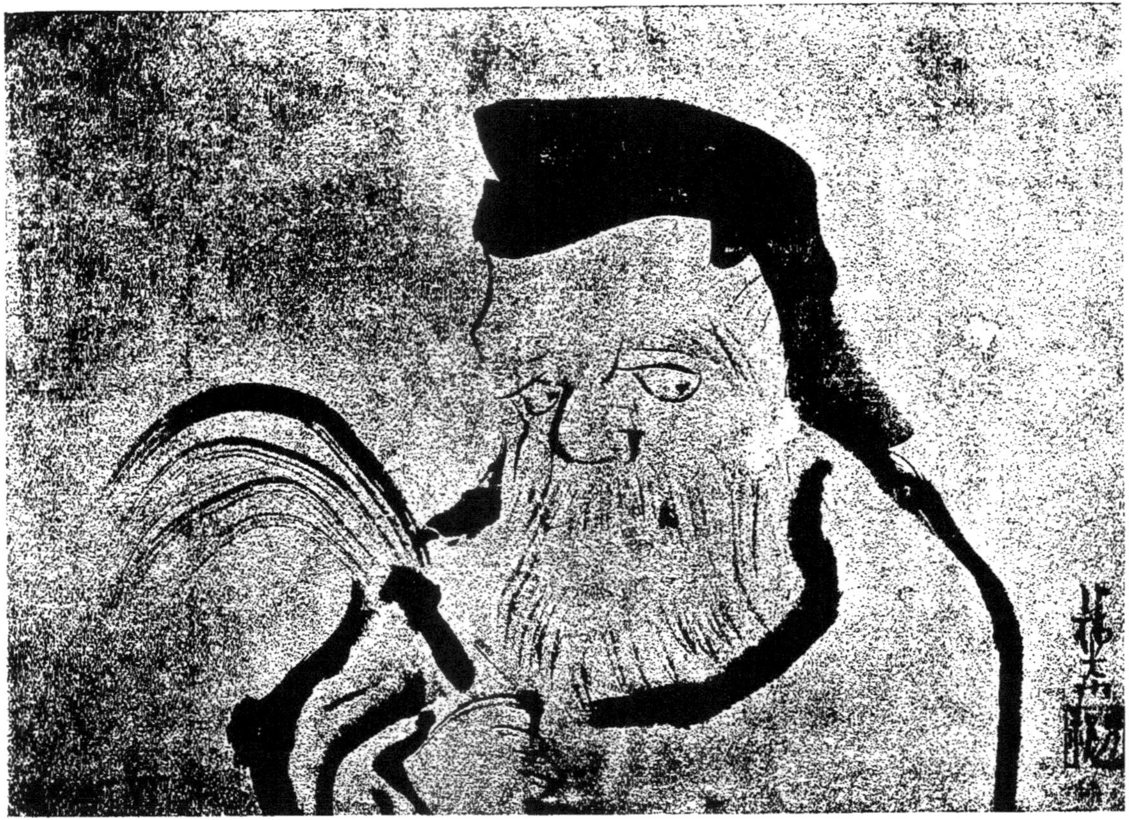

Kôrin, Japon (1661—1716)

Youima

sur papier

L. 55 cm.

Tôkiô, Beppou

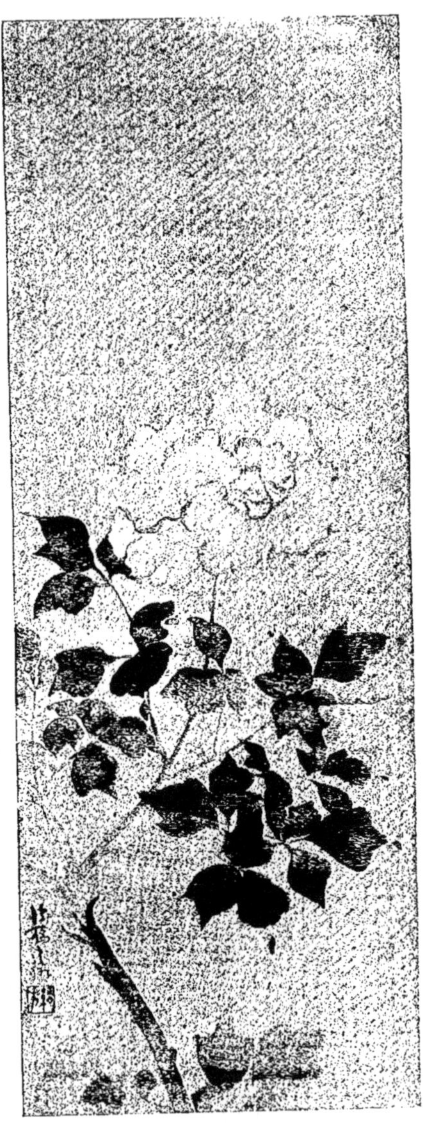

Kôrin,
Japon (1661-1716)

Pivoine
sur papier
L. 55 cm.

Tôkiô,
Sakaï

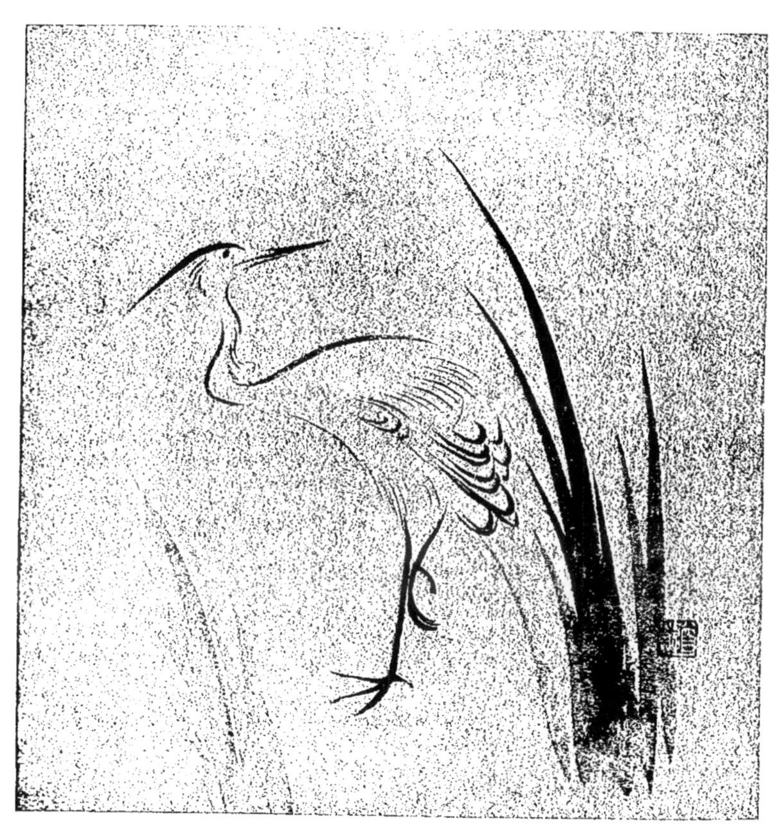

Kôrin,
Japon (1661 – 1716)

Héron
sur papier; légèrement rehaussé
28 cm.

Tôkiô,
Akaboshi

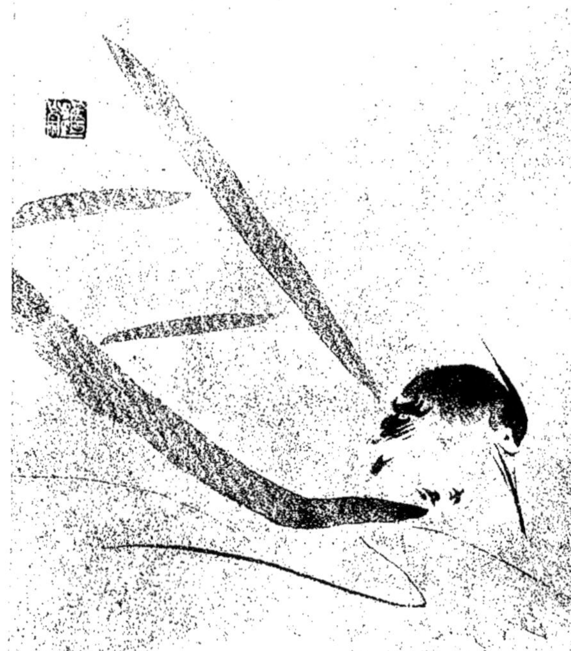

Kôrin,
Japon (1661—1716)

Martin-pêcheur
sur papier; légèrement rehaussé
28 cm.

Tôkiô,
Akaboshi

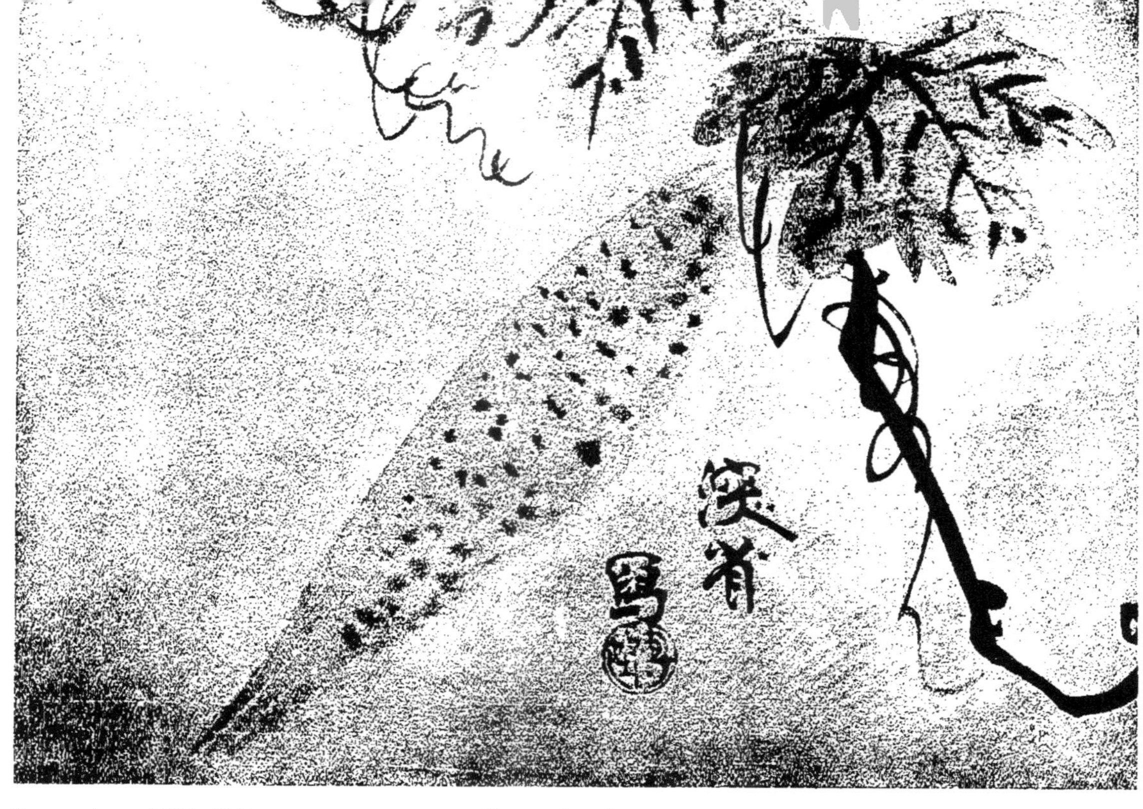

Kenzân, Japon (1663–1743) — *Concombre de mer* — Osaka, Hirasé

sur papier

L. 20 cm.

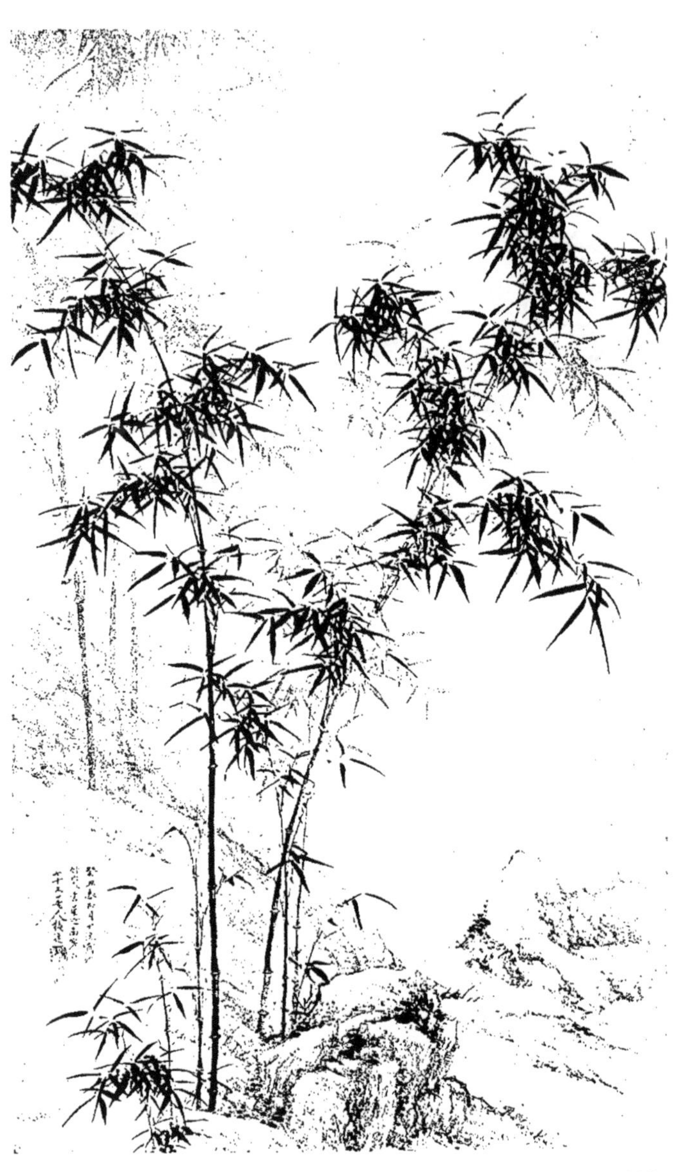

Baïtsou,
Japon (1770—1857)

Bambous
sur soie
H. 145 cm.

Kobé,
Toshimo

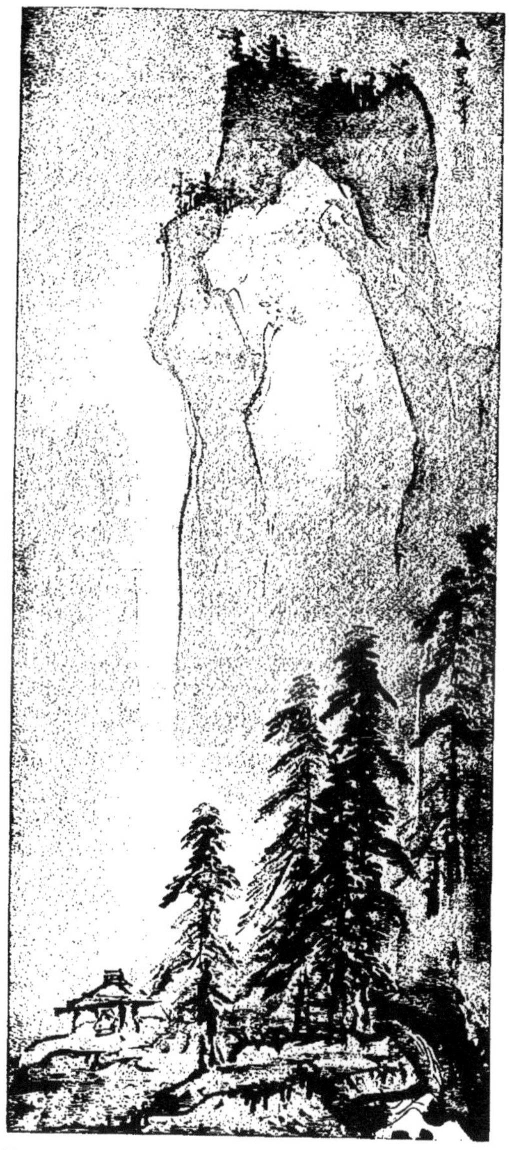

Tani Bounchô,
Japon (1763—1840)

Paysage

Tôkiô,
Koïshi

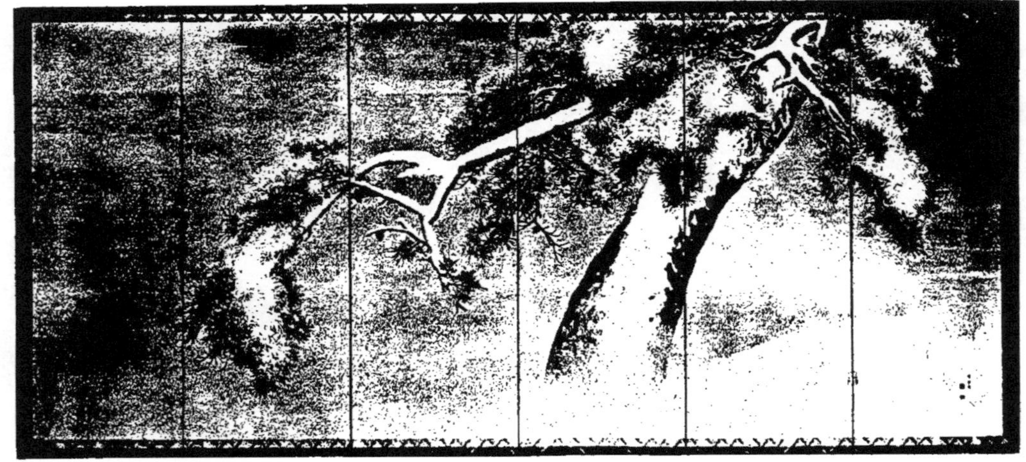

Okyo, Japon (1733–1795) — *Pin sous la neige* — *Tôkiô, Mitsoui*

sur papier

H. 155 cm.

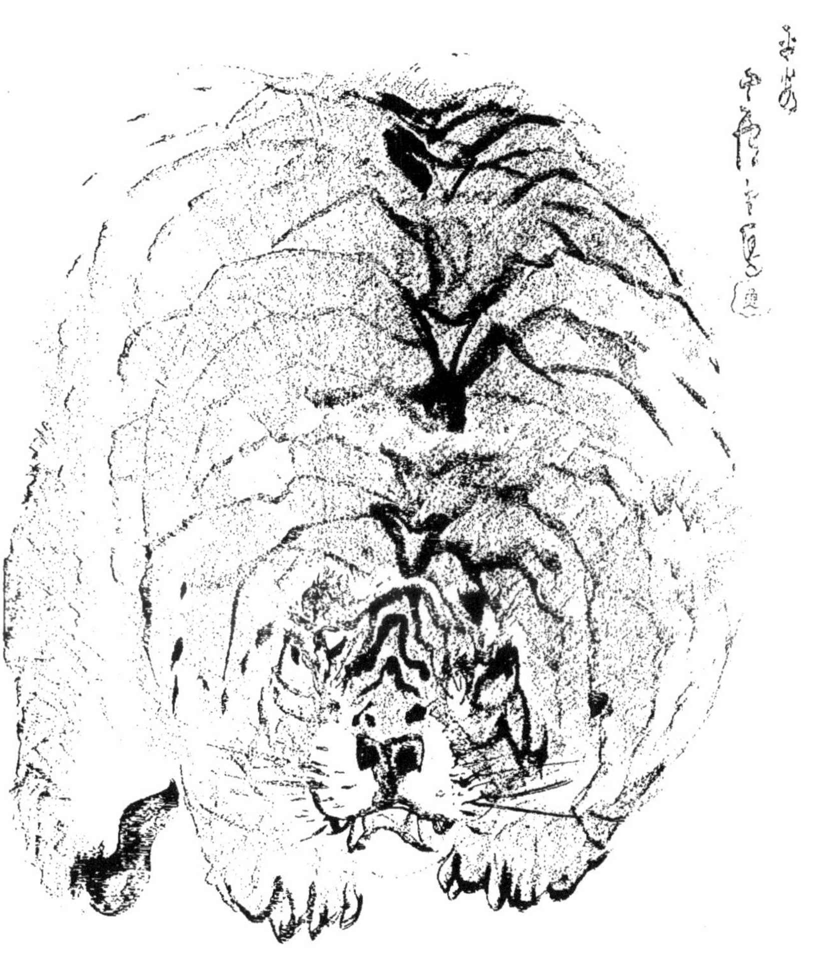

Rosetsou,
Japon (1754—1799)

Tigre
sur papier

IMPORTÉ D'ALLEMAGNE

IMP. A. WOHLFELD, MAGDEBOURG

www.ingramcontent.com/pod-product-compliance
Ingram Content Group UK Ltd.
Pitfield, Milton Keynes, MK11 3LW, UK
UKHW020139220726
13923UKWH00001B/258